Ensaio sobre a dádiva

Dados Internacionais de Catalogação na Publicação (CIP)
(Câmara Brasileira do Livro, SP, Brasil)

Mauss, Marcel, 1872-1950
Ensaio sobre a dádiva : forma e razão da troca nas sociedades arcaicas / Marcel Mauss; tradução de Caesar Souza ; edição e revisão de Levindo Pereira. – Petrópolis, RJ : Vozes, 2025. – (Coleção Antropologia)

ISBN 978-85-326-7198-1

1. Antropologia 2. Ciências sociais 3. Ensaios franceses 4. Liberdade I. Pereira, Levindo. II. Título. III. Série.

25-252095 CDD-844

Índices para catálogo sistemático:

1. Ensaios : Literatura francesa 844

Eliane de Freitas Leite – Bibliotecária – CRB-8/8415

Marcel Mauss

Ensaio sobre a dádiva

Forma e razão da troca nas sociedades arcaicas

Tradução de Caesar Souza
Edição e revisão de Levindo Pereira

EDITORA VOZES

Petrópolis

Tradução do original em francês intitulado
Essai sur le don. Forme et raison de l'échange dans le sociétés archaïques.

Rua Frei Luís, 100
25689-900 Petrópolis, RJ
www.vozes.com.br
Brasil

Editoração: Levindo Pereira
Diagramação: Editora Vozes
Revisão gráfica: Michele Guedes Schmid
Capa: Editora Vozes
Ilustração de capa: Felipe A. de Souza | Aspectos

ISBN 978-85-326-7198-1

Este livro foi composto e impresso pela Editora Vozes Ltda.

Sumário

A Editora Vozes agradece a
generosa colaboração do
Prof. Alexandre H. Reis
na tradução de trechos
em línguas antigas.

Sobre esta edição

O leitor tem em mãos uma edição singular do clássico *Ensaio* de Marcel Mauss. Esta publicação beneficiou-se do cotejamento com sete outras traduções em três idiomas – duas para a língua espanhola, três para a língua inglesa, e duas para a própria língua portuguesa –, num esforço de decantação e consolidação dessas contribuições. Foi também feito um trabalho "arqueológico" na recuperação e normalização das fontes usadas pelo autor, várias de difícil acesso (algumas poucas ainda a recuperar). Assim, as célebres notas de rodapé do *Ensaio* foram minuciosamente cotejadas com os originais, sempre que disponíveis. Isso, por um lado, resultou numa maior precisão nas referências a datas, por exemplo, ou nas remissões a páginas, notas, versos etc. Por outro, proporcionou uma maior compreensão seja dos diálogos travados por Mauss com suas fontes, seja de suas próprias traduções de seus respectivos originais – contribuindo, por sua vez, para a qualidade deste texto. O trabalho editorial contou ainda com breves notas complementares a propósito de termos e/ou temas de feição mais técnica e próprios da tradição antropológica. Por fim, como esta edição usou como texto-fonte a publicação original deste ensaio na *Année Sociologique* de 1925, e não sua reprodução como capítulo da coletânea póstuma *Sociologie et anthropologie* de 1950, foi possível recuperar todas as remissões internas ao próprio texto planejadas inicialmente por Mauss, muitas delas misteriosamente omitidas na edição de 1950.

Levindo Pereira

Introdução

Sobre a dádiva e, em particular, sobre a obrigação de retribuir os presentes

Epígrafe

Eis aqui algumas estrofes do *Hávamál*, um dos velhos poemas do *Edda* escandinavo[1]. Elas podem servir de epígrafe para este trabalho, uma vez que colocam os leitores diretamente na atmosfera das ideias e fatos na qual nossa demonstração se moverá[2].

> 39
> Jamais encontrei homem tão generoso
> e tão largo em alimentar seus hóspedes
> que "receber não fosse recebido",
> nem homem tão ... [falta o adjetivo]
> de seu bem
> que receber em retribuição lhe fosse desagradável[3].

1. Foi Cassel (1918, vol. 2, p. 345) que nos indicou o caminho para esse texto. Os estudiosos escandinavos estão familiarizados com essa característica de sua antiguidade nacional.

2. Maurice Cahen aceitou gentilmente fazer essa tradução para nós.

3. A estrofe é obscura, sobretudo porque falta o adjetivo no verso 4, mas o sentido é claro quando o suplementamos, como se faz geralmente, com uma palavra como "liberal", "perdulário". O verso 3 também é difícil. Cassel o traduz como "que não toma o que se lhe oferece". A tradução de Cahen, ao contrário, é literal: "A expressão é ambígua, uns compreendem: 'que receber não lhe fosse agradável'. Outros interpretam: 'que receber um presente não comporta a obrigação de retribuí-lo'. Estou inclinado, naturalmente, para a segunda explicação". Malgrado nossa incompetência na língua nórdica antiga, permitimo-nos outra interpretação. A expressão corresponde evidentemente a um velho centão que devia ser algo como "receber é recebido". Isso admitido, o verso faria alusão ao estado de espírito no qual se encontram os visitantes e os visitados. É esperado que que cada um ofereça sua hospitalidade ou seus presentes como se eles jamais devessem ser retribuídos. Porém, cada um aceita mesmo assim os presentes dos visitantes ou as contraprestações do anfitrião, porque se trata de bens e também de um meio de fortalecer o contrato, do qual são partes integrantes. Parece inclusive que se pode isolar nessas estrofes uma parte mais antiga. A estrutura de todas elas é a mesma, curiosa e clara. Em cada uma, um centão jurídico forma o centro: "que receber não fosse recebido" (39), "aqueles que se dão presentes são amigos" (41), "retribuir presentes por presentes" (42), "tens de misturar tua alma à dele e trocar presentes" (44), "o avarento sempre teme os presen-

41
Com suas armas e vestes
os amigos devem se aprazer;
cada um o sabe por si [por suas próprias experiências].
Aqueles que se dão presentes
são os amigos mais longevos,
se as coisas conseguem ir bem.

42
Deve-se ser um amigo
para seu amigo
e retribuir presente por presente;
deve haver riso por riso,
e fraude por mentira.

44
Tu o sabes, se tens um amigo
em quem confias
e se queres obter um bom resultado,
tens de misturar tua alma à dele
e trocar presentes
e visitá-lo com frequência.

45
Mas se tens outro amigo
de que desconfias
e se queres chegar a um bom resultado,
tens de lhe dizer palavras belas
mas ter pensamentos falsos
e retribuir fraude por mentira.

46
O mesmo se dá com aquele
em quem não tens confiança
e de cujos sentimentos tu suspeitas,
convém sorrir-lhe
mas falar contra a vontade:
os presentes dados devem ser semelhantes aos presentes recebidos.

48
Os homens generosos e valorosos
têm a melhor vida;
não têm o que temer.
Mas um covarde tudo teme;
o avarento sempre teme presentes.

---

tes" (48), "um presente dado sempre aguarda um presente em retorno" (145) etc. É uma verdadeira coleção de ditos. Esse provérbio ou regra é cercado de um comentário que o desenvolve. Estamos lidando aqui não só com uma forma muito antiga de direito, mas mesmo com uma forma muito antiga de literatura.

Cahen nos assinala também a estrofe 145:

> Mais vale não rogar [pedir]
> que sacrificar demais [aos deuses]:
> um presente dado sempre aguarda um presente em retorno.
> Mais vale não levar oferenda
> do que gastar demais nela.

Programa

O tema já se mostra. Na civilização escandinava e em um grande número de outras, as trocas e os contratos se fazem sob a forma de presentes, teoricamente voluntários; na verdade, obrigatoriamente dados e recebidos.

Este trabalho é um fragmento de estudos mais vastos. Há anos nossa atenção incide, simultaneamente, sobre o regime do direito contratual e sobre o sistema de prestações econômicas entre as diversas seções ou subgrupos dos quais se compõem as sociedades chamadas primitivas e também aquelas que poderíamos chamar arcaicas. Ali se encontra um conjunto enorme de fatos, que são em si muito complexos. Nesse âmbito tudo se mistura, tudo o que constitui a vida propriamente social das sociedades que precederam as nossas – mesmo aquelas da proto-história. Nesses fenômenos sociais "totais", como propusemos chamá-los, exprimem-se simultânea e imediatamente todos os tipos de instituições: religiosas, jurídicas e morais, instituições a um só tempo políticas e familiares; econômicas, estas supondo formas particulares da produção e do consumo, ou melhor, da prestação e da distribuição; sem contar os fenômenos estéticos nos quais resultam esses fatos e os fenômenos morfológicos que essas instituições manifestam.

De todos esses temas muito complexos e dessa multiplicidade de coisas sociais em movimento, queremos aqui considerar apenas um dos traços, profundo, mas isolado: o caráter voluntário, por assim dizer, aparentemente livre e gratuito, e, contudo, obrigatório e interessado dessas prestações. Elas assumiram quase sempre a forma do presente, do regalo ofertado generosamente, mesmo quando, nesse gesto que acompanha a transação, há apenas ficção, formalismo e mentira social, e, quando há, no fundo, obrigação e interesse econômico. Ainda assim, embora indiquemos com precisão todos os diversos princípios que deram esse aspecto a uma forma necessária de troca – quer dizer, da própria divisão do trabalho social – estudaremos a fundo apenas um desses princípios. *Qual é a regra de direito e de interesse que, nas sociedades de tipo atrasado ou arcaico, faz que o presente recebido seja obrigatoriamente retribuído? Que força existe na coisa que é dada que faz que o donatário a retribua?* Eis o problema ao qual nos ligamos mais especialmente, sem, porém, deixarmos de indicar os demais. Esperamos oferecer, para uma grande quantidade de fatos, uma resposta a essa questão precisa e mostrar em que direção é possível desenvolver todo um estudo de questões conexas. Veremos também a que novos problemas somos levados. Uns concernem a uma forma permanente da moral contratual, a saber: a forma pela qual o direito real permanece ainda hoje vinculado ao direito pessoal. Outros dizem respeito às formas e às ideias que sempre presidiram, ao menos em parte, à troca e que, ainda hoje, suprem em parte a noção de interesse individual.

Assim, atingiremos um duplo objetivo. Por um lado, chegaremos a conclusões de certo modo arqueológicas sobre a natureza das transações humanas nas sociedades que nos rodeiam ou que nos precederam imediatamente. Descreveremos os fenômenos de troca e de contrato nessas sociedades que, contrariamente ao que se afirma, não são privadas de mercados econômicos – pois o mercado é um fenômeno humano que, a nosso ver, não é estranho a qualquer sociedade conhecida –, mas cujo regime de troca é diferente do nosso. Veremos nelas o mercado antes da instituição dos mercadores e antes de sua principal invenção, a moeda propriamente dita; como ele funcionava antes de serem encontradas as formas, dir-se-ia, modernas (semítica, helênica, helenística e romana) do contrato e da venda, de um lado, e a moeda estampada, de outro. Veremos a moral e a economia que atuam nessas transações.

E como constataremos que essa moral e essa economia funcionam ainda de modo constante e, por assim dizer, subjacente em nossas sociedades, como cremos ter aqui encontrado uma das rochas humanas sobre as quais nossas sociedades estão construídas, poderemos deduzir disso algumas conclusões morais sobre alguns problemas colocados pela crise de nosso direito e de nossa economia, e aí nos deteremos. Essa página de história social, de sociologia teórica, de conclusões de moral, de prática política e econômica, não nos leva, no fundo, senão a colocar, uma vez mais, sob formas novas, antigas mas sempre novas questões[4].

Método seguido

Seguimos um método de comparação preciso. Primeiramente, como sempre, só estudamos nosso tema em áreas determinadas e escolhidas: Polinésia, Melanésia, noroeste americano e alguns grandes direitos. Depois, naturalmente, escolhemos alguns direitos em que, graças aos documentos e ao trabalho filológico, tivéssemos acesso à consciência das próprias sociedades, pois se trata, aqui,

4. Não pude consultar Burckhard (1899, p. 53 *et seq.*), mas, no que diz respeito ao direito anglo-saxão, o fato que iremos lançar luz foi muito bem notado por Pollock e Maitland (1898, vol. 2, p. 82): "*The wide word gift, which will cover sale, exchange, gage and lease*" ["O termo amplo *gift*, que abarca venda, troca, penhor e arrendamento"]. Cf. tb. "não há dádiva gratuita que tenha força de lei" (Pollock; Maitland, 1898, vol. 2, p. 12; 212-214). Cf. tb. toda a dissertação de Neubecker (1909, p. 65 *et seq.*) a propósito do dote germânico.

de termos e noções. Isso restringiu ainda mais o campo de nossas comparações. Finalmente, cada estudo incidiu sobre sistemas que nos limitamos a descrever, um após o outro, em sua integridade. Renunciamos, portanto, a essa comparação constante em que tudo se mistura e em que as instituições perdem toda cor local, e os documentos, seu sabor[5].

Prestação, dádiva e potlatch

O presente trabalho faz parte da série de pesquisas que Davy e eu vimos conduzido há muito tempo sobre as formas arcaicas do contrato[6]. Um resumo delas é necessário.

* * *

Não parece que jamais tenha existido, nem até uma época muito próxima de nós, nem nas sociedades muito mal reunidas sob o nome de primitivas ou inferiores, algo semelhante à chamada Economia natural[7]. Por uma estranha mas clássica aberração, escolhiam-se inclusive os textos de Cook concernentes à troca e ao escambo entre os polinésios para caracterizar o tipo dessa economia[8]. Ora, vamos estudar aqui esses mesmos polinésios, e veremos o quanto estão distantes, em matéria de direito e de economia, do estado de natureza.

Nas economias e nos direitos que precederam os nossos, jamais constatamos, por assim dizer, simples trocas de bens, de riquezas e de produtos em um mercado levado a cabo entre os indivíduos. Em primeiro lugar, não são indivíduos, são coletividades que se obrigam mutuamente, trocam e contratam[9]; as pessoas pre-

5. As notas e tudo o que não está em caracteres maiores são indispensáveis apenas aos especialistas.

6. Davy (1922); cf. indicações bibliográficas em Mauss (1921a) e Lenoir (1924a).

7. Somló (1909) apresentou uma boa discussão e um resumo desses fatos (p. 156), ensaiando uma rota que seguiremos nós mesmos.

8. Grierson (1903) já forneceu os argumentos necessários para pôr termo a esse preconceito. Von Moszkowski (1911) fez o mesmo, embora considere o roubo como primitivo, confundindo, em suma, o direito de tomar com o roubo. Encontraremos uma boa exposição dos fatos maori em von Brun (1911, p. 18), que consagra um capítulo à troca. O trabalho mais recente de conjunto sobre a economia dos povos ditos primitivos é o de Koppers (1915, p. 611-651; 971-1079) – bom sobretudo pela exposição das doutrinas; um pouco dialético para o resto.

9. Desde nossas últimas publicações, constatamos, na Austrália, um início de prestação regrada entre tribos, e não mais somente entre clãs e fratrias, particularmente por ocasião da morte. Entre os Kakadu do Território Norte, há uma terceira cerimônia funerária após o segundo enterro. Durante essa cerimônia, é feita uma espécie de pesquisa judiciária para determinar, ao menos ficticiamente, quem provocou a morte por enfeitiçamento. Mas, contrariamente ao que ocorre na maior parte das tribos australianas, nenhuma vendeta é feita. Os homens contentam-se em reunir suas lanças e definir o que exigirão em troca. No dia seguinte, essas lanças são levadas a outra tribo, os Umoriu p. ex., em cujo acampamento compreende-se perfeitamente o objetivo desse envio. Ali, as lanças

sentes ao contrato são pessoas morais: clãs, tribos, famílias, que se confrontam e se opõem seja em grupos se enfrentando num terreno, seja por intermédio de seus chefes, seja dessas duas maneiras ao mesmo tempo[10]. Depois, o que eles trocam não são exclusivamente bens e riquezas, móveis e imóveis, coisas úteis economicamente. São sobretudo amabilidades, banquetes, ritos, serviços militares, mulheres, crianças, danças, festas, feiras, dos quais o mercado é apenas um dos momentos e nos quais a circulação de riquezas é apenas um dos termos de um contrato muito mais geral e muito mais permanente. Por fim, essas prestações e contraprestações se dão de uma forma bastante voluntária, por meio de presentes e regalos, embora sejam, no fundo, rigorosamente obrigatórias, sob pena de guerra privada ou pública. A tudo isso chamaremos *sistema das prestações totais*. O tipo mais puro dessas instituições nos parece ser representado pela aliança de duas fratrias nas tribos australianas ou norte-americanas em geral, onde os ritos, os casamentos, a sucessão de bens, os vínculos de direito e de interesse, posições militares e sacerdotais, são complementares e supõem a colaboração das duas metades da tribo. Por exemplo, os jogos são particularmente regidos por elas[11]. Os Tlinkit e os Haïda, duas tribos do noroeste americano, exprimem fortemente a natureza dessas práticas dizendo que "as duas fratrias mostram-se respeito"[12].

---

são dispostas em feixes de acordo com seus proprietários. E, conforme uma tarifa conhecida de antemão, os objetos desejados são colocados diante desses feixes. E então todos são entregues aos Kakadu (Spencer, 1914, p. 247). Sir Baldwin [Spencer] menciona que esses objetos poderão ser trocados novamente por lanças, fato que não compreendemos muito bem. Ao contrário, ele acha difícil compreender a conexão entre esses funerais e essas trocas, e acrescenta que "os nativos não têm ideia disso". O costume é, contudo, perfeitamente compreensível: trata-se de uma espécie de composição jurídica regular, que substitui a vendeta, e que serve de origem a um mercado intertribal. Essa troca de coisas é ao mesmo tempo troca de garantias [*gages*] de paz e de solidariedade no luto, como é comum ocorrer na Austrália entre clãs de famílias associadas e aliadas por casamento. A única diferença é que dessa vez o costume tornou-se intertribal.

10. Mesmo um poeta tardio como Píndaro dizia: νεανίᾳ γαμβρῷ προπίνων οἴκοθεν οἴκαδε ["ao jovem noivo brindando de uma casa para outra casa" – N.R.T.] (*Odes olímpicas*, VII, verso 4). Toda a passagem é ainda marcada pelo estado de direito que descreveremos. Os temas do presente, da riqueza, do casamento, da honra, do favor, da aliança, da refeição em comum e do brinde oferecido, inclusive o do ciúme suscitado pelo casamento, são representados por palavras expressivas e dignas de comentários.

11. Cf., em particular, as regras impressionantes do jogo de bola entre os Omaha (Fletcher; La Flesche, 1909, p. 197, 366).

12. Krause (1885, p. 234 *et seq.*) notou bem esse caráter das festas, ritos e contratos que descreve, sem lhes dar o nome de *potlatch*. Boursin (1893, p. 54-66) e Porter (1893, p. 33) viram bem esse caráter de glorificação recíproca do *potlatch*, desta vez nomeado. Mas é Swanton (1908b, p. 345 *et seq.* – Tlingit) quem melhor o destacou. Cf. nossas observações em *Année Sociologique*, vol. 11, p. 207. [Seguindo essas coordenadas, chegamos a uma resenha feita por Mauss sobre o mistério no *Rigveda*, o que, dado o contexto, talvez não seja o caso. Contudo, no mesmo número do *Année Sociologique* (Mauss, 1906a, p. 100-119), ele resenha um conjunto de três textos de Swanton, entre os quais o citado acima. Não é infrequente encontrar referências (seja de datas, seja de paginação) imprecisas ao longo do *Ensaio*. Indicaremos o desacordo quando necessário – N.R.T.]; e Davy (1922, p. 172).

Não obstante, nessas duas últimas tribos do noroeste americano e em toda a região, aparece uma certamente forma típica, mas evoluída e relativamente rara dessas prestações totais. Propusemos chamá-las *potlatch*, como fazem, aliás, os autores americanos servindo-se do nome chinook que se tornou parte da linguagem corrente dos brancos e dos índios, de Vancouver ao Alasca. *Potlatch* quer dizer essencialmente "nutrir", "consumir"[13]. Essas tribos, muito ricas, que vivem nas ilhas ou na costa ou entre as Rochosas e a costa, passam seu inverno em perpétua festa: banquetes, feiras e mercados, que são a um só tempo a assembleia solene da tribo. Esta é organizada conforme suas confrarias hierárquicas, suas sociedades secretas muitas vezes misturadas com as primeiras e com os clãs; e tudo, clãs, casamentos, iniciações, sessões de xamanismo e de culto dos grandes deuses, dos totens ou dos ancestrais coletivos ou individuais do clã, tudo se mistura em uma trama inextricável de ritos, de prestações jurídicas e econômicas, de fixação de posições políticas na sociedade dos homens, na tribo e nas confederações de tribos e mesmo internacionalmente[14]. Mas o que é notável nessas tribos é o princípio da rivalidade e do antagonismo que domina todas essas práticas. Chega-se até à batalha, até à morte dos chefes e nobres que assim se confrontam. Chega-se, por outro lado, até à destruição puramente suntuária[15] de riquezas acumuladas para eclipsar o chefe a um só tempo rival e associado (normalmente avô, sogro ou genro). Há uma prestação total no sentido de que é certamente o clã inteiro que contrata por todos, por tudo o que ele possui e por tudo o que ele faz, mediante seu chefe[16]. Mas essa prestação reveste-se, da parte do chefe, de uma atitude agonística muito marcada. Ela é essencialmente usurária e suntuária, e assiste-se sobretudo a uma luta dos nobres para garantir entre eles uma hierarquia que posteriormente beneficiará seu clã.

---

13. Sobre o sentido da palavra *potlatch*, cf. Barbeau (1909); Davy (1922, p. 162). Porém, não nos parece que o sentido proposto seja originário. Com efeito, Boas [e Hunt] (1906, p. 43, n. 2; 1905, p. 255, 517, s.v. *Pol.*) indicam para a palavra *potlatch* – em kwakiutl, mas não em chinook – o sentido de *Feeder*, nutridor e, literalmente, "*place of being satiated*", lugar onde se satisfaz. Mas os dois sentidos de *potlatch,* dádiva e alimento, não excluem um ao outro, a forma essencial da prestação sendo aqui alimentar, ao menos teoricamente. Sobre esses sentidos, cf., mais adiante, a nota 307.

14. O lado jurídico do *potlatch* foi estudado por Adam (1912, 1913, 1922) e Davy (1922). O lado religioso e o econômico não são menos essenciais e devem ser tratados não menos a fundo. A natureza religiosa das pessoas implicadas e das coisas trocadas ou destruídas não são, com efeito, indiferentes à própria natureza dos contratos, nem aos valores que lhes são atribuídos.

15. Os Haïda dizem "matar" a riqueza.

16. Cf. os documentos de George Hunt em Boas (1921, p. 1340), onde encontraremos uma descrição interessante de como o clã leva suas contribuições ao chefe para o *potlatch* e também de palabres* muito interessantes. [*Assembleias onde se discutem e se decidem assuntos candentes – N.R.T.]. O chefe diz em específico: "Pois não será em meu nome. Será em vosso nome e vós vos tornareis famosos em meio às tribos quando se disser que ofereceis vossa propriedade para um *potlatch*" (Boas, 1921, p. 1342, linha 31 *et seq.*).

Propomos reservar o nome de *potlatch* a esse gênero de instituição que poderíamos, com menos perigo e mais precisão, mas também de forma mais longa, chamar *prestações totais de tipo agonístico*.

Até aqui, não tínhamos encontrado exemplos dessa instituição a não ser nas tribos do noroeste e de uma parte do norte americano[17], na Melanésia e na Papua[18]. Em qualquer outro lugar, na África, na Polinésia e na Malásia, na América do Sul, no resto da América do Norte, o fundamento das trocas entre os clãs e as famílias nos parecia permanecer do tipo mais elementar da prestação total. Porém, pesquisas mais aprofundadas demonstram agora um número muito considerável de formas intermediárias entre essas trocas com rivalidade exasperada, com destruição de riquezas como as do noroeste americano e as da Melanésia, e outras, com emulação mais moderada em que os contratantes rivalizam em presentes: assim rivalizamos em nossos presentes de fim de ano, em nossas festas, em nossas bodas, em nossos convites banais, e nos sentimos ainda obrigados a nos *revanchieren*[19], como dizem os alemães. Constatamos essas formas intermediárias no mundo indo-europeu antigo, em particular, entre os trácios[20].

Diversos temas – regras e ideias – estão contidos nesse tipo de direito e de economia. O mais importante, em meio a esses mecanismos espirituais, é evidentemente o que obriga a retribuir o presente recebido. Ora, em parte alguma a razão moral e religiosa dessa obrigação é mais aparente do que na Polinésia. Estudando-a em particular, veremos claramente que força leva a retribuir uma coisa recebida e a executar em geral os contratos reais.

---

17. Com efeito, o domínio do *potlatch* ultrapassa os limites das tribos do noroeste. Em particular, deve-se considerar o *asking festival* dos Esquimó do Alasca como algo distinto de um empréstimo tomado das tribos vizinhas (cf., mais adiante, a nota 65). ["Esquimó" é um exônimo. Atualmente eles se autodenominam Inuit, um termo compreensivo, já que se subdividem em diversos grupos (Nunavut, Nunavik, Nunatsiavut, p. ex.) – N.R.T.].

18. Cf. nossas observações em Mauss (1910a, p. 101; 1913a, p. 372-374; 1920, relatório das sessões do Instituto Francês de Antropologia [IFA]). Lenoir (1924b) assinalou dois fatos muito nítidos de *potlatch* na América do Sul.

19. Thurnwald (1912, vol. 3, p. 8) emprega a palavra.

20. Mauss (1921a).

1

As dádivas trocadas e a obrigação de retribuí-las (Polinésia)

I - Prestação total, bens uterinos por bens masculinos (Samoa)

Nas pesquisas sobre a extensão do sistema de dádivas contratuais, por muito tempo pareceu que não havia *potlatch* propriamente dito na Polinésia. As sociedades polinésias cujas instituições mais se aproximavam disso não pareciam ultrapassar o sistema das "prestações totais", dos contratos perpétuos entre clãs que põem em comum suas mulheres, homens, crianças, ritos etc. Os fatos que estudávamos, em Samoa em particular, o costume notável da troca de esteiras brasonadas entre chefes por ocasião do casamento, não nos pareciam acima desse nível[21]. Os elementos de rivalidade, de destruição e de combate parecem faltar, embora não estejam ausentes na Melanésia. Por fim, havia pouquíssimos fatos. Hoje seríamos menos taxativos.

Em primeiro lugar, o sistema de presentes contratuais em Samoa estende-se muito além do casamento, acompanhando os seguintes eventos: nascimento de filho[22], circuncisão[23], doença[24], puberdade feminina[25], ritos funerários[26], comércio[27].

21. Davy (1922, p. 140) estudou essas trocas a propósito do casamento e de suas relações com o contrato. Veremos que elas têm uma outra extensão.

22. Turner (1861, p. 178) ; Turner (1884, p. 82 *et seq.*); Stair (1897, p. 175).

23. Krämer (1903, p. 52-63).

24. Stair (1897, p. 180); Turner (1861, p. 225); Turner (1884, p. 142).

25. Turner (1861, p. 184); Turner (1884, p. 91).

26. Krämer (1903, p. 105); Turner (1884, p. 146).

27. Krämer (1903, p. 96, 363). A expedição comercial, o *malaga* (cf. *walaga*, Nova Guiné), é, com efeito, muito próxima do *potlatch*, ele mesmo característico das expedições no arquipélago melanésio vizinho. Krämer emprega a palavra *Gegengeschenk* [contra-dádiva – N.R.T.] para a troca dos *oloa* pelos *tonga* (que discutiremos). Além disso, se não devemos incorrer nos exageros dos etnógrafos ingleses da escola de Rivers e de Elliot Smith, nem nos dos etnógrafos norte-americanos que, na esteira de Boas, veem no sistema do *potlatch* americano uma série de empréstimos, é preciso, todavia, dar à viagem das instituições uma grande importância; especialmente neste caso, em que um comércio considerável, de ilha em ilha, de porto em porto, a distâncias muito longas, desde tempos

Em segundo lugar, dois elementos essenciais do *potlatch* propriamente dito são claramente atestados: o da honra, do prestígio, do *mana* que a riqueza confere[28], e o da obrigação absoluta de retribuir essas dádivas sob pena de perder esse *mana*, essa autoridade, esse talismã e essa fonte de riqueza que é a própria autoridade[29].

Por um lado, Turner nos diz:

> Após as festas do nascimento, após terem recebido e retribuído os *oloa* e os *tonga* – ou seja, os bens masculinos e os bens femininos –, o esposo e a esposa não saíam mais ricos do que antes. Mas tinham a satisfação de ter visto o que consideravam uma grande honra: massas de propriedades reunidas na ocasião do nascimento de seu filho[30].

Por outro, essas dádivas podem ser obrigatórias, permanentes, sem outra contraprestação que o estado de direito que as suscita. Assim, a criança que a irmã e, por consequência o cunhado, tio uterino, recebem para criar de seu irmão e cunhado é chamada *tonga*, um bem uterino[31]. Ora, ele é

> o canal pelo qual os bens de natureza nativa[32], os *tonga*, continuam a fluir da família da criança para essa família. Em contrapartida, a criança é o meio para seus pais obterem bens de natureza estrangeira (*oloa*) dos parentes que a adotaram, e isso enquanto a criança viver.
> [...] Esse sacrifício [dos vínculos naturais cria uma] facilidade sistemática de tráfego entre propriedades nativas e estrangeiras.

Em suma, a criança, bem uterino, é o meio pelo qual os bens da família uterina são trocados pelos da família masculina. E basta constatar que, vivendo

---

imemoriais, deve ter veiculado não apenas coisas, mas também os modos de trocá-las. Malinowski, em trabalhos que citaremos mais adiante, reconheceu com justeza esse fato. Cf. Lenoir (1924b) para um estudo de algumas dessas instituições (noroeste da Melanésia).

28. A emulação entre clãs maoris é, em todo caso, mencionada com muita frequência, em particular a propósito de festas (cf. Percy Smith, 1906, p. 87); cf., mais adiante, a nota 98.

29. A razão pela qual não dizemos que, neste caso, há *potlatch* propriamente dito é a ausência do caráter usurário da contraprestação. Porém, como veremos no direito maori, o fato de não haver retribuição leva à perda do *mana*, da "face", como dizem os chineses; e, em Samoa, é preciso, sob a mesma sanção, dar e retribuir.

30. Turner (1861, p. 178); Turner (1884, p. 52). Esse tema da ruína e da honra é fundamental no *potlatch* do noroeste americano (cf. Porter, 1893, p. 334).

31. Turner (1861, p. 178; 1884, p. 83) chama o jovem de "adotado". Ele se engana. O costume é exatamente o do *fosterage*, da educação dada fora da família natal, com a precisão de que esse *fosterage* é uma espécie de retorno à família uterina, uma vez que a criança é criada na família da irmã de seu pai, na verdade junto a seu tio uterino, marido desta. Não se deve esquecer que, na Polinésia, estamos numa terra de duplo parentesco classificatório – uterino e masculino; cf. nossa resenha do trabalho de Best (1902) em Mauss (1904, p. 420) e as observações de Durkheim em *Année Sociologique*, vol. 5, p. 37). [A página 37 indicada por Mauss não contém um texto de Durkheim, mas de Simiand. Estimamos que Mauss esteja se referindo à resenha de Durkheim sobre um livro de Kohler, cujo contexto, na p. 371, é similar ao teor desta nota; cf. Durkheim (1900, p. 371) – N.R.T.].

32. Turner (1861, p. 179); Turner (1884, p. 83).

com seu tio uterino, ela tem evidentemente um direito de ali morar e consequentemente um direito geral sobre as propriedades dele, para que esse sistema de *fosterage* pareça muito próximo do direito geral reconhecido ao sobrinho uterino sobre as propriedades de seu tio na Melanésia[33]. Falta apenas o tema da rivalidade, do combate e da destruição para que haja *potlatch*.

Observemos, no entanto, os dois termos: *oloa* e *tonga*, principalmente o segundo. Este designa bens parafernais permanentes, em particular as esteiras de casamento[34] que as filhas desse casamento herdam, os adornos, os talismãs que entram com a mulher na família recém-fundada com a condição de serem devolvidos[35]; trata-se, em suma, de espécies de bens imóveis por destinação. Os *oloa*[36] designam objetos, geralmente instrumentos, que são especificamente do marido; são essencialmente móveis. Esse termo também é aplicado hoje em dia às coisas que provêm dos brancos[37]. Trata-se, evidentemente, de uma recente extensão de sentido. Mas podemos negligenciar esta correspondência de Turner: *oloa* = *foreign*; *tonga* = *native*. Ela é inexata e insuficiente, embora não sem interesse, pois mostra que certas propriedades chamadas *tonga* estão mais vinculadas ao solo[38], ao clã, à família e à pessoa do que certas outras chamadas *oloa*.

Mas, se estendermos nosso campo de observação, a noção de *tonga* assume imediatamente outra amplitude. Ela conota, em maori, em taitiano, em tonganês e em mangarevano, tudo o que é propriedade propriamente dita, tudo o que

33. Cf. nossas observações sobre o *vasu* fijiano em "Procès verbaux de l'IFA", *Anthropologie*, 1921. [Não foi possível precisar a que artigo Mauss se refere. Pelo contexto da nota, trata-se provavelmente de "L'extension du *potlatch* en Mélanésie", publicado em *L'Anthropologie*, n. 30, uma publicação da Institut Français d'Anthropologie (IFA) – N.R.T.].

34. Krämer (1902, s.v. *toga*, p. 482); Krämer (1903, p. 90).

35. Krämer (1903, p. 296; cf. p. 90), *toga* = *Mitgift* ["dote" em alemão – N.R.T.]; troca de *oloa* por *toga* (p. 94).

36. Krämer (1902, p. 477). Violette (1879, s.v. *toga*) expressa muito bem: "riquezas do país que consistem em esteiras finas e *oloa*, riquezas como casas, embarcações, tecidos, fuzis" (p. 194, col. 2); e remete à *oa*, riquezas e bens, que abrangem todos os artigos estrangeiros.

37. Turner (1861, p. 179, cf. p. 186). Tregear (1891, p. 468), em relação à palavra *toga* (s.v. *taonga*), confunde as propriedades que têm esse nome e aquelas cujo nome é *oloa*. Trata-se, evidentemente, de uma negligência.

O Rev. Ella (1899, p. 165) descreve assim os *'ie tonga* (esteiras): "Os *'ie tonga* eram a principal riqueza dos indígenas; anteriormente eles se serviam deles como um meio monetário [...] nas trocas de propriedade, nos casamentos e em ocasiões especiais de cortesia. Em geral, são guardados nas famílias como *'heirloms'* [bens substituídos*], e muitos *'ie* antigos são conhecidos e alvo de maior apreço por ter pertencido a uma família célebre" etc. (Turner, 1884, p. 120). Todas essas expressões têm seu equivalente na Melanésia, na América do Norte e em nosso folclore, como veremos. [*Trata-se da tradução posposta pelo próprio Mauss. (Aliás, todos os colchetes internos às citações são do próprio autor). *Heirloom* é traduzido convencionalmente como "herança de família", bem familiar que passa de geração a geração – N.R.T.].

38. Krämer (1903, p. 90, 93).

torna alguém rico, poderoso, influente, tudo o que pode ser trocado, objeto de compensação[39]. São exclusivamente os tesouros, os talismãs, os brasões, as esteiras e os ídolos sagrados, em certos casos até mesmo as tradições, cultos e rituais mágicos. Encontramos, aqui, essa noção de propriedade-talismã que é certamente geral no mundo malaio-polinésio e mesmo em todo o Pacífico[40].

II – O espírito da coisa dada (Maori)

Ora, essa observação nos leva a uma constatação muito importante. Os *taonga* são, ao menos na teoria do direito e da religião maori, fortemente vinculados à pessoa, ao clã, ao solo; são o veículo de seu *mana*, de sua força mágica, religiosa e espiritual. Um provérbio, felizmente coligido por sir G. Grey[41] e C. O. Davis[42], roga que eles destruam o indivíduo que os aceitou. Nesse sentido, eles contêm em si essa força, caso o direito, e sobretudo a obrigação de retribuir, não forem observados.

Nosso saudoso amigo Hertz entreviu a importância desses fatos; com tocante abnegação, ele anotou "para Davy e Mauss" na ficha que continha o seguinte fato apontado por Colenso[43]: "Eles [os Maori – N.R.T.] tinham uma espécie de sistema de troca, ou melhor, de dar presentes que devem ser posteriormente trocados ou retribuídos". Por exemplo, trocam peixe seco por aves em conserva, esteiras[44]. Tudo isso é trocado entre tribos ou "famílias amigas sem qualquer espécie de estipulação".

Mas Hertz também havia anotado – encontro em suas fichas – um texto cuja importância nos escapou a ambos, pois eu também o conhecia.

A propósito do *hau*, do espírito das coisas, particularmente o da floresta e dos animais selvagens que ela contém, Tamati Ranaipiri, um dos melhores informantes maori de Elsdon Best, dá-nos, inteiramente por acaso e sem qualquer prevenção, a chave do problema[45].

---

39. Cf. Tregear (1891 [p. 468]), ad verb., *taonga*: *tataoa*, dar a propriedade; *faataoa*: compensar, dar a propriedade (taitiano); cf. Lesson (1881, vol. 2, p. 232): *taetae* (Marquesas); cf. Radiguet (1882, p. 157): *tiau tae-tae*, "mostre os presentes", presentes dados, "presentes, bens de sua terra dados para obter bens estrangeiros". A raiz da palavra é *tahu* etc.

40. Cf. Mauss (1914), em que quase todos os fatos citados, exceto os nigerianos e americanos, pertencem a esse domínio.

41. Grey (1857, p. 103) (tradução, p. 103).

42. Davis (1855, p. 21).

43. Colenso (1869, p. 354).

44. As tribos da Nova Zelândia são teoricamente divididas, pela própria tradição maori, em pescadores, agricultores e caçadores, e acredita-se que elas troquem seus produtos constantemente (cf. Best, 1909, p. 435).

45. Best (1909, p. 441), texto maori; cf. tradução em Best (1909, p. 439).

> Vou lhes falar do *hau* [...] O *hau* não é o vento que sopra. De modo algum. Suponha que você possua um determinado artigo [*taonga*] e que me dê esse artigo; que você me dê sem nenhum preço fixado[46]. Quanto a isso, não fazemos negociações. Ora, eu dou esse artigo a uma terceira pessoa que, após passado um certo tempo, decide retribuir algo em pagamento [*utu*][47], e presenteia-me com alguma coisa [*taonga*]. Ora, esse *taonga* que a pessoa me dá é o espírito [*hau*] do *taonga* que recebi de você e que dei a ela. Preciso devolver a você os *taonga* que recebi por esses *taonga* (vindos de você). Não seria justo [*tika*] de minha parte guardar esses *taonga* para mim, sejam desejáveis [*rawe*] ou desagradáveis [*kino*]. Devo dá-los a você, pois são um *hau*[48] do *taonga* que você me deu. Se conservasse esse segundo *taonga* para mim, poderia sobrevir-me um mal, seriamente, inclusive a morte. Assim é o *hau*, o *hau* da propriedade pessoal, o *hau* dos *taonga*, o *hau* da floresta. *Kali ena* [basta sobre esse tema].

Esse texto capital merece alguns comentários. Puramente maori, impregnado desse espírito teológico e jurídico ainda impreciso – as doutrinas da "casa dos segredos" –, embora surpreendentemente claro em alguns momentos, coloca-nos diante de uma só obscuridade: a intervenção de uma terceira pessoa. Mas para compreender melhor o jurista maori, basta dizer: "Os *taonga* e todas as propriedades ditas rigorosamente pessoais têm um *hau*, um poder espiritual. Você me dá um, eu o dou a uma terceira pessoa; esta me retribui com outro, porque é levada pelo *hau* de meu presente; e eu sou obrigado a lhe dar essa coisa, porque é necessário que eu lhe entregue o que é na realidade o produto do *hau* do seu *taonga*".

Assim interpretada, não apenas a ideia torna-se clara, mas aparece como uma das principais ideias do direito maori. Se o presente recebido, trocado, obriga, é porque a coisa recebida não é inerte. Mesmo abandonada pelo doador, ainda é uma coisa sua. Através dela, ele tem poder sobre o beneficiário, assim como através dela o proprietário tem poder sobre o ladrão[49]. Pois o *taonga* é animado

---

46. A palavra *hau* designa, como o latim *spiritus*, ao mesmo tempo o vento e a alma, ou mais precisamente, ao menos em certos casos, a alma e o poder das coisas inanimadas e vegetais, a palavra *mana* sendo reservada aos homens e aos espíritos e aplicada às coisas com menos frequência que em melanésio.

47. A palavra *utu* se refere à satisfação dos vingadores de sangue, a compensações, a ressarcimentos, à responsabilidade etc. Designa também o preço. É uma noção complexa de moral, direito, religião e economia.

48. *He hau*. Toda a tradução dessas duas frases foi reduzida por Elsdon Best; sigo-a mesmo assim.

49. Hertz reuniu um grande número de fatos demonstrativos sobre esse último ponto para um dos parágrafos de seu trabalho sobre "Le péché et l'expiation" [Hertz (1922) – N.R.T.]. Eles provam que a sanção do roubo é o simples efeito mágico e religioso do *mana*, do poder que o proprietário conserva sobre a coisa roubada. Cercada de tabus e portando marcas de propriedade, ela está inteiramente carregada de *hau*, de poder espiritual. É esse *hau* que vinga o roubado, que se apodera do

pelo *hau* de sua floresta, de seu chão, de seu solo; ele é verdadeiramente "*native*"[50]: o *hau* acompanha todo detentor.

Ele acompanha não somente o primeiro donatário, mesmo eventualmente um terceiro, mas todo aquele a quem o *taonga* é simplesmente transmitido[51]. No fundo, é o *hau* que quer retornar ao seu lugar de nascimento, ao santuário da floresta e do clã, e ao proprietário. O *taonga* ou o seu *hau* – que é, em si, uma espécie de indivíduo[52] – está vinculado a essa série de usuários até que retribuam, com seus próprios *taonga*, suas propriedades, ou então com seu trabalho ou seu

---

ladrão, que o encanta, que o leva à morte ou o obriga à restituição. Encontraremos esses fatos nos parágrafos consagrados ao *hau* no livro de Hertz que publicaremos.

50. Encontraremos no trabalho de Hertz os documentos sobre os *mauri* aqui aludidos. Esses *mauri* são ao mesmo tempo talismãs, paládios e santuários onde residem a alma do clã, *hapu*, seu *mana* e o *hau* de seu solo.

Os documentos de Elsdon Best sobre esse ponto necessitam de comentário e discussão, em particular os que concernem às notáveis expressões *hau whitia* e *kai hau*. As principais passagens estão em Best (1901, p. 10 – texto maori) e Best (1900, p. 198). Não podemos tratá-los como convém, mas eis nossa interpretação: "*hau whitia*, averted *hau*" [*hau* desviado – N.R.T.], diz Elsdon Best, e sua tradução parece exata. Pois o pecado do roubo, do não pagamento ou da não contraprestação é realmente um desvio de alma, de *hau*, assim como nos casos (que se confundem com o roubo) de recusa a fazer um negócio ou a dar um presente; em contrapartida, *kai hau* é mal traduzido quando se o considera o equivalente simples de *hau whitia*. O termo designa, com efeito, o ato de comer a alma e é certamente o sinônimo de *whangai hau* (cf. Tregear, 1891, s.v. *kai* e *whangai*). Porém, essa equivalência não é simples, pois o presente típico é o de alimento, *kai*, e o termo alude a esse sistema da comunhão alimentar, da falta que consiste em permanecer em débito. E não só: o próprio termo *hau* se insere nessa esfera de ideias. Williams (1844, p. 23 s.v.) diz: "*hau*, presente retribuído em forma de reconhecimento por um presente recebido".

51. Também chamamos atenção à importante expressão *kai-hau-kai* (Tregear, 1891, p. 116): "retribuir um presente de alimento ofertado por uma tribo a outra; festa (Ilha do Sul)". Ela significa que esse presente e essa festa retribuídos são, na realidade, a alma da primeira prestação que retorna a seu ponto de partida: "alimento que é o *hau* do alimento". Nessas instituições e nessas ideias confunde-se toda espécie de princípios que nossos vocabulários europeus, em contraste, distinguem com tanto cuidado.

52. Com efeito, os *taonga* parecem dotados de individualidade, mesmo fora do *hau* que lhes confere sua relação com seu proprietário. Eles têm nomes. Conforme a melhor enumeração (a que Tregear, 1891, p. 360, s.v. *pounamu*, extraiu dos manuscritos de Colenso), apenas as seguintes categorias correspondem aos *taonga*: os *pounamu*, os famosos jades, propriedade sagrada dos chefes e dos clãs, mais comumente os *tiki*, muito raros, individualizados e muito bem esculpidos; em seguida, diversos tipos de esteiras, uma delas sem dúvida brasonada como em Samoa, tem como nome *korowai* (a única palavra maori que nos lembra a palavra samoana *oloa*, cujo equivalente maori não encontramos).

Um documento maori dá o nome *taonga* às *karakia*, fórmulas mágicas individualmente intituladas e consideradas talismãs pessoais transmissíveis (*Journal of the Polynesian Society*, vol. 9, p. 126, trad., p. 133). [Mauss não cita o autor. As páginas 126 e 133 do volume 9 desse periódico correspondem ao artigo de J. Fraser, "Folk-songs and myths from Samoa". Entretanto, além de versar sobre um material samoano (e não maori, como é o caso), nada ali parece corresponder ao teor desta nota (nenhuma menção a *taonga*, a *karakia* etc.). Em contrapartida, o artigo de Best (1900) citado mais acima (nota 50), e também publicado no vol. 9 do mesmo periódico, contém várias referências a esses termos – N.R.T.].

comércio, através de banquetes, festas e presentes, um valor equivalente ou superior, que, por sua vez, dará aos doadores autoridade e poder sobre o primeiro doador, que se torna o último donatário. Tal é a ideia mestra que parece presidir em Samoa e na Nova Zelândia à circulação obrigatória das riquezas, tributos e dádivas.

* * *

Um fato como esse esclarece dois sistemas importantes de fenômenos sociais na Polinésia e mesmo fora dela. Em primeiro lugar, apreende-se a natureza do vínculo jurídico criado pela transmissão de uma coisa. Voltaremos em breve a esse ponto. Mostraremos como esses fatos podem contribuir para uma teoria geral da obrigação. Mas, por agora, está nítido que, no direito maori, o vínculo de direito, vínculo pelas coisas, é um vínculo de almas, pois a própria coisa tem uma alma, é da alma. Donde segue que oferecer alguma coisa a alguém é oferecer alguma coisa de si. Em segundo lugar, isso torna, portanto, mais clara a natureza mesma da troca por dádivas, de tudo aquilo que chamamos prestações totais e, dentre estas, *potlatch*. Compreendemos clara e logicamente, nesse sistema de ideias, que é necessário retribuir a outrem o que é, na realidade, parcela de sua natureza e substância; pois aceitar alguma coisa de alguém é aceitar alguma coisa de sua essência espiritual, de sua alma; a conservação dessa coisa seria perigosa e mortal, não apenas porque seria ilícita, mas também porque essa coisa que vem da pessoa, não apenas moralmente, mas física e espiritualmente, essa essência, esse alimento[53], esses bens, móveis ou imóveis, essas mulheres ou esses descendentes, esses ritos ou essas comunhões, tudo isso exerce uma influência [*prise*] mágica e religiosa sobre nós. Enfim, a coisa dada não é uma coisa inerte. Animada, muitas vezes individualizada, ela tende a regressar ao que Hertz chamava seu "lar de origem", ou a produzir, para o clã e o solo do qual surgiu, um equivalente que a substitua.

III - Outros temas: a obrigação de dar, a obrigação de receber

Para compreender completamente a instituição da prestação total e do *potlatch*, resta ainda buscar uma explicação de dois outros momentos que são complementares ao da retribuição; pois a prestação total não implica apenas a obrigação de retribuir os presentes recebidos, mas supõe duas outras obrigações igualmente importantes: por um lado, a obrigação de dar, por outro, a de receber. A teoria completa dessas três obrigações, desses três temas do mesmo complexo, forneceria a explicação fundamental satisfatória dessa forma de contrato entre clãs polinésios. Por ora, só podemos indicar a forma de tratar a questão.

53. Best (1909, p. 449).

Encontraremos facilmente um grande número de fatos concernentes à obrigação de receber. Pois um clã, um grupo doméstico, um grupo de pessoas, um hóspede não são livres para não solicitar hospitalidade[54], para não receber presentes, para não negociar[55], para não contrair alianças por meio de mulheres ou parentesco de sangue. Os Dayak desenvolveram inclusive todo um sistema de direito e de moral sobre o dever de não deixar de compartilhar a refeição a que se assiste ou que se viu preparar[56].

A obrigação de dar não é menos importante; seu estudo permitiria compreender como os homens passaram a trocar coisas. Podemos indicar apenas alguns fatos. A recusa a dar[57], a negligência em convidar, assim como a recusa a receber[58], equivale a declarar guerra; é recusar a aliança e a comunhão[59]. Dá-se, então, porque se é forçado, porque o donatário tem uma espécie de direito de

54. Seria cabível aqui o estudo do sistema de fatos que os Maori classificam com a expressão "desprezo de *Tahu*". O documento principal encontra-se em Best (1899, p. 113). *Tahu* é o nome "emblemático" do alimento em geral, é sua personificação. A expressão "*Kaua e takahi ia Tahu*" – "não despreze *Tahu*" – é dita diante de uma pessoa que recusou o alimento que lhe foi apresentado. Mas o estudo dessas crenças concernentes ao alimento entre os Maori nos levaria muito longe. É suficiente dizer no momento que esse deus, essa hipóstase do alimento, é idêntico a Rongo, deus das plantas e da paz, e compreenderemos melhor estas associações de ideias: hospitalidade, alimento, comunhão, paz, troca, direito.

55. Cf. Best (1900, p. 198).

56. Cf. Hardeland (1859, vol.1, p. 190, 397*a*, s.v. *indjok*, *irek*, *pahuni*). O estudo comparativo dessas instituições pode ser estendido a toda região da civilização malaia, indonésia e polinésia. A única dificuldade consiste em reconhecer a instituição. Um exemplo: é sob o nome de "comércio forçado" que Spenser Saint-John (1863, vol. 2, p. 42) descreve o tributo antecipado que, no Estado de Brunei (Bornéu), os nobres cobravam dos Bisaya depois de tê-los presenteado com tecidos, e que depois deviam ser pagos por anos a fio a taxas usurárias. O erro provém dos próprios malaios civilizados, que exploravam um costume de seus irmãos menos civilizados cujo sentido não compreendiam mais. Não enumeraremos todos os fatos indonésios dessa natureza (cf. mais adiante resenha do trabalho de Kruyt, 1923).

57. Ser negligente com um convite para uma dança de guerra é um pecado, uma falta que, na Ilha do Sul, leva o nome de *puha* (cf. Croisilles, 1901, p. 76 – observação: *tahua*, *gift of food*).

O ritual de hospitalidade maori envolve: um convite obrigatório não deve ser recusado por aquele que chega, mas que também não deve ser solicitado; o recém-chegado deve dirigir-se à casa de recepção (que difere segundo as castas), sem olhar ao seu redor; seu anfitrião deve rapidamente providenciar-lhe uma refeição e assistir a ela, humildemente. Na partida, o estrangeiro recebe de presente provisões para a viagem (Tregear, 1904, p. 29). Cf. mais adiante os ritos *idênticos* da hospitalidade hindu.

58. Na realidade, as duas regras mesclam-se indissoluvelmente, como as prestações antitéticas e simétricas que elas prescrevem. Um provérbio exprime essa mistura. Taylor (1855, p. 132, provérbio 60) o traduz de maneira aproximativa: "*When raw it is seen*, *when cooked*, *it is taken*", "é melhor comer um alimento semicru do que esperar os estrangeiros chegarem com ele já cozido e ter de dividi-lo com eles".

59. Segundo a lenda, o chefe Hekemaru (e não Maru) recusava-se a aceitar "o alimento" até que ele fosse visto e recepcionado pela aldeia estrangeira. Se seu cortejo passava despercebido e se lhe enviavam mensageiros para rogar-lhe e a seu séquito que voltassem e partilhassem do alimento, ele respondia que "o alimento não seguiria suas costas". Com isso, queria dizer que o alimento ofertado às "costas sagradas de sua cabeça" (ou seja, quando já tivesse ultrapassado as proximidades da aldeia) seria perigoso para os que o ofereciam. Daí o provérbio "o alimento não seguirá as costas de Hekemaru" (Tregear, 1904, p. 79).

propriedade sobre tudo o que pertence ao doador[60]. Essa propriedade se exprime e se concebe como um vínculo espiritual. Assim, na Austrália, o genro, que deve todos os produtos de sua caça ao sogro e à sogra, nada pode consumir diante deles por medo de que a simples respiração deles envenene o que ele come[61]. Vimos acima os direitos desse gênero que o *taonga* sobrinho uterino [*sic*] possui em Samoa, e que são comparáveis aos do sobrinho uterino (*vasu*) em Fiji[62].

Tudo isso é perpassado por uma série de direitos e deveres de consumir e retribuir, que correspondem a direitos e deveres de presentear e de receber. Mas essa mistura íntima de direitos e deveres simétricos e contrários deixa de parecer contraditória se pensarmos que há, antes de tudo, mistura de vínculos espirituais entre as coisas, que são de certo modo alma, e os indivíduos e os grupos que se tratam de certo modo como coisas.

E todas essas instituições exprimem unicamente um fato, um regime social, uma mentalidade definida: é que tudo – alimentos, mulheres, crianças, bens, talismãs, solo, trabalho, serviços, ofícios sacerdotais e posições – é matéria de transmissão e de acerto de contas [*reddition*]. Tudo vai e vem como se houvesse troca constante de uma matéria espiritual, que abarca coisas e pessoas, entre clãs e indivíduos, distribuídos entre posições, sexos e gerações.

IV – Observação: o presente dado aos homens e o presente dado aos deuses

Um quarto tema desempenha um papel nessa economia e nessa moral dos presentes, a saber, a do presente dado aos homens em vista dos deuses e da natureza. Não fizemos o estudo geral necessário para destacar sua importância. Além disso, os fatos de que dispomos não pertencem todos às áreas às quais nos limitamos. Por fim, o elemento mitológico que ainda compreendemos mal é ali muito forte para que possamos ignorá-lo. Limitemo-nos, portanto, a algumas indicações.

60. Na tribo dos Tuhoe, Best (1899, p. 113) foi informado sobre esses princípios de mitologia e de direito. "Quando um chefe de renome deve visitar outro território, seu *mana* o precede". Os habitantes do distrito se põem a caçar e a pescar para se prover de bons alimentos. Eles não capturam nada: "é porque nosso *mana* partiu antes" e tornou invisíveis todos os animais e todos os peixes; "nosso *mana* os baniu" etc. (segue uma explicação da geada e da neve, de Whaitiri – pecado contra a água – que afasta o alimento dos homens [Whaitiri é um personagem mítico feminino – N.R.T.]). Na realidade, esse comentário um pouco obscuro descreve o estado em que estaria o território de um *hapu* ["clã" – N.R.T.] de caçadores onde os membros não fizeram o necessário para receber um chefe de outro clã. Eles cometeram "*kaipapa*, uma falta contra o alimento" e, assim, destruíram suas colheitas, suas caças e seus pescados, seus próprios alimentos.

61. Ex.: Arunta, Unmatjera, Kaitish (Spencer; Gillen, 1904, p. 610).

62. Sobre o *vasu*, cf. sobretudo o velho documento de Williams (1858, esp. p. 34); cf. Steinmetz (1894, vol. 2, p. 241 *et seq.*). Esse direito do sobrinho materno corresponde somente ao comunismo familiar. Mas permite ter uma ideia de outros direitos, como os de parentes por aliança e o chamado "roubo legal".

Em todas as sociedades do nordeste siberiano[63] e entre os Esquimó do oeste do Alasca[64] e os da costa asiática do Estreito de Bering, o *potlatch*[65] produz um efeito não somente sobre os homens que competem em generosidade, não apenas sobre as coisas que eles se transmitem ou consomem, ou sobre as almas dos mortos que auxiliam e participam das cerimônias e cujos nomes os homens portam. Ele também o produz sobre a natureza. As trocas de presentes entre os homens, *namesakes*, homônimos dos espíritos, incitam os espíritos dos mortos, os deuses, as coisas, os animais e a natureza a serem "generosos para com eles"[66]. A troca de presentes produz a abundância de riquezas, explicam. Nelson[67] e Porter[68] nos deram uma boa descrição dessas festas e de sua ação sobre os mortos, sobre os animais de caça, cetáceos e peixes caçados e pescados pelos Esquimó. Na espécie de língua dos caçadores ingleses, elas são chamadas pelo nome expressivo de *Asking festival*[69] ou de *Inviting-in festival*. É comum ultrapassarem os limites das aldeias de inverno. Essa ação sobre a natureza é bem registrada num dos trabalhos mais recentes sobre esses Esquimó[70].

---

63. Cf. Bogoras (1904). As obrigações de dar, receber e retribuir presentes e a hospitalidade são mais marcadas entre os Chukchee da costa do que entre os Chukchee da Rena (cf. Bogoras, 1909, p. 634, 637). Cf. regra do sacrifício e abate da rena (Bogoras, 1907, p. 375): dever de convidar, direito de o convidado exigir o que ele quer, obrigação de sua parte de dar um presente.

64. O tema da obrigação de dar é profundamente esquimó. Cf. nosso trabalho em Mauss sobre as variações sazonais da sociedade esquimó (Mauss, 1906, p. 121). Uma das últimas coletâneas esquimós publicadas contém ainda contos desse tipo, ensinando a generosidade (cf. Hawkes, 1916, p. 159).

65. Consideramos (Mauss, 1906, p. 121) as festas dos Esquimó do Alasca como uma combinação de elementos esquimós e de empréstimos tomados do *potlatch* indígena propriamente dito. Porém, após termos publicado o artigo, o *potlatch* foi identificado, assim como o costume dos presentes, entre os Chukchee e entre os Koryak da Sibéria, como veremos. Consequentemente, o empréstimo pode ter sido feito tanto por estes quanto pelos índios americanos. Ademais, é preciso ter em conta as belas e plausíveis hipóteses de Sauvageot (1924) sobre a origem asiática das línguas esquimós, hipóteses que vêm confirmar as ideias mais constantes de arqueólogos e antropólogos sobre as origens dos Esquimó e de sua civilização. Por fim, tudo demonstra que os Esquimó ocidentais, em vez de serem degenerados em comparação aos orientais e aos centrais, estão mais próximos, linguística e etnologicamente, da origem. É o que parece ter sido provado por Thalbitzer.

Nessas condições, é preciso afirmar de modo mais firme que existe um *potlatch* entre os Esquimó orientais e que esse *potlatch* é muito antigo. Restam, porém, os totens e as máscaras, muito específicos dessas festas do lado ocidental, dentre os quais alguns são nitidamente de origem indígena; por último, explica-se muito mal o desaparecimento do *potlatch* esquimó na região oriental e central da América ártica a não ser pelo encolhimento das sociedades esquimós orientais.

66. Hall (1864, vol. 2, p. 320). É extremamente significativo que essa expressão nos seja dada, não a propósito de observações sobre o *potlatch* alasquiano, mas a propósito dos Esquimó centrais, que conhecem apenas as festas invernais de comunismo e de trocas de presentes. Isso prova que a ideia ultrapassa os limites da instituição do *potlatch* propriamente dito.

67. Nelson (1900, p. 303 *et seq.*).

68. Porter (1893, p. 138, 141) e, sobretudo, Wrangell, *Statistische Ergebnisse*, p. 132). [Sobre essa referência, não foi possível verificá-la com exatidão a partir do que Mauss nos legou. Encontramos, no entanto, um relatório estatístico feito por (Ferdinand) Wrangell publicado em 1839, que fizemos constar na bibliografia – N.R.T.].

69. Nelson, cf. *asking stick* em Hawkes (1913, p. 7).

70. Cf. Hawkes (1913, p. 7, 3, 9) para uma descrição de uma dessas festas: os Unalaklit contra os Malemiut. [Trata-se de duas tribos esquimós; no caso, os Malemiut foram os visitantes – N.R.T.].

Os Esquimó da Ásia chegaram a inventar uma espécie de mecanismo, uma roda fornida de todos os tipos de provisões, colocada sobre uma espécie de mastro de cocanha encimado por uma cabeça de morsa. Essa parte do mastro ultrapassa a tenda de cerimônia cujo eixo ele forma, é manobrado no interior da tenda com a ajuda de outra roda e gira conforme o movimento do sol. Não saberíamos exprimir melhor a conjunção de todos esses temas[71].

Isso também é evidente entre os Chukchee[72] e entre os Koryak do extremo nordeste siberiano. Ambos praticam o *potlatch*. Mas são os Chukchee marítimos que, como seus vizinhos Yuit, esquimós asiáticos dos quais vamos falar, praticam mais essas trocas obrigatórias e voluntárias de dádivas e regalos durante longas "*thanks-giving ceremonies*"[73], cerimônias de ação de graças numerosas no inverno, e que se sucedem em cada uma das casas, uma após a outra. Os restos do sacrifício festivo são lançados ao mar ou espalhados ao vento; eles retornam à terra de origem e levam consigo os animais caçados mortos naquele ano, que voltarão no ano seguinte. Jochelson menciona festas do mesmo gênero entre os Koryak, que só pôde assistir à da baleia[74]. Entre eles, o sistema do sacrifício aparece muito claramente desenvolvido[75].

Bogoras[76] aproxima, com razão, esses costumes da Koliada russa: crianças mascaradas vão de casa em casa pedir ovos e farinha – e não se ousa negá-los a eles. Sabe-se que se trata de um costume europeu[77].

As relações desses contratos e trocas entre homens, e desses contratos e trocas entre homens e deuses, esclarecem todo um aspecto da teoria do Sacrifício. A prin-

---

Um dos traços mais característicos desse complexo é a série cômica de prestações no primeiro dia e os presentes que elas ensejam. A tribo que consegue fazer a outra rir pode exigir dela tudo o que quiser. Os melhores dançarinos recebem presentes de valor (Hawkes, 1913, p. 12-14). É um exemplo bem nítido e muito raro de representações rituais (só conheço outros exemplos na Austrália e na América) de um tema que é, ao contrário, muito frequente na mitologia: o do espírito ciumento que, quando ri, solta a coisa que guarda.

O rito do *Inviting-in festival* termina, aliás, com uma visita do *angekok* (xamã) aos *inua* (espíritos antropomorfos) vestindo a máscara deles, e eles lhe informam que gostaram das danças e que providenciarão os animais de caça. Cf. o presente dado às focas (Jenness, 1922, p. 178, n. 2). Os outros temas do direito aos presentes também são bastante desenvolvidos; o chefe näskuk, p. ex., não tem o direito de recusar presente algum, nem alimento, por mais raro que seja, sob pena de viver em desgraça para sempre (Hawkes, 1913, p. 9). Hawkes (1913, p. 19) está perfeitamente correto em considerar a festa dos Déné (Anvik) descrita por Chapman (1907) como um empréstimo tomado pelos índios aos Esquimó.

71. Cf. figura em Bogoras (1907, p. 403).

72. Bogoras (1907, p. 399-401).

73. Jochelson (1908, p. 64).

74. Jochelson (1908, p. 90).

75. Jochelson (1908, p. 98), "This is for thee".

76. Bogoras (1907, p. 400).

77. Sobre costumes desse gênero, cf. Frazer (1911, vol. 3, p. 78-85, 91 *et seq.*); Frazer (1913, vol. 10, p. 169 *et seq.*); cf., mais adiante, p. 112 [trecho antes da nota 487].

cípio, compreendemos perfeitamente sua existência, sobretudo nessas sociedades onde esses rituais contratuais e econômicos são praticados entre homens, onde estes são as encarnações mascaradas, muitas vezes xamanísticas e possuídas pelo espírito de quem têm o nome: na realidade, eles só agem como representantes dos espíritos[78]. Nesse sentido, essas trocas e esses contratos arrastam em seu turbilhão não somente os homens e as coisas, mas os seres sagrados que são mais ou menos associados a eles[79]. Esse é nitidamente o caso do *potlatch* tlingit, de uma das duas espécies de *potlatch* haïda, e do *potlatch* esquimó. A evolução era natural. Um dos primeiros grupos de seres com os quais os homens precisaram estabelecer contrato e que, por definição, estavam ali para contratar com eles, eram antes de tudo os espíritos dos mortos e os deuses. Com efeito, são eles os verdadeiros proprietários das coisas e dos bens do mundo[80]. É com eles que era mais necessário trocar e mais perigoso deixar de fazê-lo. Mas, inversamente, era mais fácil e mais seguro trocar com eles. A destruição sacrificial tem precisamente como objetivo ser uma doação que deve ser necessariamente retribuída. Todas as formas do *potlatch* do noroeste americano e do nordeste asiático conhecem esse tema da destruição[81]. Não é apenas para manifestar poder, riqueza e desprendimento que se mata escravos, que se queima óleos preciosos, que se lança cobres ao mar, que inclusive se incendeia casas suntuosas. É também para sacrificar aos espíritos e aos deuses, indiscerníveis [*confondus*] de suas encarnações vivas, os portadores de seus títulos, seus aliados iniciados.

Mas aparece já um outro tema, que não tem mais necessidade desse suporte humano e que pode ser tão antigo quanto o próprio *potlatch*: acredita-se que é dos deuses que é necessário comprar e que eles sabem dar o preço das coisas. Em nenhum lugar talvez essa ideia se exprima de um modo mais típico do que entre os Toraja

---

78. Sobre o *potlatch* tlingit, cf., mais adiante, p. 61-62 [onde ocorrem as notas 248-249-250] e p. 68 [notas 293-296]. Trata-se de uma característica fundamental de todo *potlatch* do noroeste americano. Porém, ela é pouco aparente, pois o ritual é totêmico demais para que sua ação sobre a natureza sobressaia à sua ação sobre os espíritos. Esse traço é mais nítido particularmente no *potlatch* feito entre Chukchee e Esquimó na ilha de Saint-Lawrence, no Estreito de Bering.

79. Cf. Bogoras (1910, p. 14, linha 2) para um mito de *potlatch*. Um diálogo se trava entre dois xamãs: "*What will you answer*?" ["Qual vai ser sua resposta?"], quer dizer, "[*what will you*] *give as return presents*" ["o que você vai dar como presente de volta?" – N.R.T.]. Esse diálogo termina em uma luta; depois, os dois xamãs estabelecem um contrato: eles trocam entre si uma faca mágica e um colar mágico, depois seus espíritos (auxiliares mágicos) e por fim seus corpos (Bogoras, 1910, p. 15, linha 2). Mas não conseguem realizar perfeitamente seus voos e suas aterrissagens; é porque esqueceram de trocar seus braceletes e seus "*tassels*" [cordão em cuja ponta forma-se uma borla – N.R.T.], "[*it is my tail,*] *my guide in motion*" ["é minha cauda, meu guia de movimento" – N.R.T.] (Bogoras, 1910, p. 16, linha 10). No fim, são bem-sucedidos. Vemos que todas essas coisas têm o mesmo valor espiritual que o próprio espírito – são espíritos.

80. Cf. Jochelson (1908, p. 30). Um canto kwakiutl da dança dos espíritos (xamanismo das cerimônias de inverno) comenta o tema:

"Vós nos enviais tudo do mundo do além, espíritos! que tirais o bom senso dos homens.

Vós ouvistes que tínhamos fome, espíritos! [...]

Receberemos muito de vós!" etc. Cf. Boas (1895b, p. 483).

81. Cf. Davy (1922, p. 224 *et seq*.).

das Ilhas Celebes. Kruyt[82] nos diz "que o proprietário deve 'comprar' dos espíritos o direito de realizar certos atos na 'sua' propriedade – na verdade, na propriedade 'deles'". Antes de cortar "sua" madeira, antes de arar "sua" terra, de fincar o pilar de "sua" casa, é preciso pagar aos deuses. E embora a noção de compra pareça muito pouco desenvolvida no costume civil e comercial dos Toraja[83], a noção dessa compra junto aos espíritos e aos deuses é, ao contrário, perfeitamente constante.

Malinowski, a propósito das formas de troca que descreveremos em seguida, assinala fatos do mesmo gênero nas Ilhas Trobriand. Conjura-se um espírito maléfico, um *tauvau* (serpente ou caranguejo da terra) cujo cadáver foi encontrado, presenteando-o com um *vaygu'a*, um dos objetos preciosos, a um só tempo ornamento, talismã e riqueza, que servem para as trocas do *kula*. Essa dádiva tem uma ação direta sobre o espírito desse espírito[84]. Por outro lado, na festa dos *mila-mila*[85], *potlatch* em honra aos mortos, os dois tipos de *vaygu'a*, os do *kula* e os que Malinowski chama pela primeira vez[86] os "*vaygu'a* permanentes", são expostos e ofertados aos espíritos sobre uma plataforma idêntica à do chefe. Isso torna benévolos seus espíritos, que levam a sombra dessas coisas preciosas ao país dos mortos[87], onde rivalizam em riquezas como o fazem os vivos que retornam de um *kula* solene[88].

Van Ossenbruggen, que é não apenas um teórico, mas um observador notável e que vive na região, percebeu outro traço dessas instituições[89]. As dádivas aos homens e aos deuses também têm por objetivo comprar a paz com uns e outros. Afastam-se, assim, os espíritos malévolos e, de um modo mais geral, as influências malévolas, mesmo que não personalizadas: pois uma maldição humana permite que os espíritos ciumentos nos penetrem e nos matem, que influências malévolas atuem, e as faltas contra os homens tornam o culpado fraco perante os espíritos e as coisas sinistras. Van Ossenbruggen interpreta assim particularmente as moedas lançadas durante o cortejo de casamento na China e mesmo o

82. Kruyt (1923, p. 163-169, 158-159).

83. Kruyt (1923, p. 3 e 5 do extrato).

84. Malinowski (1922, p. 511). [Indicaremos doravante entre colchetes a paginação correspondente à edição brasileira da editora Ubu: Malinowski (2018, p. 647-648) – N.R.T.].

85. Malinowski (1922, p. 72, 184 [p. 138-139, 274-275]). [O termo é *milamala* – N.R.T.].

86. Malinowski (1922, p. 512 [p. 648]), aqueles que não são objetos de troca obrigatória. Cf. Malinowski (1917).

87. Um mito maori, o de Te Kanava (Grey, 1855, p. 213), narra como os espíritos, as fadas, tomaram a sombra dos *pounamu* (jades etc.) – também conhecido como *taonga* – expostos em sua honra. Um mito exatamente idêntico em Mangaia (Wyatt Gill, 1876, p. 257) narra a mesma coisa sobre os colares de discos de nácar vermelho, e como eles conquistaram a proteção da bela Manapa.

88. Malinowski (1922, p. 513 [p. 648-649]). Malinowski (1922, p. 510 [p. 646] *et seq*) exagera um pouco a novidade desses fatos, perfeitamente idênticos aos do *potlatch* tlingit e do *potlatch* haïda.

89. Van Ossenbruggen (1916, p. 245-246).

preço de compra da noiva. Uma sugestão interessante a partir da qual se pode desdobrar toda uma cadeia de fatos[90].

Vemos como é possível dar início aqui a uma teoria e a uma história do sacrifício-contrato. Este supõe instituições do gênero das que descrevemos, e, inversamente, realiza-as em grau supremo, pois esses deuses que dão e retribuem estão ali para dar uma coisa grande em lugar de uma pequena.

Talvez não seja pelo efeito do puro acaso que as duas fórmulas solenes do contrato – em latim *do ut des*, em sânscrito *dadāmi se*, *dehi me*[91] – também foram conservadas por textos religiosos.

Outra observação – a esmola

Mais tarde, contudo, na evolução dos direitos e religiões, reaparecem os homens, transformados uma vez mais em representantes dos deuses e dos mortos, se é que cessaram de sê-lo. Entre os Hausa do Sudão, por exemplo, quando o "trigo da Guiné" está maduro, as febres se espalham; a única forma de evitá-las é presentear desse trigo aos pobres[92]. Entre os mesmos Hausa (dessa vez de Tripoli), na Grande Prece (*Baban Salla*), as crianças (costumes mediterrâneos e europeus) visitam as casas: "Devo entrar?" "Ó lebre de orelhas compridas!", respondem, "por um osso recebemos serviços". (Um pobre fica feliz de trabalhar para os ricos). Essas dádivas às crianças e aos pobres agradam aos mortos[93]. Talvez, entre os Hausa, esses costumes sejam de origem muçulmana[94] ou de origem muçulmana, negra e europeia ao mesmo tempo, e também berbere.

Em todo caso, vemos como emerge, aqui, uma teoria da esmola. A esmola é o fruto de uma noção moral da dádiva e da fortuna[95], de um lado, e de uma noção do sacrifício, de outro. A liberalidade é obrigatória, porque Nêmesis vinga os pobres e os deuses do excesso de felicidade e riqueza de certos homens que devem se desfazer delas: é a antiga moral da dádiva tornada princípio de justiça; e os deuses e os espíritos consentem que porções que recebem e que são destruídas em sacrifícios inúteis sirvam aos pobres e às crianças[96]. Temos aqui a história

90. Crawley (1902, p. 386) já propôs uma hipótese dessa natureza, e Westermarck entreviu a questão e começou a prová-la (cf., em particular, Westermarck, 1894, vol. 1, p. 394 *et seq.*). Mas ele não tocou o suficiente o fundo por não ter identificado o sistema de prestações totais e o sistema mais desenvolvido do *potlatch*, do qual todas essas trocas, e a troca de mulheres e o casamento em particular, são apenas uma das peças. Sobre a fertilidade do casamento garantida pelas dádivas aos cônjuges, cf., mais adiante, nota 468.

91. *Vajasaneyi Samhitā*. Cf. Mauss; Hubert (1899, p. 105).

92. Tremearne (1913, p. 55).

93. Tremearne (1914, p. 239).

94. Robertson Smith (1889, p. 283): "Os pobres são os hóspedes de Deus".

95. Os Betsimisaraka de Madagascar contam que um dos chefes distribuía tudo que possuía, o outro nada distribuía e tudo guardava. Ao generoso, Deus deu fortuna, e arruinou o avarento (Grandidier, 1914, p. 67, n. *a.*).

96. Sobre as noções de esmola, de generosidade e de liberalidade, cf. os fatos reunidos por Westermarck (1906, vol. 1, cap. 23).

das ideias morais dos semitas. A *sadaqa*[97] árabe é, originalmente, como a *zedaqa* hebraica, exclusivamente a justiça; e ela se transformou na esmola. Podemos datar da época mixnaica, da vitória dos "Pobres" em Jerusalém, o momento em que nasce a doutrina da caridade e da esmola que fez a volta ao mundo com o cristianismo e o islã. É nessa época que a palavra *zedaqa* muda de sentido, já que na Bíblia ela não significava esmola.

Mas retornemos ao nosso tema principal: a dádiva e a obrigação de retribuir.

* * *

Esses documentos e esses comentários não têm somente um interesse etnográfico local. Uma comparação pode estender e aprofundar esses dados.

Os elementos fundamentais do *potlatch*[98] são encontrados assim na Polinésia, mesmo na ausência da instituição completa[99]; em todo caso, a troca-dádiva é ali a regra. Mas seria pura erudição sublinhar esse tema do direito caso ele fosse ape-

97. Sobre um valor mágico ainda atual da *sadaqa*, cf. mais adiante.

98. Não nos foi possível reler toda uma literatura. Há questões que só se colocam uma vez terminada a pesquisa. Mas não duvidamos que, recompondo os sistemas de fatos desconectados dos etnógrafos, encontraríamos ainda outros traços importantes do *potlatch* na Polinésia. P. ex., as festas polinésias de exposição de alimento, *hakari* (cf. Tregear, 1904, p. 113), têm exatamente as mesmas bancas de exibição, as mesmas armações, as mesmas pilhas e distribuição de alimentos que os *hekarai*, festas de nome idêntico às dos melanésios de Koita (cf. Seligmann, 1910, p. 141-145). Sobre o *hakari*, cf. tb. Taylor (1855, p. 13); Yate (1835, p. 139); cf. Tregear (1891, s.v. *hakari*). Em Grey (1855, p. 213; p. 189 da edição popular da Routledge), um mito descreve o *hakari* de Maru, deus da guerra; ora, a designação solene dos donatários é absolutamente idêntica à das festas neocaledônias, fijianas e neoguineenses. Temos ainda um discurso que forma *umu taonga* (forno de *taonga*) para um *hikairo* (distribuição de alimentos), conservado em um canto (Grey, 1853, p. 132), estrofe 2 (até onde consigo traduzir):

"Dá-me desse lado meus *taonga*

dá-me meus *taonga*, que vou empilhá-los

que vou empilhá-los em direção à terra

que vou empilhá-los em direção ao mar

etc. em direção ao leste

[...]

Dá-me meus *taonga*."

A primeira estrofe alude sem dúvida aos *taonga* de pedra. Vemos o quanto a própria noção de *taonga* é inerente a esse ritual da festa de alimento (cf. Percy Smith, 1899, p. 156 – *hakari* de Te Toko).

99. Supondo que tal instituição não se encontre nas sociedades polinésias atuais, é possível que tenha existido nas civilizações e sociedades que a imigração dos polinésios absorveu ou substituiu, e é possível também que ela tenha existido entre os polinésios antes de sua migração. De fato, há uma razão para que ela tenha desaparecido de uma parte dessa região: os clãs estão definitivamente hierarquizados em quase todas as ilhas e até mesmo concentrados em torno de uma monarquia. Falta, portanto, uma das principais condições do *potlatch*: a instabilidade de uma hierarquia que a rivalidade dos chefes tem justamente por objetivo estabilizar momentaneamente. Do mesmo modo, se encontramos mais traços (talvez de formação secundária) entre os Maori, mais que em qualquer outra ilha, é justamente porque a chefia se ali reconstituiu e porque os clãs isolados tornaram-se rivais.

nas maori ou, a rigor, polinésio. Desloquemos o tema. É possível mostrar, ao menos para a *obrigação de retribuir*, que ela tem extensão bem diferente. Indicaremos igualmente a extensão de outras obrigações e provaremos que essa interpretação vale para vários outros grupos de sociedades.

Cf. Krämer (1902, p. 375, índice, s.v. *ifoga*) para destruições de riquezas de tipo melanésio ou americano em Samoa. É possível estudar o *muru* maori, a destruição de bens decorrente de uma falta, também desse ponto de vista. Em Madagascar, as relações dos *lohateny** – que devem comerciar entre si, podem se insultar e destruir todas as coisas um do outro – são igualmente traços de *potlatch* antigos (cf. Grandidier, 1914, vol. 2, p. 131, n; p. 132-133; cf. p. 155). [*As pessoas implicadas no *lohateny* – instituição caracterizada pela obrigação do insulto recíproco e da ajuda mútua – são *lohateny* entre si (cf. C. Ghassarian, *Introduction à l'étude de la parenté*, 1996, p. 194) – N.R.T.].

2

Extensão desse sistema

Liberalidade, honra, moeda

I - Regras da generosidade. Andamaneses*

Em primeiro lugar, encontramos esses costumes também entre os pigmeus, os mais primitivos dos homens segundo o Pe. Schmidt[100]. Brown, já em 1906, observou fatos desse tipo em meio aos andamaneses (Ilha do Norte) e descreveu em excelentes termos a hospitalidade entre grupos locais e visitantes – festas, feiras que servem para trocas voluntárias-obrigatórias (comércio do ocre e produtos do mar por produtos da floresta etc.):

> A despeito da importância dessas trocas, como o grupo local e a família, em outros casos, conseguem ser autossuficientes em termos de utensílios [...etc.], esses presentes não servem à mesma finalidade que o comércio e a troca nas sociedades mais desenvolvidas. Seu objetivo é, antes de tudo, moral: produzir um sentimento de amizade entre as duas pessoas envolvidas, e, se a operação não tivesse esse efeito, faltaria tudo [...][101].

* N.B. Todos esses fatos, como os que seguirão, advêm de províncias etnográficas muito variadas cujas conexões não é nosso objetivo estudar. De um ponto de vista etnológico, não há como duvidar da existência de uma civilização do Pacífico, que explica em parte muitos traços em comum entre o *potlatch* melanésio e o *potlatch* americano, p. ex., assim como a identidade do *potlatch* norte-asiático e o norte-americano. Mas, por outro lado, suas primeiras manifestações entre os Pigmeus é algo bem extraordinário. E os traços do *potlatch* indo-europeu dos quais falaremos não o são menos. Vamos nos abster, portanto, de qualquer consideração em moda sobre as migrações de instituições. Em nosso caso, é muito fácil e muito perigoso falar de empréstimo, e não menos perigoso de invenções independentes. Ademais, todos esses mapas que elaboramos não exprimem senão nossos conhecimentos precários ou ignorâncias atuais. Por agora, para nós, que nos baste mostrar a natureza e a amplíssima distribuição de um tema de direito; caberá a outros escreverem sua história, se puderem.

100. Schmidt (1910). Não estamos de acordo com Pe. Schmidt sobre esse ponto (cf. Mauss, 1913a, p. 65 *et seq.*).

101. [Brown (1922, p. 83-84) – N.R.T.]. "Embora os objetos fossem considerados como presentes, esperava-se receber algo de igual valor e ressentia-se quando o presente retribuído não correspondia ao esperado" (Brown, 1922, p. 83). [Por Brown, entenda-se Radcliffe-Brown – N.R.T.].

> Ninguém é livre para recusar um presente ofertado. Todos, homens e mulheres, empenham-se em superar uns aos outros em generosidade. Havia uma espécie de rivalidade quanto a quem dará mais objetos de valor[102].

Os presentes selam o casamento, formam um parentesco entre os dois casais de pais. Eles dão aos dois "lados" uma mesma natureza, e essa identidade de natureza é claramente manifesta pelo interdito que, dali em diante, do primeiro compromisso de noivado até o fim de seus dias, instaurará um tabu aos dois grupos de parentes que já não se veem, não se dirigem mais a palavra, embora troquem perpétuos presentes[103]. Na realidade, esse interdito exprime a intimidade e o medo que reinam entre essa espécie de credores e essa espécie de devedores recíprocos. A prova de que esse seja o princípio é a seguinte: o mesmo tabu, indicativo da intimidade e do distanciamento simultâneos, estabelece-se ainda entre os jovens de ambos os sexos que passaram num mesmo momento pelas cerimônias de "comer tartaruga e comer porco"[104], e que pelo resto da vida estão igualmente obrigados a trocar presentes. Há fatos desse gênero também na Austrália[105]. Brown nos apresenta os ritos de encontro após longas separações – o abraço, a saudação lacrimosa –, e nos mostra como as trocas de presentes são seus equivalentes[106], e como ali se misturam os sentimentos e as pessoas[107].

---

102. [Brown (1922, p. 84). A tradução de Mauss apresenta peculiaridades, que evidentemente foram respeitadas. Cf.: *For the most part, however, as each local group, and indeed each family, was able to provide itself with everything that it needed in the way of weapons and utensils, the exchange of presents did not serve the same purpose as trade and barter in more developed communities. The purpose that it did serve was a moral one. The object of the exchange was to produce a friendly feeling between the two persons concerned, and unless it did this it failed of its purpose. [...] No one was free to refuse a present that was offered to him. Each man and woman tried to out-do the others in generosity. There was a sort of amiable rivalry as to who could give away the greatest number of valuable presents* – N.R.T.]. Brown observa alhures o quanto esse estado de atividade contratual é instável, e como ele leva a disputas repentinas quando o objetivo era em geral extingui-las (Brown, 1922, p. 73, 81; cf. 237).

103. Brown (1922, p. 237).

104. Brown (1922, p. 81).

105. O fato é perfeitamente comparável às relações *kalduke* dos *ngia-ngiampe* entre os Ngarrindjeri, e às *yutchin* entre os Dieri; voltaremos a elas. [Sobre o costume do *yutchin* entre os Dieri: "Quando uma pessoa vai para longe [...], para uma tribo vizinha, alguém de seu acampamento torna-se seu *yutchin*. Para tanto, coloca-se um cordão feito de cabelo humano ou de linho nativo em volta de seu pescoço, a fim de lembrá-lo de sua promessa de trazer presentes [...] para seu *yutchin*, que, por sua vez, também coleta presentes para ele" (A. W. Howitt, *The native tribes of south-east Australia*, 1904, p. 713). Sobre a relação entre *kalduke* e *ngia-ngiampe* dos Ngarrindjeri: o pai de uma criança de uma tribo dá um *kalduke*, um objeto feito de penas amarradas a um cordão umbilical, ao pai de uma criança da outra tribo. Isso faz delas *ngia-ngiampe* uma da outra. Quando adultos, esses *ngia-ngiampe* tornam-se os mediadores das trocas entre essas tribos (cf. J. D. Woods, *The native tribes of south Australia*, 1879, p. 32-33) – N.R.T.].

106. Brown (1922, p. 237).

107. Brown (1922, p. 245-246). Brown oferece uma excelente teoria sociológica dessas manifestações da comunhão, da identidade dos sentimentos e do caráter ao mesmo tempo obrigatório e livre de suas manifestações. Ocorre aí outro problema, aliás conexo, a respeito do qual já chamamos a atenção: a expressão obrigatória dos sentimentos (Mauss, 1921b).

Trata-se, no fundo, de misturas. Misturam-se as almas nas coisas; misturam-se as coisas nas almas. Misturam-se as vidas, e assim as pessoas e as coisas misturadas saem cada uma de sua esfera e se misturam: é isso precisamente o contrato e a troca.

II - Princípios, razões e intensidade das trocas de dádivas (Melanésia)

As populações melanésias conservaram ou desenvolveram o *potlatch* melhor que as polinésias[108]. Mas esse não é nosso tema. Seja como for, elas por um lado conservaram e por outro desenvolveram, melhor que as polinésias, todo o sistema de dádivas e dessa forma de troca. E como nelas aparece, muito mais claramente do que na Polinésia, a noção de moeda[109], o sistema em parte se complica, mas também se torna mais preciso.

Nova Caledônia

Encontramos nos documentos característicos que Leenhardt reuniu sobre os neocaledônios não apenas as ideias que queremos mostrar, mas também sua expressão. Ele começou por descrever o *pilou-pilou* e o sistema de festas, presentes, prestações de toda sorte, inclusive a moeda[110], que não devemos hesitar em qualificar de *potlatch*. As declarações sobre direito nos discursos solenes do arauto são inteiramente características. Assim, por ocasião da apresentação cerimonial dos inhames[111] do banquete, o arauto diz: "Se houver algum antigo *pilou* diante do qual ainda não estivemos, lá embaixo entre os Wi [...], que esse inhame se precipite até eles como anteriormente um inhame semelhante veio deles para nós"[112]. É a própria coisa que retorna. Mais adiante, no mesmo discurso, é o espírito dos ancestrais que deixa "descer [...] sobre esses víveres o efeito de sua ação e de sua força". "O resultado do ato que realizastes aparece hoje. Todas as gerações surgiram em sua boca". Eis outro modo de figurar o vínculo de direito, não menos expressivo: "Nossas festas são o movimento da agulha que serve para ligar as partes do telhado de palha, para formar um só teto, uma só palavra"[113].

---

108. Cf., acima, a nota 99.

109. Conviria retomar talvez a questão da moeda a propósito da Polinésia. Cf., acima, a nota 37, a citação de Ella sobre as esteiras samoanas. Os grandes machados, os jades, os *tiki* e os dentes de cachalote são certamente moedas, como também o são um grande número de conchas e de cristais.

110. Cf. Leenhardt (1922a, p. 328), sobretudo no que concerne às moedas no encerramento de funerais e o princípio (1922a, p. 332). Leenhardt (1922b, p. 226 *et seq.*).

111. Leenhardt (1922b, p. 236-237; cf. p. 250-251).

112. Leenhardt (1922b, p. 247; cf. p. 250-251). [A citação acima encontra-se na p. 236 – N.R.T.].

113. Leenhardt (1922b, p. 263). Cf. Leenhardt (1922a, p. 332).

São as mesmas coisas que retornam, o mesmo fio que passa[114]. Outros autores assinalam esses fatos[115].

Ilhas Trobriand

No outro extremo do mundo melanésio, um sistema muito desenvolvido é equivalente ao dos neocaledônios. Os habitantes das Ilhas Trobriand estão entre os mais civilizados dessas raças. Hoje ricos pescadores de pérolas e, antes da chegada dos europeus, ricos fabricantes de cerâmica, moeda de conchas, machados de pedra e coisas preciosas, eles foram, desde sempre, bons comerciantes e navegadores destemidos. E Malinowski lhes dá um nome realmente exato ao compará-los com os companheiros de Jasão: "argonautas do Pacífico ocidental". Em um dos melhores livros de sociologia descritiva, instalando-se, por assim dizer, no tema que nos interessa, ele descreve todo o sistema de comércio intertribal e intratribal que tem o nome de *kula*[116]. Ele nos deixa ainda à espera da descrição de todas as instituições governadas pelos mesmos princípios de direito e de economia – casamento, festas dos mortos, iniciação etc. – e por isso a descrição que oferecemos é apenas provisória. Mas os fatos são capitais e evidentes[117].

---

114. Essa fórmula parece pertencer ao simbolismo jurídico polinésio. Nas Ilhas Mangaia, a paz era simbolizada por uma "casa bem coberta", que reunia os deuses e os clãs sob um teto "bem tramado" (Wyatt Gill, 1876, p. 294).

115. Pe. Lambert descreve vários *potlatch*: um de 1856 (Lambert, 1900, p. 119); a série de festas funerárias (Lambert, 1900, p. 234-235); um *potlatch* de segundo enterro (p. 240-246). Ele compreendeu que a humilhação e mesmo a emigração de um chefe vencido era a sanção de um presente e de um *potlatch* não retribuídos (p. 53); e compreendeu que "todo presente exige em retribuição um outro presente" (p. 116); ele usa a expressão popular francesa "*un retour*": *retour réglementaire*; os *retours** são expostos na cabana dos ricos (Lambert, 1900, p. 125). [*Uma das diversas acepções do termo *retour é "bem ou valor dado como contrapartida" (cf.* o antigo *Trésor de la langue française* – N.R.T.]. Os presentes de visita são obrigatórios. São a condição do casamento (Lambert, 1900, p. 10, 93-94); são irrevogáveis, e os "retornos são feitos com usura", em particular ao *bengam*, uma espécie de primo de primeiro grau (Lambert, 1900, p. 215). A *trianda*, dança dos presentes (Lambert, 1900, p. 158), é um caso notável de formalismo, de ritualismo e de estética jurídica misturados.

116. Cf. Malinowski (1920, p. 90 *et seq.*); Malinowski (1922).

117. Malinowski (1922, p. 513, 515 [p. 648-649, 652]), todavia, exagera a novidade dos fatos que descreve. O *kula* é, antes, um *potlatch* intertribal de um gênero muito comum na Melanésia, do qual fazem parte as expedições na Nova Caledônia descritas pelo Pe. Lambert, e as grandes expedições *Olo-Olo* dos fijianos etc. (cf. Mauss, 1920). O sentido do termo *kula* não parece vincular-se ao de outros termos de mesmo gênero, como *ulu-ulu*, p. ex. (cf. Rivers, 1914, vol. 2, p. 415, 485; vol. 1, p. 160). Mas mesmo o *kula* é menos característico que o *potlatch* americano sob certos aspectos – as ilhas são menores e as sociedades, menos ricas e menos fortes que as da costa da Colúmbia Britânica. Nestas, encontram-se todos os traços dos *potlatch* intertribais. Encontramos inclusive verdadeiros *potlatch* internacionais; p. ex., Haïda contra Tlingit (Sitka era de fato uma cidade comum a ambos e o Rio Nass, um lugar de encontro constante); Kwakiutl contra Bella Coola, contra Heiltsuq; Haïda contra Tsimshian etc. Isso aliás faz parte da natureza das coisas: as formas de troca são normalmente extensíveis e internacionais; ali como alhures, elas a um só tempo seguiram e abriram as vias comerciais entre essas tribos igualmente ricas e igualmente marítimas.

O *kula* é uma espécie de grande *potlatch*. Veiculando um grande comércio intertribal, estende-se a todas as ilhas de Trobriand, a uma parte das Ilhas Entrecasteaux e às Ilhas Amphlett. Em todas essas terras, ele interessa indiretamente todas as tribos e diretamente algumas grandes tribos: as de Dobu nas Ilhas Amphlett, as de Kiriwina, Sinaketa e Kitava nas Trobriand, de Vakuta na Ilha Woodlark. Malinowski não oferece a tradução da palavra, que certamente quer dizer círculo. Com efeito, é como se todas essas tribos, essas expedições marítimas, essas coisas preciosas e esses objetos de uso, esses alimentos e festas, esses serviços de todos os tipos, rituais e sexuais, esses homens e mulheres, estivessem presos em um círculo[118] e seguissem, no tempo e no espaço, um movimento regular ao seu redor.

O comércio *kula* é de ordem nobre[119]. Parece estar reservado aos chefes, àqueles que são ao mesmo tempo os chefes das frotas e canoas, os comerciantes e também os donatários de seus vassalos, nesse caso seus filhos, seus cunhados, que também são seus súditos, e ao mesmo tempo os chefes de diversas aldeias enfeudadas. Ele se exerce de forma nobre, com uma aparência puramente desinteressada e modesta[120]. Ele é cuidadosamente distinto da simples troca econômica de mercadorias úteis denominada *gimwali*[121]. Com efeito, esta é praticada paralelamente ao *kula*, nas grandes feiras primitivas que são as assembleias do *kula* intertribal, ou nos pequenos mercados do *kula* interior: o *gimwali* se distingue por uma negociação muito tenaz das duas partes, procedimento indigno do *kula*. Diz-se de um indivíduo que não conduz o *kula* com a grandeza de alma necessária que ele "o conduz como um *gimwali*". Aparentemente, pelo menos, o *kula* – como o *potlatch* norte-americano – consiste em dar, da parte de uns, e de receber, da parte de outros[122]; os donatários de um dia tornam-se os doadores da vez seguinte. Mesmo na forma mais completa, mais solene, mais elevada e mais competitiva[123] do *kula*, a das grandes expedições marítimas, *uvalaku*, a regra é partir sem nada ter para trocar, inclusive sem nada ter para dar, sequer em troca de um alimento, que aliás se recusa a pedir. Finge-se apenas receber. Somente quando a tribo visitante

118. Malinowski prefere a expressão *kula ring*.

119. Malinowski (1922, p. 97 [p. 168]), "*noblesse oblige*".

120. Malinowski (1922, p. 473 [p. 608]), as expressões de modéstia: "trouxe meu resto de comida de hoje; toma-o", enquanto recebe um colar precioso.

121. Malinowski (1922, p. 95, 189, 193 [p. 165-166, 280-281, 285-286]). É de forma puramente didática e visando ser compreendido pelos europeus que Malinowski (p. 187 [p. 277]) classifica o *kula* como uma das "trocas cerimoniais com pagamento" (em retorno): "pagamento" tanto quanto "troca" são palavras europeias.

122. Cf. Malinowski (1921).

123. Rito do *tanarere*, exposição dos produtos da expedição, sobre a praia de Muwa (Malinowski, 1922, p. 374-375, 391 [p. 493-494, 514-515]). Cf. o *uvalaku* de Dobu (Malinowski, 1922, p. 381, 20-21 de abril [p. 501]). Determina-se o mais belo, ou seja, o mais afortunado, o melhor comerciante.

for a anfitriã, no ano seguinte, da frota da tribo visitada que os presentes serão retribuídos com usura.

Já nos *kula* de menor envergadura, aproveita-se a viagem marítima para trocar cargas; os próprios nobres comerciam, pois há neles muita teoria indígena; numerosas coisas são solicitadas[124], requeridas e trocadas, e relações de todos os tipos são estabelecidas além do *kula*; mas este permanece sempre o objetivo, o momento decisivo dessas relações.

A própria doação assume formas muito solenes – a coisa recebida é desdenhada, desconfia-se dela, ela só se é pega por um instante após ter sido jogada aos pés; o doador simula uma modéstia exagerada[125]: após ter levado seu presente solenemente, ao som do búzio, desculpa-se por dar apenas seus restos e joga a coisa dada aos pés do rival e parceiro[126]. Entretanto, o búzio e o arauto proclamam a todos a solenidade da transferência. Busca-se, em tudo isso mostrar liberalidade, liberdade e autonomia, e ao mesmo tempo grandeza[127]. Mas são, no fundo, mecanismos de obrigação, e mesmo de obrigação por meio das coisas que estão em jogo.

O objeto fundamental dessas trocas-doações são os *vaygu'a*, uma espécie de moeda[128]. Há dois gêneros de *vaygu'a*: os *mwali*, belos braceletes de conchas talha-

---

124. Ritual do *wawoyla* (Malinowski, 1922, p. 353-354 [p. 466-467]); magia do *wawoyla* (Malinowski, 1922, p. 360-363 [p. 474-477]).

125. Cf., mais acima, a nota 120.

126. Cf. Malinowski (1922, p. 471 [p. 606, prancha 61]), frontispício e prancha 60 e as seguintes. Cf., mais adiante, p. 105 [entre as notas 468 e 469].

127. Excepcionalmente, indicaremos que essas morais podem ser comparadas com os belos parágrafos da *Ética a Nicômaco* sobre a *μεγαλοπρέπεια* [magnificência] e *ἐλευθερία* [liberdade – N.R.T.].

128. Uma nota de princípio sobre o emprego da noção de moeda. A despeito das objeções de Malinowski (1921), persistimos no uso desse termo. Malinowski (1922, p. 499, n. 2 [p. 636, n. 5]) havia protestado contra o abuso do termo, criticando a nomenclatura de Seligmann. Ele reservou a noção de moeda a objetos que servem não só como meio de troca, mas como padrão para medir o valor. Simiand objetou-me nos mesmos termos quanto ao emprego da noção de valor em sociedades desse gênero. Considerando seus pontos de vista, esses dois estudiosos claramente têm razão – e concebem as palavras "moeda" e "valor" no sentido estrito. Nessa perspectiva, só houve valor econômico quando houve moeda e só houve moeda quando as coisas preciosas, riquezas condensadas e signos de riqueza, foram de fato amoedadas, quer dizer, ponderadas, impessoalizadas, separadas de toda relação com qualquer pessoa moral, coletiva ou individual, exceto a autoridade do Estado que as cunhou. Mas a questão assim colocada é apenas a do limite arbitrário que se deve aplicar ao emprego da palavra. Em minha opinião, só um segundo tipo de moeda é assim definida: a nossa.

Em todas as sociedades que precederam aquelas que amoedaram o ouro, o bronze e a prata, foram empregadas outras coisas, pedras, conchas, e em particular metais preciosos, que serviram de meio de troca e de pagamento; em muitas das sociedades que ainda nos cercam, esse mesmo sistema funciona de fato, e é ele que descrevemos.

É verdade que essas coisas preciosas diferem do que temos o hábito de conceber como instrumentos liberatórios. Em primeiro lugar, além de sua natureza econômica e de seu valor, elas têm uma natureza mágica e são sobretudo talismãs: *life givers*, como dizia Rivers e como dizem Perry e Jackson. Além disso, elas se caracterizam por uma circulação muito geral no interior de uma sociedade e mesmo entre as sociedades; mas elas estão ainda vinculadas a pessoas ou a clãs (as primeiras

das e polidas, usados nas grandes ocasiões por seus proprietários ou seus parentes, e os *soulava*, colares trabalhados pelos hábeis artesãos de Sinaketa com o belo nácar do espôndilo vermelho. São usados solenemente pelas mulheres[129], e excepcionalmente por homens moribundos, por exemplo[130]. Mas, normalmente, ambos são entesou-

---

moedas romanas foram cunhadas por *gentes*), à individualidade de seus antigos proprietários e a contratos feitos entre seres morais. Seu valor ainda é subjetivo e pessoal. P. ex., na Melanésia, as moedas de conchas enfileiradas ainda são medidas pelo palmo do doador (Rivers, 1914, vol. 2, p. 527; vol. 1, p. 64, 71, 101, 160 *et seq.*; cf. a expressão *Schulterfaden* em Thurnwald, 1912, vol. 3, p. 41 *et seq.*; vol. 1, p. 189, verso 15; *Hüftschnur*, vol. 1, p. 263, linha 6 etc.). Veremos outros exemplos importantes dessas instituições. Também é verdade que esses valores são instáveis e que carecem do caráter necessário para ser o padrão, para ser uma medida; p. ex., seu preço aumenta e diminui conforme a quantidade e a escala das transações em que são utilizados. Malinowski compara muito bem os *vaygu'a* trobriandeses, que adquirem prestígio ao longo de suas viagens, às joias da coroa. Do mesmo modo, os cobres brasonados do noroeste americano e as esteiras samoanas aumentam de valor a cada *potlatch*, a cada troca.

Mas, por outro lado, sob dois pontos de vista, essas coisas preciosas têm as mesmas funções que a moeda de nossas sociedades e, consequentemente, merecem no mínimo ser classificadas no mesmo gênero. Primeiro, elas têm um poder de compra, e esse poder é quantificável; a tal "cobre" americano devem-se pagar tantas mantas; a tal *vaygu'a* correspondem tantos cestos de inhame. A ideia de número está ali, mesmo quando esse número é fixado por algo distinto da autoridade do Estado e varie com a sucessão dos *kula* e dos *potlatch*. Segundo, esse poder de compra é verdadeiramente liberatório. Mesmo que seja reconhecido apenas entre indivíduos, clãs e tribos determinadas, e somente entre associados, ele não deixa de ser público, oficial, fixo. Brudo [um mercador de pérolas francês – N.R.T.], amigo de Malinowski, e que, como ele, residiu por longo tempo nas Ilhas Trobriand, pagava seus pescadores de pérolas tanto com *vaygu'a* quanto com moeda europeia ou mercadorias de valor fixo. A passagem de um sistema ao outro se fez suavemente; era, portanto, possível. A respeito das moedas da Ilha Rossel, vizinha das Ilhas Trobriand, Armstrong (1924) fornece indicações muito nítidas e, caso equivocado, insiste no mesmo erro que nós.

A nosso ver, a humanidade tateou por muito tempo. Numa primeira fase, descobriu que certas coisas, quase todas mágicas e preciosas, não eram destruídas pelo uso, e a elas conferiu poder de compra (cf. Mauss, 1914; naquela altura, tínhamos encontrado apenas a origem remota da moeda). Então, numa segunda fase, após ter conseguido fazer essas coisas circularem, na tribo e fora dela, à distância, a humanidade descobriu que esses instrumentos de compra poderiam servir de meio de quantificação e de circulação de riquezas. Este é o cenário que estamos descrevendo. E é a partir dele que, muito antigamente, nas sociedades semíticas – mas talvez em outras não tão antigas –, inventou-se, numa terceira fase, o meio de separar essas coisas preciosas dos grupos e das pessoas, de torná-las instrumentos permanentes de medida de valor, inclusive de medida universal, se não racional – enquanto se espera algo melhor.

Houve, portanto, em nossa opinião, uma forma de moeda que precedeu as nossas. Sem contar aquelas que são objetos de uso, p. ex., na África e na Ásia, placas e lingotes de cobre, de ferro ou de outro material; para não falar, em nossas sociedades antigas e nas sociedades africanas contemporâneas, do gado (a propósito deste último, cf., adiante, a nota 367).

Que nos seja desculpada a tomada de partido sobre essas questões muito vastas. Mas são questões bem próximas de nosso tema, e era necessário esclarecer.

129. Malinowski (1922, prancha 19 [p. 151, prancha 13]). Parece que a mulher trobriandesa, como as "princesas" no noroeste americano e algumas outras pessoas, são uma espécie de meio de expor os objetos de exibição... sem contar que, ao fazê-lo, são "encantadas" (cf. Thurnwald, 1912, vol. 1, p. 138, 159, 192, verso 7).

130. Cf., mais adiante, a nota 140.

rados. As pessoas os têm para fruir de sua posse. A fabricação de uns, a pesca e a joalheria de outros, o comércio desses dois objetos de troca e de prestígio são, ao lado de outros comércios mais leigos e vulgares, a fonte da fortuna dos trobriandeses.

Segundo Malinowski, esses *vaygu'a* são animados de uma espécie de movimento circular: os *mwali*, os braceletes, transmitem-se regularmente de oeste a leste, e os *soulava* viajam sempre de leste para oeste[131]. Esses dois movimentos de sentido contrário se fazem entre todas as ilhas – Trobriand, Entrecasteaux, Amphlett, e as ilhas isoladas, Woodlark, Marshall Bennett, Tubetube, e finalmente a extrema costa sudeste da Nova Guiné, de onde vêm os braceletes brutos. Ali, esse comércio encontra as grandes expedições de mesma natureza das da Nova Guiné (Massim meridional)[132], e que Seligmann descreveu.

Em princípio, a circulação desses signos de riqueza é incessante e infalível. Não devem ser nem guardados por muito tempo, nem o processo de seu desfazimento deve ser lento ou difícil[133], nem tampouco devem ser dados a outros a não ser os parceiros determinados em um sentido determinado: "sentido bracelete" ou "sentido colar"[134]. Deve-se e pode-se guardá-los de um *kula* a outro, e toda a comunidade se orgulha dos *vaygu'a* que um de seus chefes obteve. Há até mesmo ocasiões, como a preparação das festas funerárias, os grandes *s'oi*, em que é permitido sempre receber e nada retribuir[135]. Mas quando a festa for dada, retribui-se tudo, despende-se tudo. Tem-se, portanto, uma propriedade sobre o presente recebido. Mas é uma propriedade de um certo tipo. Seria possível dizer que ela participa de toda espécie de princípios de direito que, nós, modernos, cuidadosamente separamos uns dos outros. É uma propriedade e uma posse, um penhor [*gage*] e uma coisa alugada, é uma coisa vendida e comprada, e ao mesmo tempo depositada, comissionada [*mandatée*], fideicometida: pois ela só nos é dada sob a condição de ser usada por outra pessoa, ou de ser transmitida a um terceiro, "parceiro distante", *murimuri*[136]. Esse é o complexo econômico, jurídico e moral, verdadeiramente típico, que Malinowski soube descobrir, discernir, observar e descrever.

---

131. Cf. Malinowski (1922, p. 82 – mapa [p. 148]). Cf. Malinowski (1920, p. 101). Ele nos diz que não encontrou razões míticas ou outras para o sentido dessa circulação. Seria muito importante determiná-las, pois se a razão estiver em qualquer orientação desses objetos, cuja tendência seria retornar ao ponto de partida por um trajeto de origem mítica, então o fato seria prodigiosamente idêntico ao fato polinésio, ao *hau* maori.

132. A respeito dessa civilização e desse comércio, cf. Seligmann (1910, cap. 33 *et seq.*). Cf. Mauss (1913b, p. 374); Malinowski (1922, p. 69 [p. 135]).

133. Os dobuanos são "difíceis no *kula*" (Malinowski, 1922, p. 94 [p. 164]).

134. Malinowski (1922 , p. 94 [p. 163-164]).

135. Malinowski (1922, p. 502, 492 [p. 639, 628-629]).

136. O *remote partner* (*muri muri*, cf. *muri* em Seligmann, 1910, p. 505, 752) é conhecido ao menos por uma parte da série dos *partners*, como nossos correspondentes nos bancos.

Essa instituição tem também sua face mítica, religiosa e mágica. Os *vaygu'a* não são coisas indiferentes, simples moedas. Cada *vaygu'a* , ao menos os mais caros e cobiçados – e outros objetos compartilham desse prestígio[137] –, cada um tem um nome[138], uma personalidade, uma história, até mesmo um romance, de modo que certos indivíduos lhes emprestam até mesmo o nome. Não se pode dizer que sejam realmente o objeto de um culto, pois os trobriandeses são, a seu modo, positivistas. Mas é impossível não reconhecer sua natureza eminente e sagrada. Possuí-los é "revigorante, reconfortante, apaziguante em si"[139]. Seus proprietários os manuseiam e os contemplam horas a fio. Um simples contato transmite suas virtudes[140]. Os *vaygu'a* são colocados sobre a fronte e o peito do moribundo, são esfregados sobre seu ventre, meneados diante do nariz. São seu conforto supremo.

Mas há mais. O próprio contrato se ressente dessa natureza dos *vaygu'a*. Não somente os braceletes e colares, mas também todos os bens, ornamentos, armas, tudo o que pertence ao parceiro são de tal maneira tão animados, se não de alma pessoal, ao menos de sentimento, que eles mesmos participam do contrato[141]. Uma fórmula muito bela, a do "encantamento do búzio"[142], serve, após tê-los evocado, para encantar, atrair[143] ao "parceiro candidato" as coisas que ele deve pedir e receber.

---

137. Cf. as observações de Malinowski (1922, p. 89-90 [p. 157-159]), justas e de alcance geral, sobre os objetos de cerimônia.

138. Malinowski (1922, p. 504 [p. 640-641]), nomes de pares (p. 98, 271 [p. 168-169, 372]). Cf. o mito (Malinowski, 1922, p. 323 [p. 432-433]): como se ouve falar de um *soulava*.

139. Malinowski (1922, p. 512 [p. 648]).

140. Malinowski (1922, p. 513 [p. 649]).

141. Cf. Malinowski (1922, p. 340 [p. 452]) e comentário (p. 341 [p. 453-454]).

142. Sobre o emprego do búzio [fr. *conque*; ing. *conch shell* – N.R.T.], cf. Malinowski (1922, p. 340, 387-388, 471 [p. 452, 510, 605]; cf. prancha 61 [p. 609, prancha 62]). O búzio é o instrumento soado em cada transação, em cada momento solene de refeição em comum etc. Sobre a extensão, se não a história, do uso do búzio, cf. Jackson, *Pearls and shells*, Univ. Manchester Series, 1921). [Não foram encontrados registros com essa exata referência – N.R.T.].

O uso de trombetas, tambores, durante festas e contratos encontra-se em um grande número de sociedades negras (guineanas e bantus), asiáticas, americanas, indo-europeias etc. Está ligado ao tema do direito e da economia aqui estudados e merece um estudo à parte, por si mesmo e em sua história.

143. Malinowski (1922, p. 340 [p. 452-453]), *Mwanita, Mwanita*. Cf. o texto em kiriwina dos dois primeiros versos (o segundo e o terceiro, a nosso ver) em Malinowski (1922, p. 448 [p. 581]). *Mwanita* é o nome dos vermes compridos, de círculos negros, aos quais são identificados os colares de discos de espôndilo (p. 341 [p. 453]). Segue a evocação-invocação: "[*Mwanita, Mwanita*] rumais para lá juntos. Eu vos farei rumar para lá juntos. Rumais para cá juntos. Eu vos farei rumar para cá juntos. O arco-íris aparece lá. Farei o arco-íris aparecer lá. O arco-íris aparece aqui. Farei o arco-íris aparecer aqui". Malinowski, seguindo os indígenas, considera o arco-íris um simples presságio. Mas ele pode designar também a iridescência do nácar. A expressão: "rumais para cá juntos" se refere às coisas de valor que irão se reunir no contrato. O jogo de palavras em "cá" e "lá" são representados muito simplesmente pelos sons *m* e *w*, que parecem funcionar como formativos e que são muito frequentes na magia. [Mauss se refere aos versos da p. 448 [p. 581], indicados mais acima: *Deriwa, baderideriwa; Derima, baderiderima* – N.R.T.].

[Um estado de excitação[144] se apodera de meu parceiro[145]].
Um estado de excitação se apodera de seu cachorro.
[Um estado de excitação se apodera] de seu cinto, de seu *gwara* (tabu sobre os cocos e o bétel)[146], de seu colar *bagido'u*, de seu colar *bagiriku*, de seu colar *bagidudu* [...][147].

Outra fórmula, mais mítica[148], mais curiosa, exprime a mesma ideia. O parceiro do *kula* possui um animal auxiliar, um crocodilo que ele invoca e que deve lhe trazer os colares (em Kitava, os *mwali*).

Crocodilo cai sobre ele, apodera-te de teu homem, empurra-o para o *gebobo* (depósito para mercadorias na canoa).
Crocodilo, traz-me o colar, traz-me o *bagido'u*, [o *bagiriku*] etc.

Uma fórmula precedente do mesmo ritual invoca uma ave de rapina[149].

A última fórmula de encantamento dos associados e contratantes (em Dobu ou em Kitava pelas pessoas de Kiriwina) contêm um refrão[150] sobre o qual se

---

Na sequência temos a segunda parte do exórdio: "Eu sou o homem único, o chefe único" etc. [No original de Malinowski, lê-se: "*I shall be the only chief; I shall be the only old man*" – N.R.T.]. Mas ela só é interessante de outros pontos de vista, o do *potlatch* em particular.

144. A palavra que foi assim traduzida é *munumweynise* (cf. Malinowski, 1922, p. 449 [p. 582]), reduplicativo de *mwana* ou *mwayna*, que exprime o *itching* ou *state of excitement*.

145. Suponho que devia haver aí um verso desse gênero porque Malinowski diz formalmente (1922, p. 340 [p. 453]) que a palavra principal do encantamento designa o estado de espírito que invadiu o parceiro e que lhe fará dar presentes generosos.

146. Geralmente imposto em vista do *kula* e dos *s'oi*, festas funerárias com o propósito de reunir os alimentos e as nozes de areca necessárias, assim como os objetos preciosos. Cf. Malinowski (1922, p. 347, 350 [p. 459-460, 463]). O encantamento estende-se aos alimentos.

147. Nomes diversos dos colares. Eles não serão analisados neste trabalho. Esses nomes compõem-se de *bagi*, colar (Malinowski, 1922, p. 351 [p. 464]), e de várias palavras. Seguem-se outros nomes especiais de colares, igualmente encantados.

Como se trata de uma fórmula do *kula* de Sinaketa onde se buscam colares e se deixam braceletes, fala-se apenas de colares. A mesma fórmula é empregada no *kula* de Kiriwina; mas como ali se buscam braceletes, os nomes de diferentes tipos de braceletes é que seriam mencionados, o resto da fórmula permanecendo idêntico.

A conclusão da fórmula também é interessante, mas, uma vez mais, somente do ponto de vista do *potlatch*: "Eu vou *kula* [fazer meu comércio], vou enganar meu *kula* [meu parceiro]. Vou roubar meu *kula*, vou pilhar meu *kula*, vou *kula* até meu barco afundar [...]. Minha fama é um trovão. Meu passo, um terremoto" (Malinowski, 1922, p. 341 [p. 453]). O fechamento parece estranhamente americano. Há casos análogos nas Ilhas Salomão. Cf., adiante, a nota 355.

148. Cf. Malinowski (1922, p. 344 [p. 457]) e comentário (p. 345 [p. 457]). O fim da fórmula é o mesmo do citado acima: "eu vou *kula*" etc.

149. Cf. Malinowski (1922, p. 343 [p. 455]; cf. p. 449 [p. 582]), texto do primeiro verso com comentário gramatical.

150. Malinowski (1922, p. 348 [p. 460]). Esse refrão vem na sequência de uma série de versos (p. 347 [p. 460]). "Tua fúria, homem de Dobu, reflui [como o mar]". Segue a mesma série com "Mulher de Dobu". Cf., mais adiante, p. 45-46 [notas 164-167]. As mulheres de Dobu são tabu, enquanto as de Kiriwina prostituem-se aos visitantes. A segunda parte do encantamento é do mesmo gênero.

oferecem duas interpretações. Ademais, o ritual é muito longo; é longamente repetido; tem por objetivo enumerar tudo o que o *kula* proscreve, todas as coisas de ódio e de guerra que é necessário conjurar para poder comerciar entre amigos.

> Tua fúria, o cachorro fareja,
> Tua pintura de guerra, o cachorro fareja, etc.

Outras versões dizem[151]:

> Tua fúria, o cachorro é dócil etc.

ou então:

> Tua fúria parte como a maré, o cachorro brinca;
> Tua cólera parte como a maré, o cachorro brinca
> [Etc.]

Entenda-se: "Tua fúria torna-se como o cachorro que brinca". O essencial é a metáfora do cachorro que se levanta e vem lamber a mão do senhor. É assim que o homem, ou a mulher, de Dobu, deve fazer. Uma segunda interpretação, sofisticada, não isenta de escolástica, diz Malinowski, mas evidentemente muito indígena, oferece outro comentário que combina melhor com o que de resto sabemos:

> Os cães brincam focinho com focinho. Quando mencionais essa palavra, "cachorro", como está prescrita há muito, também as coisas preciosas vêm [brincar]. Demos braceletes, colares virão, uns e outros se encontrarão [como os cães que vêm se farejar].

A expressão, a parábola, é bela. Todo o feixe de sentimentos coletivos é dado de uma só vez: o possível ódio dos associados, o isolamento dos *vaygu'a* cessando por encantamento; homens e coisas preciosas se assemelhando a cães que brincam e acorrem quando chamados.

Outra expressão simbólica é a do casamento entre os *mwali* – braceletes –, símbolos femininos, e os *soulava* – colares –, símbolos masculinos, que tendem um ao outro, como o macho para a fêmea[152].

Essas diversas metáforas significam exatamente a mesma coisa que o é expresso noutros termos pela jurisprudência mítica dos Maori. Sociologicamente, é mais uma vez a mistura das coisas, dos valores, dos contratos e dos homens que se acha expressa[153].

---

151. Malinowski (1922, p. 348-349 [p. 460-462]).

152. Malinowski (1922, p. 356 [p. 469]), talvez haja aí um mito de orientação.

153. Poderíamos nos servir aqui de um termo que Lévy-Brühl emprega comumente: "participação". Mas esse termo tem como origem justamente confusões e misturas e, em particular, identificações jurídicas, comunhões do gênero das que devemos descrever neste momento. Estamos aqui no princípio e desceríamos em vão às consequências.

* * *

Infelizmente, conhecemos pouco a regra de direito que regula essas transações. Ou ela é inconsciente e mal formulada pelas pessoas de Kiriwina, informantes de Malinowski, ou, sendo clara para os trobriandeses, deveria ser o objeto de uma nova pesquisa. Temos apenas detalhes. A primeira dádiva de um *vaygu'a* tem o nome de *vaga*, *opening gift*[154]. Ela abre a transação, ela obriga definitivamente o donatário a uma dádiva recíproca, o *yotile*[155], que Malinowski traduz excelentemente por *clinching gift*, a "dádiva que encerra" a transação. Outro nome dessa última dádiva é *kudu*, o dente que morde, que de fato corta, retalha e libera[156]. Ela é obrigatória; é esperada, e deve equivaler à primeira; eventualmente, pode-se tomá-la à força ou inesperadamente[157]; é possível[158] vingar-se[159] por magia, ou ao menos por injúria e ressentimento, de um *yotile* mal retribuído. Se não se é capaz de retribuí-lo, pode-se, a rigor, oferecer um *basi* que apenas "perfura" a pele, sem mordê-la, e não encerra o caso. É uma espécie de presente de espera, de moratória; apazigua o credor ex-doador; mas não libera o devedor[160], futuro doador. Todos esses detalhes são curiosos e tudo é impressionante nessas expressões; mas falta aqui a sanção. Ela é puramente moral[161] e mágica? O indivíduo "difícil no *kula*" é apenas desprezado e eventualmente encantado? O parceiro infiel não perderia outra coisa, a saber, sua posição de nobre ou ao menos seu lugar entre os chefes? Eis o que seria ainda preciso saber.

* * *

154. Malinowski (1922, p. 352 [p. 465] *et seq.*).

155. Malinowski (1922, p. 98 [p. 168-169]).

156. Talvez essa palavra também faça alusão à antiga moeda de presas de javali (Malinowski, 1922, p. 35[7] [p. 470]).

157. Sobre o costume do *lebu*, cf. Malinowski (1922, p. 319 [p. 428]). Cf. Malinowski (1922, p. 313 [p. 422] – mitologia do *kula*).

158. Reclamação violenta (*injuria*) (Malinowski, 1922, p. 356-357 [p. 470]); cf. vários cantos desse tipo em Thurnwald (1912, vol. 1).

159. Malinowski (1922, p. 359 [p. 472-473]). Diz-se de um *vaygu'a* célebre: "muitos homens morreram por causa dele". Parece, ao menos no caso de Dobu (Malinowski, 1922, p. 356 [p. 469]), que o *yotile* é sempre um *mwali*, um bracelete, princípio feminino da transação: "*We do not now* kwaypolu *or* pokala *the* mwali, *for they are women*" ["Nós agora não fazemos *kwaypolu* [dádiva solicitante] ou *pokala* [oferenda] para *mwali*, pois são mulheres" – N.R.T.]. Todavia, em Dobu, buscam-se apenas braceletes e pode ser que o fato não tenha outro significado.

160. Parece haver aqui vários sistemas de transações diferentes e entremeadas. O *basi* pode ser um colar (cf. Malinowski, 1922, p. 98 [p. 168-169]) ou um bracelete de menor valor. Mas outros objetos que não são estritamente *kula* podem ser dados como *basi*: as espátulas para cal (para bétel), os grandes machados polidos (*beku*), que são também espécies de moedas, os colares grosseiros (Malinowski, 1922, p. 358, 481 [p. 471, 618]).

161. Malinowski (1922, p. 157, 359 [p. 241-242, 472-473]).

Por outro lado, porém, o sistema é típico. Exceto pelo velho direito germânico de que falaremos mais adiante, no estado atual da observação, de nossos conhecimentos históricos, jurídicos e econômicos, seria difícil encontrar uma prática da dádiva-troca mais clara, mais completa, mais consciente e, de outra parte, melhor compreendida pelo observador que a registra do que a que Malinowski descobriu nas Ilhas Trobriand[162].

O *kula*, sua forma essencial, é apenas um momento, o mais solene, de um vasto sistema de prestações e de contraprestações que parece de fato englobar a totalidade da vida econômica e civil dos trobriandeses. O *kula* parece ser apenas o ponto culminante dessa vida, sobretudo o *kula* internacional e intertribal; ele é certamente um dos objetivos da existência e das grandes viagens, embora apenas os chefes, a bem dizer, só aqueles das tribos marítimas, ou melhor, de algumas tribos marítimas, participem dele. O *kula* não faz senão concretizar e reunir muitas outras instituições.

Para começar, a própria troca dos *vaygu'a* enquadra-se, por ocasião do *kula*, em toda uma série de outras trocas, cuja gama é extremamente variada, e que vai do regateio ao salário, da solicitação à pura polidez, da hospitalidade completa à reticência e ao pudor. Em primeiro lugar, salvo as grandes expedições solenes, puramente cerimoniais e competitivas[163], chamadas *uvalaku*, todos os *kula* dão ocasião a *gimwali*, trocas prosaicas, e estas não se dão necessariamente entre parceiros[164]. Há um mercado livre entre os indivíduos das tribos aliadas, paralelamente às associações mais estreitas. Em segundo lugar, entre parceiros do *kula* passa uma espécie de cadeia ininterrupta de presentes suplementares, dados e retribuídos, e também de comércios obrigatórios. O *kula* os supõe, inclusive. A associação que ele constitui, que é o seu princípio[165], começa com um primeiro presente, o *vaga*, que os participantes solicitam com todas as forças por meio de *solicitory gifts*; para conseguir essa primeira dádiva, pode-se cortejar o futuro parceiro, ainda independente, que é, de certo modo, pago com uma primeira série de presentes[166]. Embora se tenha certeza de que o *vaygu'a* recíproco – o *yotile*, a dádiva de encerramento – será retribuído, não se tem certeza de que o *vaga* será dado e os "*solicitory*", aceitos.

---

162. O livro de Malinowski, como o de Thurnwald, demonstra a superioridade da observação de um verdadeiro sociólogo. Foram, aliás, as observações de Thurnwald (1912, vol. 3, p. 40 etc.) sobre o *mamoko*, a *Trostgabe* [prêmio de consolação – N.R.T.], em Buin, que nos colocou na pista de alguns desses fatos.

163. Malinowski (1922, p. 211 [p. 305]).

164. Malinowski (1922, p. 189 [p. 281]; cf. prancha 37 [prancha 34, p. 284]); cf. Malinowski (1922, p. 99-100 [p. 170-171]), *secondary trade*.

165. Cf. Malinowski (1922, p. 93 [p. 162-163]).

166. Parece que o nome genérico desses presentes é *wawoyla* (Malinowski, 1922, p. 353-354 [p. 466-467]; cf. p. 360-361 [p. 474]). Cf. *woyla*, "kula *courting*" (p. 439 [p. 572]), em uma fórmula mágica na qual são enumerados com precisão todos os objetos que o futuro parceiro pode possuir e cuja "ebulição" o doador deve decidir. Em meio a essas coisas encontra-se justamente a série de presentes mencionados abaixo.

Essa maneira de solicitar e de aceitar um presente é a regra; cada um dos presentes que se dá dessa forma tem um nome especial; eles são expostos antes de serem oferecidos; neste caso, são os *pari*[167]. Outros têm um título que designa a natureza nobre e mágica do objeto ofertado[168]. Mas aceitar uma dessas oferendas é um sinal de que se está inclinado a entrar no jogo, ou então a permanecer nele. Certos nomes desses presentes exprimem a situação de direito que sua aceitação implica[169]: o caso é considerado concluído; esse presente é geralmente uma coisa muito preciosa (um grande machado de pedra polida, por exemplo, ou uma colher de osso de baleia). Recebê-lo é se comprometer verdadeiramente a dar o *vaga*, a primeira dádiva desejada. Mas aqui ainda se é apenas meio parceiro. Apenas a tradição solene compromete completamente. A importância e a natureza dessas dádivas provêm da competição extraordinária que ocorre entre os parceiros possíveis da expedição que chega. Busca-se o melhor parceiro possível da tribo oposta. A questão é grave, pois a associação que tende a ser criada estabelece uma espécie de vínculo clânico entre os parceiros[170]. Para escolher, é necessário, portanto, seduzir, deslumbrar[171]. Sempre levando em conta a hierarquia [*rang*][172], é preciso chegar ao objetivo antes dos outros, ou melhor que os outros, provocando assim trocas mais abundantes de coisas mais ricas, que são naturalmente a propriedade de pessoas mais ricas. Concorrência, rivalidade, ostentação, busca de grandeza e de interesses – tais são os motivos diversos que animam todos esses atos[173].

---

167. O termo mais geral é este: *presentation goods* (Malinowski, 1922, p. 439, 205, 350 [p. 571, 298, 463]). O termo *vata'i* designa os mesmos presentes dados pela gente de Dobu (cf. p. 391 [p. 514-515]). Esses *arrival gifts* são enumerados na fórmula: "Meu pote de cal, ele ferve, minha colher, ela ferve, meu cesto, ele ferve [...]" (cf. Malinowski, 1922, p. 200 [p. 292], mesmo tema e mesmas expressões).

Além desses nomes genéricos, há nomes específicos para diferentes presentes em diferentes circunstâncias. O nome das oferendas de alimentos que os habitantes de Sinaketa levam para Dobu (mas não vice-versa), das cerâmicas, das esteiras etc., é simplesmente *pokala*, que corresponde a salário, oferenda etc. São também *pokala* os *gugu'a*, *personal belongings* (Malinowski, 1922, p. 501 [p. 638]; cf. p. 31[2], 270 [p. 421, 371]), pertences de que o indivíduo se desfaz para tentar seduzir (*pokapokala*, p. 360 [p. 473]) seu futuro parceiro (cf. Malinowski, 1922, p. 369 [p. 485]). Há nessas sociedades um sentimento muito vivo da diferença entre as coisas que são de uso pessoal e as que são *properties*, coisas duráveis da família e da circulação.

168. P. ex: os *buna* (Malinowski, 1922, p. 313 [p. 422]). [*Buna* são grandes conchas de cauri dos dobuanos – N.R.T.].

169. P. ex.: os *kaributu* (Malinowski, 1922, p. 354, 358 [p. 467, 472]). [São *kaributu* os machados e as colheres de osso de baleia, p. ex. – N.R.T.].

170. Fizeram o seguinte comentário a Malinowski: "Meu parceiro, mesma coisa que meu concidadão (*kakaveyogu* [ing. *clansman* – N.R.T.]). Ele poderia brigar comigo. Meu verdadeiro parente (*veyogu*), mesmo cordão umbilical, estaria sempre do meu lado" (Malinowski, 1922, p. 276 [p. 377]).

171. É o que exprime a magia do *kula*, o *mwasila*; cf., mais adiante, p. 121 [entre notas 519-520].

172. Com efeito, os chefes de expedição e os chefes de canoas têm precedência.

173. Todos esses motivos encontram-se reunidos num mito divertido, o de Kasabwaybwayreta (Malinowski, 1922, p. [322] [p. 431]). Ele narra como o herói obteve o famoso colar Gumakarakedakeda, como deixou para trás todos os seus companheiros de *kula* etc. Cf. tb. o mito de Tokosikuna (Malinowski, 1922, p. 30[6] [p. 415]).

Essas são as dádivas de chegada; outras dádivas lhes respondem e lhes equivalem; são dádivas de partida (chamadas *talo'i* em Sinaketa)[174], de despedida, sempre superiores às dádivas de chegada. Temos já o ciclo de prestações e contraprestações usurárias realizado, em paralelo ao *kula*.

Em todo o tempo de duração dessas transações, houve, naturalmente, prestações de hospitalidade, de alimentos e, em Sinaketa, de mulheres[175]. Enfim, durante todo esse tempo, intervieram outras dádivas, suplementares, sempre regularmente retribuídas. Parece-nos, inclusive, que a troca desses *korotomna* representa uma forma primitiva do *kula* – quando ele consistia em trocar machados de pedra[176] e presas recurvadas de porco[177].

* * *

Aliás, o *kula* intertribal é, a nosso ver, apenas o caso exagerado, mais solene e mais dramático de um sistema mais geral. Ele retira a tribo inteira do círculo estreito de suas fronteiras, até mesmo de seus interesses e de seus direitos; no interior, contudo, os clãs e as aldeias estão normalmente ligados por vínculos do mesmo gênero. Mas nesse caso são apenas os grupos locais e domésticos e seus chefes que saem de suas casas, visitam-se, comerciam e casam entre si. Talvez isso bem mais se chame *kula*. Malinowski, no entanto, por oposição ao "*kula* marítimo", fala com justeza do "*kula* do interior" e de "comunidades de *kula*" que munem o chefe de seus objetos de troca. Mas não seria exagero falar de *potlatch* propriamente dito nesses casos. Por exemplo, as visitas da gente de Kiriwina a Kitava para as festas funerárias, *s'oi*[178], comportam muitas outras coisas além da troca dos *vaygu'a*; elas ensejam uma espécie de ataque simulado (*youlawada*)[179], uma distribuição de alimentos, com exibição de porcos e de inhames.

Por outro lado, os *vaygu'a* e todos esses objetos não são sempre adquiridos, fabricados e trocados pelos próprios chefes[180] e, pode-se dizer, não são fabricados[181] nem trocados para os próprios chefes. A maior parte chega a eles sob a forma de

174. Malinowski (1922, p. 390 [p. 514]). Em Dobu, cf. Malinowski (1922, p. 362, 365 [p. 475, 478-479] etc.).

175. Em Sinaketa, não em Dobu.

176. Sobre o comércio dos machados de pedra, cf. Seligmann (1910, p. 350, 353). Os *korotomna* (Malinowski, 1922, p. 358, 355 [p. 471, 468]) geralmente são colheres de osso de baleia adornadas, espátulas decoradas, que servem também de *basi*. Há ainda outras dádivas intermediárias.

177. *Doga*, *dogina*.

178. Malinowski (1922, p. 486-491 [p. 623-629]). Sobre a extensão desses costumes em todas as civilizações ditas Massim setentrionais, cf. Seligmann (1910, p. 584). Para a descrição do *walaga*, cf. Seligmann (1910, p. 594, 603); cf. Malinowski (1922, p. 486-487 [p. 623-624]).

179. Malinowski (1922, p. 479 [p. 616]).

180. Malinowski (1922, p. 472 [p. 607]).

181. A fabricação e a dádiva dos *mwali* pelos cunhados são chamadas *youlo* (Malinowski, 1922, p. 503, 280 [p. 640, 382]).

dádivas de seus parentes de posição inferior, dos cunhados em particular, que são ao mesmo tempo vassalos[182], ou dos filhos enfeudados em outros lugares. Em troca, quando a expedição retorna, a maior parte dos *vaygu'a* é solenemente transmitida aos chefes das aldeias, dos clãs e inclusive às pessoas comuns dos clãs associados; em suma, a todos aqueles que tenham participado direta ou indiretamente (muitas vezes bem indiretamente) da expedição[183] e que saem, assim, recompensados.

Enfim, ao lado ou, se quiserem, por cima, por baixo, ao redor e, a nosso ver, no fundo desse sistema do *kula* interno, o sistema das dádivas trocadas permeia toda a vida econômica e tribal e moral dos trobriandeses. Ela está "impregnada" dele, como diz muito bem Malinowski. É um constante "dar e tomar"[184]. Ela é como que atravessada por uma corrente contínua, fluindo em todos os sentidos, de dádivas dadas, recebidas, retribuídas, de forma obrigatória e por interesse, por grandeza e para serviços, como desafios e como garantias [*gages*]. Não é possível descrever aqui todos esses fatos, cuja divulgação, aliás, ainda não foi concluída por Malinowski. Observemos a princípio dois deles, que consideramos os principais.

Uma relação completamente análoga à do *kula* é a dos *wasi*[185]. Ela estabelece trocas regulares, obrigatórias entre parceiros de tribos agrícolas, de um lado, e de tribos marítimas, de outro. O parceiro agricultor vem depositar seus produtos diante da casa de seu sócio pescador. Este, em outro momento, após uma grande pesca, retribuirá com usura a aldeia agrícola com o produto de sua pesca[186]. Trata-se do mesmo sistema de divisão do trabalho que constatamos na Nova Zelândia.

Outra forma de troca considerável assume o aspecto de exposições[187]. São os *sagali*, grandes distribuições[188] de alimentos que se fazem em várias ocasiões: colheitas, construção da cabana do chefe, construção de novas canoas, festas funerárias[189]. Essas partilhas são feitas a grupos que prestaram serviços ao chefe ou

182. Malinowski (1922, p. 1[8]1 [p. 270-271] *et seq.*; cf. p. 98 [p. 168] *et seq.*).

183. P. ex., no recolhimento de cerâmicas ou na provisão de víveres para a construção de canoas.

184. Malinowski (1922, p. 167 [p. 254]): "Toda a vida tribal é um constante 'dar e receber'; toda cerimônia, todo ato legal e costumeiro só se fazem por meio de uma dádiva material e de uma contra-dádiva que os acompanham; a riqueza dada e recebida é um dos principais instrumentos da organização social, do poder do chefe, dos laços de parentesco por sangue e de parentesco por casamento". Cf. Malinowski (1922, p. 175-176 [p. 264-265] *passim*; cf. índice, *give and take*).

185. Trata-se de uma relação em grande medida idêntica à do *kula*, os parceiros sendo geralmente os mesmos (Malinowski, 1922, p. 193 [p. 285-286]); para a descrição do *wasi*, cf. Malinowski (1922, p. 187-188 [p. 277-280]; cf. prancha 36 [prancha 33, p. 279]).

186. A obrigação subsiste ainda hoje, a despeito dos inconvenientes e das perdas por que passam os pescadores de pérolas, obrigados a se dedicar à pesca e a perder remunerações significativas por um compromisso puramente social.

187. Cf. Malinowski (1922, pranchas 32 e 33 [pranchas 29 e 30]).

188. A palavra *sagali* quer dizer distribuição (como o *hakari* polinésio); cf. Malinowski (1922, p. 491 [p. 628]; cf. descrição, p. 147-150 [p. 231-233]; p. 170, 182-183 [p. 258, 272-274]).

189. Cf. Malinowski (1922, p. 491 [p. 628-629]).

a seu clã[190]: cultivo, transporte de grandes troncos de árvores a partir dos quais se entalham as canoas e as vigas, serviços fúnebres prestados pelos membros do clã do morto etc. Elas são completamente equivalentes ao *potlatch* tlingit, e comportam inclusive o tema do combate e da rivalidade. Nelas, vemos confrontarem-se os clãs e as fratrias, as famílias aliadas, e inclusive parecem, em geral, ações de grupos, já que a individualidade do chefe não é sentida.

Mas para além desses direitos dos grupos e dessa economia coletiva, já menos próximos do *kula*, parece-nos que todas as relações individuais de troca são desse tipo. Pode ser que só algumas sejam da ordem do simples escambo. Porém, como este quase não ocorre, salvo entre parentes, aliados ou parceiros do *kula* e do *wasi*, não parece que a troca seja realmente livre. Em geral, mesmo o que se recebe, e do qual se obteve portanto a posse – não importa de que modo –, não se guarda para si, a não ser se for imprescindível; normalmente, é transmitido a uma outra pessoa, a um cunhado, por exemplo[191]. É possível que coisas adquiridas e dadas retornem no mesmo dia, idênticas.

Todas as recompensas de prestações de qualquer tipo, de coisas e serviços, acomodam-se nesses quadros. Vejamos, mesmo que desordenadamente, as mais importantes.

* * *

Os *pokala*[192] e os *kaributu*[193], os *solicitory gifts* que observamos no *kula*, são espécies de um gênero muito mais vasto que corresponde muito bem ao que chamamos salário. Eles são oferecidos aos deuses, aos espíritos. Outro nome genérico do salário é *vakapula*[194], *mapula*[195]: são sinais de reconhecimento e de boa aco-

190. Isso é evidente sobretudo no caso das festas funerárias (cf. Seligmann, 1910, p. 594-603).

191. Malinowski (1922, p. 175 [p. 264]).

192. Malinowski (1922, p. 3[3]3 [p. 442-443]); para outro termo, *kwaypolu*, cf. Malinowski (1922, p. 356 [p. 469]).

193. Malinowski (1922, p. 378-379, 354 [p. 498, 467]).

194. Malinowski (1922, p. 163, 373 [p. 248, 491-492]). O *vakapula* tem subdivisões com títulos especiais, tais como *vewoulo* (*inicial gift*) e *yomelu* (*final gift*) (o que prova a identidade com o *kula*, cf. a relação *yotile-vaga*). Alguns desses pagamentos têm títulos específicos: *karibudaboda* designa a recompensa dos que trabalham nas canoas e, em geral, dos que trabalham, p. ex., nos campos, e em particular para os pagamentos finais pelas colheitas (*urigubu*, no caso das prestações anuais de colheita por um cunhado, cf. Malinowski, 1922, p. 63-65, 181 [p. 128-130, 270]) e para a fabricação de colares (p. 3[7]4, 183 [p. 492, 273]). O *vakapula* tem também o título de *sousula* quando é suficientemente grande (fabricação de discos de *kaloma*, cf. Malinowski, 1922, p. 373, 183 [p. 490, 273]). *Youlo* é o título do pagamento pela fabricação de um bracelete. *Puwaya* é o do alimento dado como encorajamento à equipe de lenhadores. Cf. o lindo canto (Malinowski, 1922, p. 129 [p. 207]): "O porco, o coco e os inhames acabaram e no entanto puxamos – muito pesados!"

195. As duas palavras *vakapula* e *mapula* são os modos diferentes do verbo *pula*; *vaka* sendo evidentemente o formativo do causativo. Sobre o *mapula*, cf. Malinowski (1922, p. 178 [p. 268] *et seq.*,

lhida e devem ser retribuídos. A esse respeito, Malinowski fez[196], a nosso ver, uma descoberta de grande importância que esclarece todas as relações econômicas e jurídicas entre os sexos no interior do casamento: os serviços de todos os tipos prestados à esposa pelo marido são considerados um salário-dádiva pelo serviço prestado por ela quando concede o que o Alcorão chama ainda "o campo".

* * *

A linguagem jurídica um pouco pueril dos trobriandeses multiplicou as distinções de nomes para todas as espécies de contraprestações: segundo o nome da prestação recompensada[197], da coisa dada[198], da circunstância[199], etc., etc. Certos nomes dão conta de todas essas considerações; por exemplo, a dádiva feita a um mágico, ou para a aquisição de um título, chama-se *laga*[200]. Surpreende o quanto esse vocabulário se complica por uma estranha incapacidade de dividir e de definir, e por estranhos refinamentos de nomenclaturas.

Outras sociedades melanésias

Não é necessário multiplicar as comparações com outros pontos da Melanésia. Mas alguns detalhes tomados aqui e ali fortalecerão a convicção e provarão que os trobriandeses e os neocaledônios não desenvolveram de maneira anormal um princípio que não existiria em povos aparentados.

No extremo sul da Melanésia, em Fiji, onde identificamos o *potlatch*, vigoram outras notáveis instituições que pertencem ao sistema da dádiva. Há uma estação do ano, a do *kere-kere*, durante a qual nada pode ser recusado a pessoa

p. 182 [p. 272] *et seq.*). Malinowski traduziu geralmente por *repayment*. Ele é geralmente comparado a um "emplastro", pois acalma a dor e a fadiga do serviço prestado, compensa a perda do objeto ou do segredo dados, do título e do privilégio concedidos.

196. Malinowski (1922, p. 179 [p. 268-269]). O nome das "dádivas sexuais" é também *buwana* e *sebuwana* (p. 183 [p. 273]).

197. Cf. notas precedentes: no mesmo sentido, *kabigidoya* (Malinowski, 1922, p. 164 [p. 250]) designa a cerimônia da apresentação de uma nova canoa, as pessoas que a fizeram, o ato que executam de "quebrar a proa da nova canoa" etc., e os presentes que são retribuídos com usura. Outras palavras designam a locação da canoa (p. 186 [p. 277]); dádivas de boas-vindas (Malinowski, 1922, p. 232 [p. 329] etc.).

198. *Buna*, dádivas de *big cowrie shell* [grande concha de cauri – N.R.T.] (Malinowski, 1922, p. 31[3] [p. 422]).

199. *Youlo*: *vaygu'a* dado como recompensa ao trabalho numa colheita (Malinowski, 1922, p. 280 [p. 382]).

200. Malinowski (1922, p. 186 [p. 277], p. 426 [p. 556] *et seq.*). O termo designa, evidentemente, toda contraprestação usurária. Pois há outro nome, *ula'ula,* para as simples compras de fórmulas mágicas (tem-se um *sousula* quando os preços-presentes são maiores (cf. Malinowski, 1922, p. 183 [p. 273]). *Ula'ula* se diz também quando os presentes são ofertados tanto aos mortos quanto aos vivos (p. 183 [p. 273]) etc. etc.

alguma[201]: dádivas são trocadas entre as duas famílias por ocasião do casamento[202] etc. Ademais, a moeda de Fiji, de dentes de cachalote, é exatamente do mesmo gênero que a dos trobriandeses. Ela tem o título de *tambua*[203]; é completada por pedras (mães dos dentes) e ornamentos, espécies de "mascotes", talismãs e "amuletos" da tribo. Os sentimentos dos fijianos por seus *tambua* são exatamente os mesmos que os que acabamos de descrever: "são tratados como bonecas; são retirados da cesta, admirados, sua beleza é comentada; sua mãe é lustrada e polida"[204]. Oferecê-los constitui um apelo; aceitá-los é comprometer-se[205].

Os melanésios da Nova Guiné e alguns papuásios por eles influenciados chamam sua moeda *tau-tau*[206]; ela é do mesmo gênero e é objeto das mesmas crenças que a moeda trobriandesa[207]. Mas convém aproximar esse nome a *tahutahu*[208], que significa o "empréstimo de porcos" (Motu e Koita). Ora, esse nome[209] nos é familiar. É o termo polinésio, raiz da palavra *taonga*, que em Samoa e na Nova Zelândia significa joias e propriedades incorporadas à família. Assim como as coisas, os próprios termos são polinésios[210].

Sabemos que os melanésios e papuásios da Nova Guiné praticam o *potlatch*[211].

Os belos documentos que Thurnwald nos transmitiu sobre as tribos de Buin[212] e sobre os Banaro[213] já nos forneceram diversos pontos de comparação. O caráter religioso das coisas trocadas é ali evidente, em particular, o da moeda, e sua maneira de recompensar os cantos, as mulheres, o amor, os serviços; como em Trobriand,

201. Brewster (1922, p. 91-92).

202. Brewster (1922, p. 191).

203. Brewster (1922, p. 23). Reconhece-se a palavra tabu, *tambu*.

204. Brewster (1922, p. 24).

205. Brewster (1922, p. 26).

206. Seligmann (1910, glossário, p. 754 e 77, 93, 94, 109, 204).

207. Cf. Seligmann (1910, p. 89, 71, 91 etc.) para a descrição dos *doa*.

208. Seligmann (1910, p. 95, 146).

209. As moedas não são as únicas coisas desse sistema de dádivas a que as tribos do golfo da Nova Guiné dão um nome idêntico ao termo polinésio de mesmo sentido. Já indicamos mais acima (nota 85) a identidade entre os *hakari* neozelandeses e os *hekarai*, festas-exibições de alimento que Seligmann (1910, p. 144-145, pranchas 16-18) nos descreveu na Nova Guiné (Motu e Koita).

210. Cf., mais acima, nota 30. É notável que a palavra *tun*, no dialeto de Mota (Ilhas Banks), nitidamente semelhante a *taonga*, tenha o sentido de comprar (em particular, uma mulher). Codrington (1885, p. 307-308, n. 9), no mito de Qat em que compra a noite, traduz: "comprar a um alto preço". Na realidade, é uma compra feita seguindo as regras do *potlatch*, bem documentada nessa parte da Melanésia.

211. Cf. documentos citados em Mauss (1913b, p. 372).

212. Cf. esp. Thurnwald (1912, vol. 3, p. 38-41).

213. Thurnwald, *Zeitschrift für Ethnologie*, 1922. [Mauss nos legou apenas essa referência, além da menção aos Banaro acima. O título em alemão é o de um periódico especializado em etnologia, mas Thurnwald nada publicou ali no ano de 1922 – N.R.T.].

ela é uma espécie de penhor [*gage*]. Enfim, Thurnwald analisou, em um caso bem estudado[214], um dos fatos que melhor ilustram de uma só vez o que é esse sistema de dádivas recíprocas e o que se chama impropriamente casamento por compra: este, na realidade, envolve prestações em todos os sentidos, incluindo as dos afins: devolve-se a mulher cujos pais não deram presentes de contrapartida suficientes.

* * *

Em suma, todo o mundo das ilhas, e provavelmente uma parte do mundo da Ásia meridional que lhe é aparentado, conhece um mesmo sistema de direito e de economia.

A ideia que devemos formar dessas tribos melanésias, mais ricas e comerciantes que as polinésias, é, portanto, muito diferente da que comumente fazemos. Esses povos têm uma economia extradoméstica e um sistema de troca muito desenvolvidos, com ritmos mais intensos e mais acelerados, talvez, que os conhecidos por nossos camponeses e pelas aldeias de pescadores de nossos litorais há talvez não mais de cem anos. Eles têm uma vida econômica extensa, que ultrapassa as fronteiras das ilhas e dos dialetos, e um comércio considerável. Ora, eles substituem vigorosamente, por meio de dádivas oferecidas e retribuídas, o sistema das compras e das vendas.

O que fez esses direitos (e, veremos, também o direito germânico) tropeçarem foi sua incapacidade de abstrair e de separar seus conceitos econômicos e jurídicos. Aliás, não tinham necessidade disso. Nessas sociedades, nem o clã nem a família conseguem se dissociar ou dissociar seus atos; nem os próprios indivíduos, por mais influentes e conscientes que sejam, conseguem compreender que devem se opor uns aos outros e dissociar seus respectivos atos. O chefe se confunde com seu clã e este com ele; os indivíduos só se veem agir de uma única maneira. Holmes observa muito bem que as duas linguagens, uma papua, a outra melanésia, das tribos que ele conhece na embocadura do Rio Finke (Toaripi e Namau), têm apenas "um único termo para designar a compra e a venda, o empréstimo e o tomar emprestado". As operações "antitéticas são expressas pela mesma palavra"[215].

> Estritamente falando, eles não entendiam tomar emprestado e emprestar no sentido em que empregamos esses termos, mas sempre havia algo dado sob a forma de honorário pelo empréstimo e que era devolvido quando o empréstimo era devolvido[216].

214. Thurnwald (1912, vol. 3, prancha 2, n. 3).

215. Holmes (1924, p. 294).

216. No fundo, Holmes descreve muito mal o sistema das dádivas intermediárias. Cf., mais acima, *basi*. [Em relação ao último trecho da citação, cf. o original de Holmes: "*There was always given something in the form of an honorarium for the loan when it was returned*" –"sempre se dava algo sob a forma de honorário pelo empréstimo quando este era devolvido" – N.R.T.].

Esses homens não entretêm nem a ideia de venda nem a de empréstimo e no entanto realizam operações jurídicas e econômicas que têm a mesma função.

Do mesmo modo, a noção de escambo não é mais natural aos melanésios que aos polinésios.

Um dos melhores etnógrafos, Kruyt, servindo-se ainda da palavra "venda", descreve-nos com precisão[217] esse estado de espírito entre os habitantes das Celebes centrais. E, no entanto, os Toraja estão há muito tempo em contato com os malaios, grandes comerciantes.

Assim, uma parte da humanidade relativamente rica, trabalhadora, criadora de excedentes importantes, soube e sabe trocar coisas consideráveis, sob outras formas e por razões outras que aquelas que conhecemos.

III - Noroeste americano

A honra e o crédito

Dessas observações sobre alguns povos melanésios e polinésios já se destaca uma figura muito bem delineada desse regime da dádiva. A vida material e moral, a troca, funcionam ali de uma forma ao mesmo tempo desinteressada e obrigatória. Além disso, essa obrigação se exprime de forma mítica, imaginária ou, se quisermos, simbólica e coletiva: ela assume o aspecto do interesse vinculado às coisas trocadas; estas nunca são completamente destacadas de quem as troca; a comunhão e a aliança que elas estabelecem são relativamente indissolúveis. Na realidade, esse símbolo da vida social – a permanência da influência das coisas trocadas – apenas traduz muito diretamente o modo pelo qual os subgrupos dessas sociedades segmentadas, de tipo arcaico, estão constantemente imbricados uns nos outros, e sentem que se devem tudo.

As sociedades indígenas do noroeste americano apresentam as mesmas instituições, porém ainda mais radicais e mais acentuadas. Inicialmente, pode-se dizer que o escambo é ali desconhecido. Mesmo após um longo contato com os europeus[218], não parece que nenhuma das transferências consideráveis de riquezas[219] que ali se realizam constantemente sejam feitas de um modo diferente das formas solenes do *potlatch*[220]. Descreveremos essa última instituição de nosso ponto de vista.

---

217. Cf. o trabalho citado mais acima, na nota 82. A incerteza do sentido das palavras que traduzimos mal por "comprar" e "vender" não é exclusiva às sociedades do Pacífico. Retornaremos mais adiante (nota 462) a esse tema. Por ora, lembramos que, mesmo em nossa língua corrente, a palavra [francesa] *vente* designa tanto a venda quanto a compra e que em chinês há apenas uma diferença de tom entre os dois monossílabos que designam o ato de vender e o ato de comprar.

218. Com os russos desde o século XVIII e com os caçadores de pele franco-canadenses no início do século XIX.

219. Cf., contudo, as vendas de escravos em Swanton (1905b, p. 410).

220. Uma bibliografia sumária dos trabalhos teóricos concernentes a esse *potlatch* foi fornecida mais acima, as notas 6 e 13.

N.B.: Antes, uma breve descrição dessas sociedades é indispensável. As tribos, povos ou grupos de tribos[221] de que falaremos residem na costa do noroeste americano: do Alaska, os Tlingit e os Haïda, e da Colúmbia britânica, principalmente os Haïda, os Tsimshian e os Kwakiutl[222]. Esses povos também vivem do mar ou dos rios, mais da pesca do que da caça; mas, diferentemente dos melanésios e polinésios, não possuem agricultura. Não obstante, eles são muito ricos, e mesmo hoje sua pesca, sua caça e suas peles facultam-lhes excedentes consideráveis, sobretudo quando contabilizados em índices europeus. Possuem as casas mais sólidas de todas as tribos americanas e uma indústria de cedro extremamente desenvolvida. Seus barcos são bons; e apesar de não se aventurarem muito em mar aberto, sabem navegar entre as ilhas e as costas. Suas artes materiais são muito elevadas. Em particular, mesmo antes da chegada do ferro, no sé-

221. Esse quadro sucinto é traçado sem justificação, mas é necessário. Advertimos que não é completo, nem mesmo do ponto de vista do número e dos nomes das tribos, nem do ponto de vista de suas instituições.

Não trataremos de inúmeras tribos, sobretudo das seguintes: (1) Nootka (grupo Wakash ou Kwakiutl), Bella Coola (vizinha); (2) tribos Salish da costa meridional. Em contrapartida, as pesquisas concernentes à extensão do *potlatch* deveriam ir mais ao sul, até à Califórnia. Lá – algo notável de outros pontos de vista –, a instituição parece difundida nas sociedades dos grupos ditos Penutia e Hoka (cf., p. ex., Powers, 1877, p. 153 – Pomo; p. 238 – Wintun; p. 303, 311 – Maidu; cf. Powers, 1877, p. 247, 325, 332-333, para outras tribos; observações gerais, p. 411).

Ademais, as instituições e as artes que descrevemos em poucas palavras são infinitamente complicadas, e certas ausências não são menos curiosas do que certas presenças. A cerâmica, p. ex., é desconhecida ali, como na última camada da civilização do Pacífico Sul.

222. As fontes que permitem o estudo dessas sociedades são consideráveis; são de uma segurança impressionante, sendo muito abundantemente filológicas e compostas de textos transcritos e traduzidos. Cf. a bibliografia sumária em Davy (1922, p. 21, 171, 215). Acrescente-se, principalmente: Boas; Hunt (1921, cf. resenha mais adiante), e Boas (1916), publicado em 1923. Contudo, todas essas fontes têm um inconveniente: ou as antigas são insuficientes, ou as novas, malgrado seu detalhamento e profundidade, não são muito completas do ponto de vista que nos ocupa. A atenção de Boas e de seus colaborados da *Jesup Expedition* estava voltada para a civilização material, a linguística e a literatura mitológica. Mesmo os trabalhos de etnógrafos profissionais mais antigos (Aurel Krause, Johan Jacobsen) ou mais recentes (Edward Sapir, Charles Hill-Tout etc.) vão na mesma direção. A análise jurídica, econômica, a demografia, permanecem por realizar ou ao menos por completar. (No entanto, a morfologia social foi iniciada pelos diversos *Census* do Alaska e da Colúmbia Britânica). Marius Barbeau promete-nos uma monografia completa dos Tsimshian. Esperamos por essas informações indispensáveis e desejamos ver em breve esse exemplo imitado, enquanto é tempo. Sobre os diversos pontos concernentes à economia e ao direito, os velhos documentos de viajantes russos, os de Krause (1885 – Tlinkit), os de Dawson (1878, Haïda; 1887, Kwakiutl, Bella Coola etc.) – a maior parte publicada no *Bulletin of the Geological Survey* do Canadá ou nos *Proceedings of the Royal Society of Canada* –, os de Swan (1870 – Nootka), os de Mayne (1862), são ainda os melhores e suas datas lhes conferem uma autoridade definitiva.

Há uma dificuldade na nomenclatura dessas tribos. Os Kwakiutl formam uma tribo, e dão também seu nome a várias outras que, com eles confederadas, formam uma verdadeira nação sob esse nome. Procuraremos mencionar de que tribo Kwakiutl estamos falando em cada caso. Quando não expresso de outro modo, é dos Kwakiutl propriamente ditos que estaremos tratando. Aliás, a palavra "kwakiutl" quer dizer simplesmente rico, "fumaça do mundo", e já indica por si a importância dos fatos econômicos que iremos descrever.

Não reproduziremos todos os detalhes da ortografia das palavras dessas línguas.

culo XVIII, sabiam recolher, fundir, moldar e cunhar o cobre que se encontra em estado nativo no território tsimshian e tlingit. Alguns desses cobres, verdadeiros escudos brasonados, serviam-lhes de uma espécie de moeda. Outro tipo de moeda foram certamente as belas mantas ditas chilkat[223], admiravelmente ilustradas e que servem ainda de ornamentos, algumas das quais com um valor considerável. Esses povos possuem excelentes escultores e desenhistas profissionais. Os cachimbos, maças, bastões, colheres de chifre esculpido etc., são o ornamento de nossas coleções etnográficas. Toda essa civilização é notavelmente uniforme e ocupa uma área muito ampla. Evidentemente, essas sociedades penetraram-se mutuamente em tempos muito antigos, ainda que pertençam, considerando-se suas línguas, a pelos menos três famílias diferentes de povos[224]. Sua vida de inverno, mesmo para as tribos mais meridionais, é muito diferente da de verão. As tribos têm uma dupla morfologia: dispersas, a partir do fim da primavera, para a caça, para a coleta de raízes e bagas suculentas das montanhas e para a pesca fluvial do salmão; a partir do inverno, concentram-se novamente no que chamam suas "cidades". E é, portanto, durante todo o período dessa concentração que se põem em um estado de perpétua efervescência. A vida social torna-se extremamente intensa, até mesmo mais intensa que nas congregações de tribos que podem ser realizadas no verão. Trata-se de uma espécie de agitação perpétua. São constantes as visitas de tribos a tribos inteiras, de clãs a clãs e de famílias a famílias. São festas repetidas, contínuas, muitas vezes muito longas. Por ocasião de casamentos, de rituais variados, de promoções, despendem sem cálculo tudo que se acumulou com grande dedicação durante o verão e o outono em uma das costas mais ricas do mundo. O mesmo ocorre na vida privada: convidam-se as pessoas de seu clã quando se mata uma foca, quando se abre uma caixa de bagas ou de raízes conservadas; convidam-se todos quando uma baleia encalha.

A civilização moral também é notavelmente uniforme, embora graduada entre o regime de fratria (Tlingit e Haïda) de descendência materna e o clã de descendência masculina mitigada dos Kwakiutl. As características gerais da organização social e do totemismo em particular, são praticamente as mesmas em todas as tribos. Elas têm confrarias, como na Melanésia, nas Ilhas Banks, impropriamente chamadas sociedades secretas, muitas vezes internacionais, mas nas quais a sociedade dos homens – e certamente entre os Kwakiutl, a sociedade das mulheres – recorta as organizações de clãs. Uma parte das dádivas e contraprestações de que vamos falar é destinada, como na Melanésia[225], ao pagamento de gradações e ascensões[226] sucessivas nessas confrarias. Os rituais dessas confrarias

223. Sobre as mantas chilkat, cf. Emmons (1907).

224. Cf. Rivet (1924, p. 616 *et seq.*). Foi Sapir (1915) quem reduziu definitivamente o tlingit e o haïda a ramos do tronco atapascano.

225. Sobre esses pagamentos para aquisição de gradações, cf. Davy (1922, p. 300-305). Para a Melanésia, cf. exemplos em Codrington (1885, p. 106 *et seq.* etc.); Rivers (1914, vol. 1, p. 70 *et seq.*).

226. Esta palavra "ascensão" deve ser tomada no sentido próprio e no figurado. Assim como o ritual do *vājapeya* (védico posterior) comporta um ritual de ascensão a um patamar, assim também os rituais melanésios consistem em fazer o jovem chefe subir em uma plataforma. Os Snahnaimuq e os Shushwap do noroeste conhecem o mesmo andaime de onde o chefe distribui seu *potlatch* (Boas, 1889, p. 39; Boas, 1894, p. 459). As outras tribos têm apenas a plataforma onde se sentam os chefes e as altas confrarias.

e dos clãs sucedem aos casamentos dos chefes, às "vendas dos cobres", às iniciações, às cerimônias xamanísticas, às cerimônias funerárias, estas últimas mais desenvolvidas entre os Haïda e os Tlingit. Tudo isso é feito ao longo de uma série indefinidamente retribuída de *potlatch*. Existem *potlatch* em todas as direções, que respondem a outros *potlatch* em todas as direções. Como na Melanésia, é um constante *give and take*, "dar e receber".

* * *

O próprio *potlatch*, tão típico como fato, e ao mesmo tempo tão característico dessas tribos, não é senão o sistema das dádivas trocadas[227]. Difere apenas pela violência, o exagero, os antagonismos que suscita, de um lado, e, de outro, por uma certa pobreza dos conceitos jurídicos, por uma estrutura mais simples, mais bruta do que na Melanésia, sobretudo nas duas nações do norte, Tlingit e Haïda[228]. O caráter coletivo do contrato[229] aparece melhor ali do que na Melanésia e na Polinésia. A despeito das aparências, essas sociedades estão no fundo mais próximas do que chamamos as prestações totais simples. Do mesmo modo, os conceitos jurídicos e econômicos têm menos clareza e precisão consciente. Porém, na prática, os princípios são formais e suficientemente claros.

Entretanto, duas noções estão ali muito mais em evidência do que no *potlatch* melanésio ou nas instituições mais evoluídas ou mais decompostas da Polinésia. Trata-se da noção de crédito, de prazo, e também da noção de honra[230].

---

227. É assim que os velhos autores, [Richard] Mayne, Dawson, Krause etc., descrevem seu mecanismo. Cf., em particular, Krause (1885, p. 187 *et seq.*), uma coleção de documentos de velhos autores.

228. Se a hipótese dos linguistas é exata e se os Tlingit e os Haïda são simplesmente atapascanos que adotaram a civilização do noroeste (hipótese com a qual Boas tende a concordar), o caráter grosseiro do *potlatch* tlingit e haïda se explicaria por si. É igualmente possível que a violência do *potlatch* do noroeste americano provenha do fato de que essa civilização está no ponto de encontro de dois grupos de famílias de povos que também o praticavam: uma civilização vinda do sul da Califórnia, outra vinda da Ásia (sobre esta última, cf., mais acima, p. 26 [entre as notas 63-65]).

229. Cf. Davy (1922, p. 247 *et seq.*).

230. Sobre o *potlatch*, Boas nada escreveu além do seguinte:

o sistema econômico dos índios da colônia britânica é amplamente baseado no crédito, tal como o dos povos civilizados. Em todas as suas iniciativas, o índio confia na ajuda de seus amigos. Ele promete pagá-los por essa ajuda em uma data posterior. Se essa ajuda consiste em coisas de valor, que são medidas pelos índios em mantas do mesmo modo como medimos em moeda, ele promete retribuir o valor do empréstimo com juros. O índio não tem sistema de escrita e, por conseguinte, para dar garantia [fr. *sûreté*] à transação, ela é feita em público. Contratar dívidas, de um lado, e pagar dívidas, de outro, isso é o *potlatch*. Esse sistema econômico desenvolveu-se a tal ponto que o capital possuído por todas os indivíduos associados da tribo excede em muito a quantidade de valores disponíveis existente; em outras palavras, as condições são completamente análogas às que prevalecem em nossa sociedade: se desejássemos que nos pagassem todos os nossos créditos, descobriríamos que, de fato, não há quantidade suficiente de dinheiro para pagá-los. Se todos os credores tentassem cobrar [fr. *rembourser*] seus empréstimos, haveria como resultado um pânico desastroso do qual a comunidade levaria um longo tempo para se recuperar.

Como vimos, as dádivas circulam na Melanésia e na Polinésia com a certeza de que serão retribuídas, tendo como "garantia" [*sûreté*] a virtude da coisa dada que é em si essa "garantia". Mas, em toda sociedade possível, é da natureza da dádiva obrigar a prazo. Por definição, uma refeição em comum, uma distribuição de *kava*, um talismã que se leva, não podem ser retribuídos imediatamente. O "tempo" é necessário para executar qualquer contraprestação. A noção de prazo está, portanto, implicada logicamente quando se trata de retribuir visitas, de contrair casamentos e alianças, de estabelecer uma paz, de participar dos jogos e dos combates regrados, de celebrar festas alternativas, de retribuir os serviços rituais e de honra, de "manifestar respeitos" recíprocos[231], coisas essas que se trocam juntamente com coisas cada vez mais numerosas e preciosas, à medida que essas sociedades vão ficando mais ricas.

A história econômica e jurídica corrente está bastante incorreta sobre esse ponto. Imbuída de ideias modernas, ela entretém ideias *a priori* da evolução[232], segundo uma lógica supostamente necessária; no fundo, ela se detém nas velhas tradições. Nada é mais perigoso que essa "sociologia inconsciente", como a chamou Simiand. Cuq afirma, por exemplo, que

> nas sociedades primitivas, concebe-se apenas o regime do escambo; naquelas que são avançadas, pratica-se a venda à vista. A venda a crédito caracteriza uma fase superior da civilização; aparece inicialmente sob uma forma desviada, combinação da venda à vista e do empréstimo[233].

Com efeito, o ponto de partida está alhures. Ele se encontra numa categoria de direitos deixada de lado pelos juristas e pelos economistas, que não se interessam por ela: é a dádiva, fenômeno complexo, sobretudo em sua forma mais antiga, a da prestação total, não contemplada neste estudo. Ora, a dádiva implica

---

É preciso compreender que um índio que convida todos os seus amigos e vizinhos para um grande *potlatch* (onde ao que parece se dilapida tudo o que se acumulou em longos anos de trabalho) tem duas coisas em vista, que só podemos reconhecer como sábias e dignas de admiração. Seu primeiro objetivo é pagar suas dívidas. Isso é feito publicamente, com muita cerimônia e sob a forma de ato notarial. Seu segundo objetivo é investir os frutos de seu trabalho de tal modo que tire o máximo lucro para si e para seus filhos. Aqueles que recebem presentes nessa festa, os recebem como empréstimos que utilizam em suas iniciativas atuais; mas após um intervalo de alguns anos, é necessário retribuí-los com juros ao doador ou ao seu herdeiro. Assim, o *potlatch* termina sendo considerado pelos índios um meio de garantir o bem-estar de seus filhos, caso fiquem órfãos ainda jovens [...] (Boas, 1898, p. 54-55; cf. Boas, 1889, p. 38).

Corrigindo os termos "dívida", "pagamento", "reembolso" [*remboursement*], "empréstimo" e substituindo-os pelos termos "presentes dados" e "presentes retribuídos", termos esses que Boas acaba empregando, tem-se uma ideia muito exata do funcionamento da noção de crédito no *potlatch*. Sobre a noção de honra, cf. Boas (1891, p. 57).

231. Expressão tlingit, cf. Swanton (1908b, p. 421 etc.).

232. Não se percebeu que a noção de prazo era não somente antiga, mas também simples, ou se quisermos, tão complexa quanto a noção de pagamento à vista.

233. Cuq (1910, p. 477).

necessariamente a noção de crédito. A evolução não fez o direito passar da economia do escambo à venda, e da venda à vista à venda a prazo. A partir de um sistema de presentes dados e retribuídos a prazo, foram edificados, de um lado, o escambo, por simplificação, por aproximações de tempos antes disjuntos, e, de outro, a compra e a venda, esta última a prazo e à vista, e também o empréstimo. Pois nada prova que nenhum dos direitos que ultrapassaram a fase que descrevemos (o direito babilônico em particular) não tenha conhecido o crédito que todas as sociedades arcaicas ainda sobreviventes conhecem. Eis outra maneira simples e realista de resolver o problema dos dois "momentos do tempo" que o contrato unifica, e que Davy já estudou[234].

* * *

O papel que a noção de honra desempenha nessas transações dos índios não é menos relevante.

Em parte alguma o prestígio individual de um chefe e o de seu clã estão mais ligados ao dispêndio e à exatidão em retribuir usurariamente as dádivas aceitas, de modo a transformar em obrigados aqueles que os obrigaram. O consumo e a destruição são aqui realmente sem limites. Em certos *potlatch*, deve-se despender tudo o que se tem e nada guardar[235]. Disputa-se quem será o mais rico e também o mais loucamente perdulário. Tudo se funda sobre o princípio do antagonismo e da rivalidade. O *status* político dos indivíduos, nas confrarias e nos clãs, as posições de todos os tipos, são obtidos pela "guerra de propriedade"[236], bem como pela guerra, ou pela sorte, ou pela herança, pela aliança e o casamento. Mas tudo é concebido como se fosse uma "luta de riqueza"[237]. O casamento dos filhos e os assentos nas

---

234. Davy (1922, p. 207).

235. Distribuição de toda a propriedade, Boas (1895b, p. 469 – Kwakiutl). No caso da iniciação do novato, cf. Boas (1895b, p. 551 – Koskimo). Para a redistribuição entre os Shushwap, cf. Boas (1891, p. 91). Swanton (1908b, p. 442), em um discurso: "Ele despendeu tudo para o fazer ver" (seu sobrinho). Para a redistribuição de tudo o que se ganhou no jogo, cf. Swanton (1909, p. 139).

236. Sobre a guerra de propriedade, cf. o canto de Maa em Boas (1895b, p. 577, 602): "Combatemos com a propriedade". A oposição entre guerra de riquezas e guerra de sangue encontra-se nos discursos feitos no mesmo *potlatch* de 1895 em Fort Rupert (cf. Boas; Hunt, 1905, p. 485, 482; cf. Boas, 1895b, p. 673, 668).

237. Cf., particularmente, o mito de Haïyas (Swanton, 1908a, n. 83 – Haïda, Masset), que perde a "face" no jogo e que morre em decorrência disso. Suas irmãs e sobrinhos se enlutam, dão um *potlatch*, e ele ressuscita.

A esse propósito, caberia estudar o jogo. Mesmo entre nós, ele não é considerado um contrato, mas uma situação em que se compromete a honra, em que se entregam bens que, ao fim e ao cabo, poderiam não ser entregues. O jogo é uma forma do *potlatch* e do sistema de dádivas, cuja extensão no noroeste americano impressiona. Embora seja conhecido dos Kwakiutl (cf. Boas, 1921, p. 1394, s.v. *ebayu*: dados (?); s.v. *tepa*, p. 1435; cf. *lep*, p. 1448, "segundo *potlatch*, dança"; cf. p. 1423, s.v. *maqwacte*), ele não parece desempenhar ali um papel comparável ao que entretém entre os Haïda,

confrarias só se obtêm durante os *potlatch* trocados e retribuídos. São perdidos no *potlatch* como se os perde na guerra, no jogo, na corrida, na luta[238]. Em um certo número de casos, não se trata sequer de dar e de retribuir, mas de destruir[239],

os Tlingit e os Tsimshian. Estes são jogadores inveterados e perpétuos. Cf. descrições do jogo de varetas [ing. *sticks* – N.R.T.] entre os Haïda (Swanton, 1905a, p. 58 *et seq.*, 141 *et seq.*, para as figuras e os nomes); cf. Swanton (1908b, p. 443) para o mesmo jogo entre os Tlingit, onde descreve os nomes das varetas. O *näq* tlingit comum, a peça que ganha, equivale ao *djîl* haïda.

As histórias estão repletas de lendas de jogos, de chefes que perderam tudo no jogo. Um chefe tsimshian perdeu até seus filhos e seus pais (Boas, 1916, p. 207, 101; cf. p. 409). Uma lenda haïda conta a história de um jogo total dos Tsimshian contra os Haïda (cf. Swanton, 1905b, p. 322). Cf. a mesma lenda no caso de jogos contra os Tlingit (Swanton, 1905b, p. 94). Encontramos um catálogo de temas desse gênero em Boas (1916, p. 847, 843). A etiqueta e a moral estipulam que o ganhador deixe em liberdade o perdedor, sua mulher e seus filhos (Swanton, 1909, p. 137). Desnecessário sublinhar o parentesco desse traço com as lendas asiáticas. Aliás, as influências asiáticas são inegáveis nesse caso. Sobre a extensão dos jogos de azar asiáticos na América, cf. o belo trabalho de Tylor (1896, p. 55 *et seq.*).

238. Davy evidenciou o tema do desafio e da rivalidade. Acrescente-se aí o da aposta (cf., p. ex., Boas, 1895a, p. 202-206). As lendas contêm apostas de comezainas, de lutas, de ascensão etc. (cf. Boas, 1895a, p. 363, para um catálogo de temas). Ainda hoje, a aposta é um resíduo desses direitos e dessa moral. Ela compromete apenas a honra e o crédito e, no entanto, faz circular as riquezas.

239. Sobre os *potlatch* de destruição, cf. Davy (1922, p. 224). Cabe acrescentar as observações seguintes. Dar é já destruir (cf. Boas, 1895b, p. 334). Um certo número de rituais de doação comporta destruições: p. ex., o ritual do reembolso do dote ou, como Boas o chama, "devolução da dívida de casamento", comporta uma formalidade chamada "afundar a canoa" (Boas, 1895b, p. 518, 520). Mas nessa cerimônia a destruição é figurada. Contudo, as visitas aos *potlatch* haïda e tsimshian implicam a destruição real das canoas dos que chegam. Entre os Tsimshiam, estas são destruídas na chegada, após terem ajudado cuidadosamente a desembarcar todo seu conteúdo; na partida, retribuem-se canoas mais belas (Boas, 1916, p. 338).

Mas a destruição propriamente dita parece constituir uma forma superior de dispêndio. Entre os Tsimshiam e os Tlingit, isso se chama "matar a propriedade" (Boas, 1916, p. 344; Swanton, 1908b, p. 442). Na realidade, o mesmo nome é dado às distribuições de mantas: "tantas mantas foram perdidas para vê-lo" (Swanton, 1908b).

Nessa prática da destruição no *potlatch* intervêm ainda dois motivos. O primeiro é o tema da guerra: o *potlatch* é uma guerra. Entre os Tlingit, ele tem como nome "dança de guerra" (Swanton, 1908b, p. 458, cf. p. 436). Assim como em uma guerra é possível apropriar-se das máscaras, dos nomes e dos privilégios dos proprietários mortos, em uma guerra de propriedades, mata-se a propriedade: seja a própria, para que os outros não a tenham, seja a dos outros, dando-lhes bens que ou serão obrigados a retribuir ou que não poderão retribuir.

O segundo tema é o do sacrifício (cf., mais acima, p. 27-28 [entre as notas 79 e 82]). Se alguém mata a propriedade, é porque ela tem uma vida (cf., mais adiante, p.73-74 [entre as notas 316-321]). Diz um arauto: "Que nossa propriedade permaneça viva pelos esforços de nosso chefe, que nosso cobre permaneça não quebrado" (Boas, 1921, p. 1285, linha 1). Talvez sejam explicados assim os sentidos da palavra *yäq*: jazer morto, distribuir um *potlatch* (cf. Boas; Hunt, 1905, p. 59, linha 3; e Boas, 1921, índice).

Mas, em princípio, trata-se de transmitir, como no sacrifício normal, coisas destruídas aos espíritos, no caso aos ancestrais do clã. Esse tema é naturalmente mais desenvolvido entre os Tlingit (Swanton, 1908b, p. 443, 462), entre os quais os ancestrais não só auxiliam no *potlatch* e se beneficiam das destruições, como também se beneficiam ainda dos presentes que são dados aos seus homônimos vivos. A destruição pelo fogo parece ser característica desse tema. Entre os Tlingit, cf. um mito mui-

para nem mesmo querer dar a impressão que se deseja ser retribuído. Queimam-se caixas inteiras de óleo de *olachen* (*candle-fish*, peixe-vela) ou de óleo de baleia[240], queimam-se casas e milhares de mantas; quebram-se os cobres mais caros, que são jogados na água para esmagar, "achatar" seu rival[241]. Com isso, não apenas o indivíduo, mas também sua família se elevam na escala social. Eis, portanto, um sistema de direito e de economia em que se despendem e se transferem constantemente riquezas consideráveis. Essas transferências, se se quiser, podem ser denominadas troca, ou mesmo comércio, venda[242], mas esse comércio é nobre, cheio de etiqueta e de generosidade. Em contrapartida, quando é feito com outro espírito, visando o ganho imediato, é objeto de um desprezo muito acentuado[243].

Como se vê, a noção de honra que agita violentamente a Polinésia, que está sempre presente na Melanésia, exerce aqui verdadeiras devastações. Ainda sobre esse ponto, os ensinamentos clássicos medem mal a importância dos motivos que animaram as pessoas e tudo o que devemos às sociedades que nos precederam. Mesmo um estudioso tão informado quanto Huvelin acreditou-se obrigado a deduzir a noção de honra, considerada sem eficácia, da noção de eficácia mágica[244]. Ele vê na honra, no prestígio, apenas o sucedâneo daquela. A realidade é mais complexa. A noção de honra não é mais estranha a essas civilizações do que a noção de

---

to interessante (Swanton, 1909, p. 82) e, entre os Haïda (Skidegate), o sacrifício no fogo (Swanton, 1905b, p. 36, 28, 91). O tema é menos visível entre os Kwakiutl, que, no entanto, conhecem uma divindade chamada "Sentado-sobre-o-fogo", a quem se sacrifica, como pagamento, a roupa da criança doente (cf. Boas, 1921, p. 705-706).

240. Boas (1895b, p. 353 etc.).

241. Cf., mais adiante, a nota 307, a propósito da palavra *p!Es*.

242. Parece mesmo que as palavras "troca" e "venda" são estranhas à língua kwakiutl. Nos diversos glossários de Boas, só encontro a palavra "venda" a propósito da colocação à venda de um cobre. Mas esse leilão é tudo menos uma venda, é uma espécie de aposta, uma luta de generosidade. E quanto à palavra "troca", só a encontro na forma de *l'ay*; mas, no texto indicado (Boas; Hunt, 1905, p. 77, linha 41), ela é empregada a propósito de uma mudança de nome.

243. Cf. a expressão "ávido de alimento" (Boas, 1921, p. 1462), "desejoso de enriquecer rapidamente" (Boas, 1921, p. 1394); cf. a bela imprecação contra os "pequenos chefes": "Os pequenos que deliberam; os pequenos que trabalham; [...] que são vencidos; [...] que prometem dar canoas; [...] que aceitam a propriedade dada; [...] que buscam a propriedade; [...] que só trabalham pela propriedade [o termo que traduz *property* é *maneq*, retribuir um favor (Boas, 1921, p. 1403)], os traidores" (Boas, 1921, p. 1287, linhas 15-18). Cf. outro discurso que fala do chefe que deu o *potlatch* e das pessoas que recebem e jamais retribuem: "Ele lhes deu de comer, ele as fez vir [...], ele as colocou em suas costas [...]" (Boas, 1921, p. 1293; cf. 1291). Para outra imprecação contra "os pequenos", cf. Boas (1921, p. 1381).

Não se deve crer que uma moral desse gênero seja contrária à economia ou que corresponda a alguma preguiça comunista. Os Tsimshian condenam a avareza e dizem que o herói principal, Corvo (o criador), foi banido por seu pai por ser avaro (Boas, 1916, p. 61; cf. p. 444). O mesmo mito existe entre os Tlingit. Estes condenam igualmente a preguiça e a mendicidade dos hóspedes e contam como Corvo e as pessoas que vão de aldeia em aldeia fazendo-se convidar foram punidos (cf. Swanton, 1909, p. 260; cf. 217).

244. Huvelin (1903), Huvelin (1907, p. 28).

magia[245]. O próprio *mana* polinésio simboliza não apenas a força mágica de cada ser, mas também sua honra, e uma das melhores traduções dessa palavra é autoridade, riqueza[246]. Os *potlatch* tlingit, haïda, consistem em considerar como honras os serviços mútuos[247]. Mesmo nas tribos realmente primitivas como as australianas, o ponto de honra é tão melindroso quanto nas nossas, e os indivíduos se satisfazem por prestações, oferendas de alimentos, precedências e ritos tanto quanto por dádivas[248]. Os homens souberam empenhar sua honra e seu nome muito antes de saberem assinar.

O *potlatch* do noroeste americano foi suficientemente estudado no que diz respeito à própria forma do contrato. Contudo, é necessário situar o estudo que Davy e Léonhard Adam[249] fizeram dele no quadro mais vasto do tema que nos ocupa. Pois o *potlatch* é muito mais que um fenômeno jurídico: é um daqueles fenômenos que propomos chamar "totais". É religioso, mitológico e xamanístico, uma vez que os chefes envolvidos representam e encarnam os ancestrais e deuses, cujos nomes eles portam, de cujas danças eles participam e cujos es-

245. Entre os Tlingit, paga-se pela honra de dançar (cf. Swanton, 1909, p. 141). Pagamento ao chefe que compôs uma dança. Entre os Tsimshian: "Faz-se de tudo pela honra [...]. Acima de tudo, está a riqueza e a exibição de vaidade" (Boas, 1889, p. 19). Duncan já dizia: "pela simples vaidade da coisa" (Mayne, 1862, p. 265). Ademais, um grande número de rituais, não apenas o da ascensão etc., mas também os que consistem, p. ex., em "erguer o cobre" (Boas; Hunt, 1905, p. 499, linha 26 – Kwakiutl), "erguer a lança" (Swanton, 1909, p. 117 – Tlingit), "erguer o mastro do *potlatch*", funerário e totêmico, "erguer a viga" da casa, o velho mastro de cocanha, traduzem princípios desse gênero. Não se deve esquecer que o *potlatch* tem por objeto saber qual é "a família mais 'elevada'" (comentários do chefe Katishan a respeito do mito de Corvo, cf. Swanton, 1909, p. 119, n. *a* – Tlingit).

246. Tregear (1891, s.v. *mana*). Caberia estudar a própria noção de riqueza. Do ponto de vista em que estamos, o homem rico é um homem que tem *mana* na Polinésia; que tem *auctoritas* em Roma; e que, nas tribos americanas, é um homem "generoso", *walas* (Boas, 1921, p. 1396). Mas nos limitamos a indicar a relação entre a noção de riqueza, de autoridade, de direito de comandar aqueles que recebem presentes e o *potlatch*. Ela é bem nítida. Entre os Kwakiutl, p. ex., um dos clãs mais importantes é o dos Walasaka (que é também o nome de uma família, de uma dança e de uma confraria); esse nome quer dizer "os grandes que vêm do alto", que distribuem no *potlatch*; *walasila* quer dizer não apenas riquezas, mas também "distribuição de mantas durante um leilão de um cobre". Outra metáfora é a que consiste em considerar que um indivíduo se torna "pesado" pelos *potlatch* oferecidos (cf. Boas, 1895b, p. 558-559). Diz-se que o chefe "devora as tribos" às quais distribui suas riquezas, que "vomita a propriedade" etc.

247. Canto tlingit, tido como da fratria do Corvo: "É ela que faz os Lobos '*valuable*'" (Swanton, 1909, p. 398). O princípio de que os "respeitos" e as "honras" a dar e a retribuir incluem as dádivas é muito preciso nas duas tribos (Swanton, 1908b, p. 451); cf. Swanton (1905a, p. 162) para a dispensa de retribuir certos presentes.

248. Cf., mais adiante, na conclusão, a nota 491. A etiqueta do banquete, da dádiva que se recebe dignamente, que não se solicita, é extremamente marcada nessas tribos. Indiquemos apenas três fatos, kwakiutl, haïda e tsimshian, instrutivos de nosso ponto de vista: os chefes e nobres comem pouco nos banquetes, e são os vassalos e as pessoas comuns que comem muito; eles têm literalmente um "paladar fino" [*fine bouche*] (Boas, 1909, p. 427, 430); perigos de se comer muito (Boas, 1916, p. 59, 149, 153 etc.) (mitos); eles cantam no banquete (Boas, 1909, p. 430, 437); soa-se o búzio "para que digam que não morremos de fome" (Boas; Hunt, 1905, p. 486). O nobre jamais pede. O xamã jamais pede um pagamento, seu "espírito" o impede (Boas, 1921, p. 731, 742; Swanton, 1905b, p. 238-239). Existe, no entanto, uma confraria e uma dança da "mendicidade" entre os Kwakiutl.

249. Cf. bibliografia, p. 15 [entre as notas 13-14] mais acima.

píritos os possuem[250]. É um fenômeno econômico, e é necessário mensurar o valor, a importância, as razões e os efeitos dessas transações enormes, mesmo hoje, quando são calculadas em valores europeus[251]. O *potlatch* é também um fenômeno de morfologia social: a reunião das tribos, clãs e famílias, inclusive das nações, produz ali um nervosismo e uma excitação notáveis: confraternizam, e, no entanto, permanecem estranhos; comunicam-se, mas se opõem em um gigantesco comércio e em um constante torneio[252]. Sem falar nos fenômenos estéticos extremamente numerosos. Enfim, mesmo do ponto de vista jurídico, ao lado do que já salientamos sobre a forma desses contratos e do que poderíamos chamar o objeto humano do contrato, ao lado do *status* jurídico dos contratantes (clãs, famílias, posições e matrimônios), é preciso acrescentar que os objetos materiais dos contratos e as coisas que são trocadas possuem também uma virtude especial, que permite que sejam dados e, sobretudo, retribuídos.

* * *

Teria sido útil – se tivéssemos mais espaço – distinguir, para nossa exposição, quatro formas do *potlatch* do noroeste americano: (1) um *potlatch* em que as fratrias e famílias dos chefes são as únicas ou quase as únicas em causa (Tlingit); (2) um *potlatch* em que as fratrias, clãs, chefes e famílias desempenham um papel praticamente igual; (3) um *potlatch* entre chefes que se confrontam por clãs (Tsimshian); (4) um *potlatch* de chefes e confrarias (Kwakiutl). Mas seria necessário muito tempo para proceder assim e, além disso, a distinção de três das quatro formas (a forma tsimshian sendo a que falta) foi exposta por Davy[253]. Enfim, no que concerne ao nosso estudo – o dos três temas da dádiva, a saber, a obrigação de dar, a obrigação de receber e a obrigação de retribuir –, essas quatro formas do *potlatch* são relativamente idênticas.

---

250. Os *potlatch* tlingit e haïda desenvolveram especialmente esse princípio (cf. Swanton, 1908b, p. 443, 462). Cf. discurso em Swanton (1909, p. 373): os espíritos fumam quando os convidados fumam. Cf. Swanton (1909 p. 385, linha 9): "Nós que dançamos aqui para vocês, não somos verdadeiramente nós mesmos. São nossos tios mortos há muito tempo que estão dançando aqui". Os convidados são espíritos, amuletos *gona'qadet* (Swanton, 1909 p. 119, n. *a*). De fato, temos aqui, pura e simplesmente, a confusão dos princípios do sacrifício e da dádiva, comparável a todos os casos que já citamos (cf., mais acima, p. 27-29 [entre as notas 77-82]), salvo talvez a ação sobre a natureza. Dar aos vivos é dar aos mortos. Uma notável história tlingit (Swanton, 1909, p. 227) conta que um indivíduo ressuscitado sabe como foi feito um *potlatch* para ele; o tema dos espíritos que censuram os vivos por não terem dado *potlatch* é corrente. Os Kwakiutl tinham certamente os mesmos princípios (cf., p. ex., discursos em Boas, 1921, p. 788). Os vivos, entre os Tsimshian, representam os mortos; [Henry W.] Tate escreve a Boas: "As oferendas aparecem sobretudo sob a forma de presentes dados em uma festa" (Boas, 1916, p. 452); lendas históricas (Boas, 1916, p. 287); coleção de temas, cf. Boas (1916, p. 846) para as comparações entre os Haïda, os Tlingit e os Tsimshian.

251. Cf., mais adiante, a nota 341, alguns exemplos de valor dos cobres.

252. Krause (1885, p. 240) descreve bem essas formas de abordagem entre tribos tlingit.

253. Davy (1922, p. 171 *et seq.*, 251 *et seq.*). A forma tsimshian não se distingue muito sensivelmente da forma haïda. Talvez o clã esteja mais em evidência entre os primeiros.

As três obrigações: dar, receber, retribuir

A obrigação de dar é a essência do potlatch. Um chefe deve dar diversos *potlatch*, para si, para seu filho, seu genro ou sua filha[254], para seus mortos[255]. Ele só conserva sua autoridade sobre sua tribo e aldeia, e mesmo sobre sua família, só mantém sua posição entre chefes[256] – nacional e internacionalmente – se prova que é visitado e favorecido pelos espíritos e pela fortuna[257], que é possuído por ela e que a possui[258]. Ele só pode provar essa fortuna despendendo-a, distribuindo-a, humilhando com ela os outros, pondo-os "à sombra de seu nome"[259]. Os nobres kwakiutl e haïda têm exatamente a mesma noção da "face" que o letrado ou o funcionário chinês[260]. Diz-se que um dos grandes chefes míticos que não dava *potlatch* tinha a

254. Inútil retomar a demonstração de Davy a propósito da relação entre o *potlatch* e o *status* político, em particular o do genro e do filho. De nada serve também comentar o valor comunial dos banquetes e trocas. P. ex.: a troca de canoas entre dois espíritos faz que tenham "um só coração", um sendo o sogro e o outro o genro (Boas, 1895b, p. 387). O texto acrescenta: "era como se tivessem trocado seus nomes" (Boas; Hunt, 1905, p. 274). Cf. tb. Boas; Hunt (1905, p. 23): em um mito de festa nimkish (outra tribo kwakiutl), o banquete de casamento tem por objetivo entronizar a filha na aldeia "onde vai comer pela primeira vez".

255. O *potlatch* funerário está atestado e suficientemente estudado entre os Haïda e entre os Tlingit; entre os Tsimshian, parece estar mais especialmente vinculado ao fim do luto, ao erguimento do mastro totêmico e à cremação (Boas, 1916, p. 534 *et seq.*). Boas não constata *potlatch* funerário entre os Kwakiutl, mas encontramos a descrição de um *potlatch* desse gênero em um mito (cf. Boas; Hunt, 1905, p. 407).

256. *Potlatch* para manter o direito a um brasão, cf. Swanton (1905a, p. 107 – Haïda). Cf. história de Legek (Boas, 1916, p. 386). Legek é o título do principal chefe tsimshian. Cf. tb. Boas (1916, p. 364) para as histórias do chefe Nesbalas, outro grande título de chefe tsimshian, e a forma como ele zombou do chefe Haïmas. Um dos títulos de chefe mais importantes nos Kwakiutl (Lewikilaq) é o de Dabend (Boas; Hunt, 1905, p. 19, linha 22; cf. *dabendgal'ala*, Boas, 1921, p. 1406, col. 1) que, antes do *potlatch*, tem um nome que quer dizer "incapaz de chegar ao fim" e, após o *potlatch*, recebe o nome que quer dizer "capaz de chegar ao fim".

257. Um chefe kwakiutl diz: "Esta é minha vaidade – os nomes, as raízes de minha família, todos os meus ancestrais foram [e aqui declina seu nome que é a um só tempo um título e um nome comum] doadores de *maxwa*" (grande *potlatch*) (Boas, 1921, p. 887, linha 54; cf. p. 843, linha 70).

258. Cf., mais adiante, a nota 307 (em um discurso): "Estou coberto de propriedades. Sou rico de propriedades. Sou contador de propriedades" (Boas, 1921, p. 1280, linha 18).

259. Comprar um cobre é colocá-lo "sob o nome" do comprador (Boas, 1895b, p. 345). Outra metáfora é a do nome do doador do *potlatch* "ganhar peso" pelo *potlatch* dado (Boas, 1895b, p. 349), e "perder peso" pelo *potlatch* aceito (Boas, 1895b, p. 345). Há outras expressões da mesma ideia, da superioridade do doador sobre o donatário: a noção de que este é de certo modo um escravo enquanto não é resgatado [*racheté*, resgate no sentido econômico – N.R.T.] ("o nome é mau", portanto, dizem os Haïda, cf. Swanton, 1905a, p. 70; cf., mais adiante, a nota 301); os Tlingit dizem que "se colocam as dádivas sobre as costas das pessoas que as recebem" (Swanton, 1908b, p. 428). Os Haïda têm duas expressões muito sintomáticas: "fazer mover", "correr rápido" a agulha (cf. a expressão neocaledônia mais acima, p. 35 [entre as notas 112-113]) e que significa, ao que parece, "combater um inferior" (Swanton, 1905a, p. 162).

260. Cf. a história de Haïmas, como ele perdeu sua liberdade, seus privilégios, máscaras e outras coisas, seus espíritos auxiliares, sua família e suas propriedades (Boas, 1916, p. 361-362).

"face podre"[261]. A expressão é aqui mais exata que na China. Pois, no noroeste americano, perder o prestígio é perder a alma, é realmente perder a "face"; é realmente a *persona*, a máscara de dança, o direito de encarnar um espírito, de usar um brasão, um totem, que são assim colocados em jogo, que são perdidos no *potlatch*[262], no jogo das dádivas[263], assim como se pode perdê-los na guerra[264] ou por uma falta ritual[265]. Em todas essas sociedades, apressa-se em dar. Não há um instante que fuja ao comum, mesmo fora das solenidades e das reuniões de inverno, em que alguém não seja obrigado a convidar seus amigos, a partilhar

261. Boas (1921, p. 805). George Hunt, o autor kwakiutl de Boas, escreve-lhe: "Não sei por que o chefe Maxuyalidze [de fato, "dador* de *potlatch*] jamais deu uma festa. Isso é tudo. Ele era chamado, portanto, Qelsem, ou seja, 'Cara Podre'" (Boas, 1921, p. 805, linhas 13-15). [*Em algumas passagens, o autor usa o termo *donneur*, em vez de *donateur* – N.R.T.].

262. O *potlatch* é, com efeito, uma coisa perigosa, quer quando não é dado, quer quando é recebido. As pessoas que foram a um *potlatch* mítico ali morreram (Swanton, 1908a, p. 625 – Haïda; cf. p. 667, mesmo mito – Tsimshian). Cf. Boas (1895a, p. 356, n. 58) para as comparações. É perigoso participar da substância de quem dá o *potlatch*: consumir em um *potlatch* de espíritos no mundo inferior, p. ex. Para uma lenda kwakiutl (Awikenoq), cf. Boas (1895a, p. 239). Cf. o belo mito de Corvo que tira de sua carne os alimentos (de vários tipos): versão çtatlolq (Boas, 1895a, p. 76); versão nootka (Boas, 1895a, p. 106). Cf. comparações em Boas (1916, p. 694-695).

263. O *potlatch* é, com efeito, um jogo e uma prova. A prova consiste, p. ex., em não soluçar durante o banquete. "Antes morrer do que soluçar", diz-se (Boas, 1909, p. 428). Cf. uma fórmula do desafio: "Tentemos fazer [os pratos] serem esvaziados por nossos hóspedes" (Boas, 1921, p. 991, linha 43; cf. p. 992). Sobre a incerteza de sentido entre as palavras que significam dar o alimento, retribuir o alimento e vingança, cf. Boas (1921), glossário, s.v. *yenesa*, *yenka*: dar o alimento, recompensar, vingar-se.

264. Cf., mais acima, na nota 239, a equivalência entre o *potlatch* e a guerra. A faca na ponta do bastão é um símbolo do *potlatch* kwakiutl (Boas; Hunt, 1905, p. 483). Entre os Tlingit, é a lança em riste (Swanton, 1909, p. 117). Cf. os rituais de *potlatch* de compensação entre os Tlingit. Guerra dos moradores de Kloo [uma cidade haïda – N.R.T.] contra os Tsimshian (Swanton, 1909, p. 432-434, n. 34); danças por ter escravizado alguém; *potlatch* sem dança por ter matado alguém. Cf., mais adiante, na nota 354, o ritual da dádiva do cobre.

265. Sobre as faltas rituais entre os Kwakiutl, cf. Boas (1895b, p. 433, 507 etc.). A expiação consiste precisamente em dar um *potlatch* ou ao menos fazer uma dádiva.

Eis um princípio de direito e de ritual extremamente importante em todas essas sociedades. A distribuição de riquezas desempenha o papel de uma multa, de uma propiciação aos espíritos e de um restabelecimento da comunhão com os homens. O Pe. Lambert (1900, p. 66) já havia observado entre os Kanak o direito dos parentes maternos de exigir indenizações quando um dos seus perde sangue na família de seu pai. A mesma instituição é encontrada entre os Tsimshian (cf. Duncan em Mayne, 1862, p. 265; cf. p. 296, *potlatch* em caso de perda de sangue do filho). A instituição do *muru* maori deve provavelmente ser comparada a essa.

Os *potlatch* de resgate [*rachat*] de cativos devem ser interpretados da mesma maneira. Pois não é apenas para recuperar o cativo, mas também para restabelecer o "nome", que a família que o deixou tornar-se escravo deve dar um *potlatch*. Cf. história de Dzebasa (Boas, 1916, p. 388). A mesma regra existe entre os Tlingit (Krause, 1885, p. 245; Porter, 1893, p. 54; Swanton, 1908b, p. 449).

Os *potlatch* kwakiutl de expiação de faltas rituais são numerosos. Mas convém observar o *potlatch* de expiação dos pais de gêmeos que vão trabalhar (Boas, 1921, p. 691). Um *potlatch* é devido a um sogro para reconquistar uma mulher que o abandonou... evidentemente por culpa dele (cf. Boas, 1921, p. 1423, vol. 1, vocabulário, parte inferior). O princípio pode ter um emprego fictício: quando um chefe deseja uma ocasião para um *potlatch*, envia sua mulher à casa de seu sogro para haver um pretexto para novas distribuições de riquezas (Boas, 1889, p. 42).

com eles as benesses da caça ou da colheita que vêm dos deuses e totens[266]; em que não seja obrigado a redistribuir tudo o que chega de um *potlatch* do qual foi o beneficiário[267]; em que não seja obrigado a reconhecer com dádivas não importa qual serviço[268], o dos chefes[269], dos vassalos, dos parentes[270]; sob pena de, ao menos para os nobres, violar a etiqueta e perder sua posição[271].

A obrigação de convidar fica completamente evidente quando é exercida de clãs a clãs ou de tribos a tribos. Ela só tem sentido mesmo se oferecida a outros que não os membros da família, do clã, ou da fratria[272]. Convém convidar quem pode[273] e quer muito[274] ou vem[275] participar da festa, do *potlatch*[276]. O esquecimento tem

266. Uma longa lista dessas obrigações de festas – após a pesca, a colheita ou a caça, a abertura de caixas de conservas – é fornecida por Boas (1921, p. 757 *et seq.*, parte 1); cf. Boas (1921, p. 607 *et seq.*) para a etiqueta etc.

267. Cf., mais acima, a nota 235.

268. Cf. Boas (1916, p. 512, 439); para pagamento de serviços, cf. Boas (1916, p. 534 – Tsimshian). Para o pagamento ao contador de mantas entre os Kwakiutl, cf. Boas (1895b, p. 614, 629 – Nimkish, festa do verão).

269. Os Tsimshian têm uma notável instituição que prescreve a partilha entre *potlatch* de chefes e *potlatch* de vassalos e que estabelece seus respectivos papéis. Embora os rivais se confrontem no interior das diferentes classes feudais entrecortadas por clãs e fratrias, há, no entanto, direitos que se exercem de classe a classe (Boas, 1916, p. 539).

270. Pagamentos a parentes (Boas, 1916, p. 534); cf. Davy (1922, p. 196) para os sistemas opostos entre os Tlingit e os Haïda, repartições de *potlatch* por famílias.

271. Um mito haïda de dialeto masset (Swanton, 1908a, [p. 537 *et seq.*], mito 43) fala de um velho chefe que não oferece *potlatch* suficientes, os outros não o convidam mais, ele morre; seus sobrinhos fazem sua estátua, dão uma festa, dez festas em seu nome: então ele renasce. Em outro mito dos Haïda de dialeto masset (Swanton, 1908a, p. 727), um espírito se dirige a um chefe e diz a ele: "Tu tens propriedades demais, deves fazer um *potlatch*" (*wal* = distribuição, cf. o termo *walgal*, *potlatch*). Ele constrói uma casa e paga os construtores. Em outro mito (Swanton, 1908a, p. 723, linha 34), um chefe diz: "Nada guardarei para mim", cf., mais adiante, "farei *potlatch* dez vezes [*wal*]".

272. Sobre o modo como os clãs se enfrentam regularmente, cf. Boas (1895b, p. 343 – Kwakiutl; Boas, 1916, p. 497 – Tsimshian). Isso é evidente em terra de fratria (cf. Swanton, 1905a, p. 162 – Haïda; 1908b, p. 424 – Tlingit). O mito de Corvo expõe admiravelmente esse princípio (Swanton, 1909, p. 115 *et seq.* – Tlingit).

273. Naturalmente, deixa-se de convidar os faltosos, os que não deram festas, que não têm nomes de festas (Hunt em Boas, 1921, p. 707 – Kwakiutl); para os que não retribuíram o *potlatch*, cf. Boas (1921, índice, s.v. *Waya* e *Wayapo Lela*, p. 1395; cf. p. 358, linha 25).

274. Daí o constante relato – comum também ao folclore europeu e asiático – do perigo que há em não convidar o órfão, o abandonado, o pobre que chega de repente (Boas, 1895a, p. 301-303); cf. Boas (1916, p. 295, 292 – Tsimshian): um mendicante que é o totem, o deus totêmico. Catálogo de temas, Boas (1916, p. 784 *et seq.* – Tsimshian).

275. Os Tlingit têm uma expressão notável: os convidados são ditos "flutuar", suas canoas "vagueiam sobre o mar", o mastro totêmico que carregam está à deriva, é o *potlatch*, é o convite, que os detém (Swanton, 1909, p. 394, n. 22; p. 395, n. 24 – em discursos). Um dos títulos bastante comuns de chefe kwakiutl é "aquele em direção ao qual remamos", é "o lugar para onde vamos" (cf., p. ex., Boas, 1921, p. 187, linhas 10 e 15).

276. A ofensa que consiste em negligenciar alguém faz que seus parentes, em solidariedade, abstenham-se de vir ao *potlatch*. Em um mito tsimshian, os espíritos não vêm enquanto o Grande Espírito

consequências funestas[277]. Um importante mito tsimshian[278] mostra o estado de espírito em que se germinou este tema essencial do folclore europeu: o da fada má esquecida no batismo e no casamento. O tecido de instituições sobre o qual ele é bordado aparece aqui claramente; vemos em quais civilizações funcionou. Uma princesa de uma das aldeias tsimshian concebeu no "país das lontras" e milagrosamente dá à luz "Pequena Lontra". Ela volta com seu filho à aldeia de seu pai, o Chefe. "Pequena Lontra" pesca grandes halibutes com os quais seu avô faz uma festa para todos os seus confrades, chefes de todas as tribos. Ele apresenta Pequena Lontra a todos e lhes recomenda que não o matem caso o encontrem na pesca sob a forma animal: "Eis aqui meu neto, que trouxe este alimento para vocês, que lhes servi, meus hóspedes". Assim, o avô enriquece com todos os tipos de bens que lhe eram dados quando iam à sua casa comer baleias, focas e todos os peixes frescos que "Pequena Lontra" trazia durante os períodos de fome de inverno. Mas esqueceu-se de convidar um chefe. Então, num dia em que a tripulação de uma canoa da tribo negligenciada encontra no mar "Pequena Lontra", que tinha em sua goela uma grande foca, o arqueiro da canoa o mata e pega dele a foca. O avô e as tribos procuraram "Pequena Lontra" até que ficaram sabendo o que ocorreu com a tribo esquecida. Esta desculpou-se, dizendo que não conhecia "Pequena Lontra". A princesa, sua mãe, morreu de tristeza; o chefe involuntariamente culpado trouxe ao chefe avô todos os mais variados presentes em expiação. E o mito conclui: "Por isso os povos faziam grandes festas quando um filho de chefe nascia e recebia um nome, para que ninguém o ignorasse" [279]. O *potlatch*, a distribuição de bens, é o ato fundamental do "reconhecimento" militar, jurídico, econômico, religioso, em todos os sentidos da palavra. "Reconhecemos" o chefe ou seu filho e nos lhe tornamos "reconhecidos"[280].

Por vezes, o ritual das festas kwakiutl[281] e de outras tribos desse grupo exprime esse princípio de convite obrigatório. Uma parte das cerimônias começa pela dos Cães. Estes são representados por homens mascarados que saem de uma casa para entrar à força em outra. Comemora-se por meio dela o evento em que

não é convidado, e todos vêm quando ele é convidado (Boas, 1916, p. 277). Quando o grande chefe Nesbalas não foi convidado, conta uma história, os outros chefes tsimshian não compareceram. Estes diziam: "Ele é chefe, não podemos nos indispor com ele" (Boas, 1916, p. 357).

277. A ofensa tem consequências políticas. P. ex.: o *potlatch* dos Tlingit com os Atapascanos orientais (Swanton, 1908b, p. 435; cf. Swanton, 1909, p. 117).

278. Boas (1916, p. 170-171).

279. Boas (1916, p. 172, n. 1) coloca em nota essa observação de Tate, seu redator indígena. É necessário, ao contrário, associar a moralidade do mito ao próprio mito.

280. Cf. Boas (1916, p. 287 *et seq.*) para o detalhe do mito tsimshian de Negunaks; cf. tb. as notas de Boas (1916, p. 846) para os equivalentes desse tema.

281. P. ex.: no convite para a festa dos cassis, o arauto diz: "Nós vos convidamos, mas não viestes" (Boas, 1921, p. 752).

membros de três outros clãs da tribo dos Kwakiutl propriamente ditos deixaram de convidar o clã de mais elevada posição dentre eles, os Guetela[282], que, não desejando permanecer "profanos", entraram na casa de danças e destruíram tudo.

A obrigação de receber não constrange menos. Não se tem o direito de recusar uma dádiva, de recusar o *potlatch*[283]. Agir assim é manifestar o temor de ter de retribuir, o temor de ser "achatado" enquanto não se retribui. Na realidade, é já estar "achatado". É "perder o peso" de seu nome[284]; é confessar-se vencido de antemão[285], ou, ao contrário, em certos casos, é proclamar-se vencedor e invencível[286]. Com efeito, ao menos entre os Kwakiutl, parece que uma posição reconhecida na hierarquia e vitórias em *potlatch* anteriores permitem recusar o convite, ou mesmo, quando se está presente, recusar a dádiva, sem que haja guerra. Mas o *potlatch* é obrigatório para aquele que recusou; em particular, é preciso tornar mais rica a festa da gordura onde esse ritual de recusa é justamente observado[287]. O chefe que se considera superior recusa a colher cheia de gordura que se lhe apresenta; ele sai, vai buscar seu "cobre" e volta com ele para "apagar o fogo" (da gordura). Segue-se uma série de formalidades que marcam o desafio e que obrigam o chefe que se recusou a dar ele próprio outro *potlatch*, outra festa da gordura[288]. No entanto, em princípio, toda dádiva é sempre aceita e mesmo louvada[289]. Deve-se apreciar aos ouvidos de todos o alimento preparado e recebido[290]. Mas, ao aceitá-lo, a pessoa sabe que

282. Boas (1895b, p. 543 – Kwakiutl).

283. Entre os Tlingit, os convidados que levaram dois anos para vir ao *potlatch* ao qual foram convidados são "mulheres" (Swanton, 1909, p. 119, n. *a*).

284. Boas (1895b, p. 345 – Kwakiutl).

285. Kwakiutl. É-se obrigado a ir à festa das focas, embora a gordura faça vomitar (Boas, 1921, p. 1046); cf. Boas (1921, p. 1048): "tente comer tudo".

286. É por isso que às vezes se teme seus convidados – pois se recusassem a oferta, eles se manifestariam superiores. Um chefe kwakiutl diz a um chefe koskimo (tribo da mesma nação): "Não recuse minha oferta amável ou ficarei envergonhado, não repudie meu coração etc. Não sou daqueles que pretendem, daqueles que dão apenas a quem lhe comprarão [= darão]. É isso, meus amigos" (Boas, 1895b, p. 546). [Cf. "*I do not do the same as other people, who only pretend to give feasts, giving only to those who have to buy my property from me*" – N.R.T.].

287. Boas (1895b, p. 355).

288. Cf. Boas (1921, p. 774 *et seq.*) para outra descrição da festa dos óleos e das bagas de salal (feita por Hunt e que parece melhor); parece também que esse ritual é empregado no caso em que não se convida e não se dá. Um ritual de festa do mesmo gênero, dada em desprezo a um rival, comporta cantos acompanhados por tambor (Boas, 1921, p. 770; cf. p. 764), como entre os Esquimó.

289. Fórmula haïda: "Faz a mesma coisa, dá-me alimento bom" (em um mito) (Swanton, 1908a, p. 685-686 – Haïda; Boas, 1921, p. 767, linha 39 – Kwakiutl; p. 738, linha 32; p. 770 – história de PoLelasa).

290. Cantos que marcam que não se está satisfeito são muito precisos (Swanton, 1909, p. 396, cantos 26 e 29 – Tlingit).

se compromete[291]. Recebe uma dádiva "sobre as costas"[292]. Faz mais do que se beneficiar de uma coisa e de uma festa: aceita um desafio; e pôde aceitá-lo porque tem a certeza de retribuir[293], de provar que não é desigual[294]. Ao se enfrentarem assim, os chefes chegam a se colocar em situações cômicas e claramente percebidas como tais. Como na antiga Gália ou na Germânia, como em nossos festins de estudantes, de soldados ou de camponeses, as pessoas se obrigam a engolir grandes quantidades de alimentos, a "honrar" de maneira grotesca aquele que as convida. Isso acontece mesmo quando se é apenas o herdeiro daquele que lançou o desafio[295]. Abster-se de dar, assim como se abster de receber[296], é derrogar – assim como se abster de retribuir[297].

A obrigação de retribuir[298] *é todo o potlatch*, uma vez que ele não consiste em pura destruição. Parece que não há necessidade incondicional de retribuir essas destruições, muitas vezes sacrificiais e em benefício dos espíritos, sobretudo quando são obra de um chefe superior no clã ou de um chefe de um clã reconhecidamente superior[299]. Mas, normalmente, o *potlatch* deve ser sempre

291. Os chefes tsimshian têm por regra enviar um mensageiro para examinar os presentes trazidos pelos convidados ao *potlatch* (Boas, 1916, p. 184; cf. p. 430, 434). De acordo com uma capitular do ano de 803, na corte de Carlos Magno, havia um funcionário encarregado de uma inspeção desse gênero. [René] Maunier apontou-me esse fato mencionado por [Jean-Nicolas] Démeunier.

292. Cf., mais acima, a nota 259. Cf. a expressão latina *ære obæratus*, onerado.

293. O mito tlingit de Corvo narra que este não foi a uma festa porque os outros (a fratria oposta, mal traduzida por Swanton que deveria ter escrito fratria oposta ao Corvo) mostraram-se ruidosos e ultrapassaram a linha mediana que, na casa de dança, separa as duas fratrias. Corvo temeu que eles fossem invencíveis (Swanton, 1909, p. 118).

294. Os discursos kwakiutl expõem bem a desigualdade derivada do fato de aceitar (Boas, 1895b, p. 355, 667, linha 17 etc.; cf. p. 669, linha 9).

295. P. ex., Tlingit (Swanton, 1908b, p. 440-441).

296. Entre os Tlingit, um ritual permite que se faça pagar mais a alguém; e permite ao anfitrião, por outro lado, forçar um convidado a aceitar um presente: o convidado não satisfeito faz menção de sair; o doador lhe oferece o dobro, mencionando o nome de um parente morto (Swanton, 1908b, p. 442). É provável que esse ritual corresponda às qualidades que os dois contratantes possuem de representar os espíritos de seus ancestrais.

297. Cf. discurso: "os chefes das tribos jamais retribuem [...], eles caem em desgraça, e tu te elevas como grande chefe entre aqueles que se desgraçaram" (Boas, 1921, p. 1281).

298. Cf. discurso (relato histórico) por ocasião do *potlatch* do grande chefe Legek (título do príncipe dos Tsimshian); é dito aos Haïda: "Sereis os últimos em meio aos chefes porque não sois capazes de lançar cobres ao mar como o fez o grande chefe" (Boas, 1916, p. 386).

299. O ideal seria dar um *potlatch* e que ele não fosse retribuído. Cf. em um discurso: "Tu desejas dar o que não será retribuído" (Boas, 1921, p. 1282, linha 63 – Kwakiutl). O indivíduo que ofereceu um *potlatch* é comparado a uma árvore, a uma montanha (cf., mais acima, p. 41-42 [entre as notas 142-147]): "Sou o grande chefe, a grande árvore, estais debaixo de mim [...] minha paliçada [...] eu vos dou a propriedade" (Boas, 1921, p. 1290, estrofe 1). [Cf. "*I am the only great tree, I the chief! You here are right under me, tribes! [...] You surround me like a fence, tribes! I am the first to give you property, tribes!*" – N.R.T.]. "Erguei o mastro do *potlatch*, o inatacável, é a única árvore robusta, é a única raiz robusta [...]" (Boas, 1921, p. 1290, estrofe 2). [Cf. "*Go on! raise the unattainable potlatch-pole, for*

retribuído com usura, toda dádiva, aliás, deve ser retribuída com usura. As taxas são em geral de trinta a cem por cento ao ano. Se um súdito recebe uma manta de seu chefe, mesmo que seja por um serviço prestado, ele retribuirá duas mantas por ocasião do casamento da família do chefe, da entronização do filho do chefe etc. É verdade que este, por sua vez, irá retribuir todos os bens que obtiver nos próximos *potlatch* em que os clãs opostos lhe retribuirão suas benevolências.

A obrigação de retribuir dignamente é imperativa[300]. Quem não retribui ou não destrói os valores equivalentes perde a "face" para sempre[301].

A sanção da obrigação de retribuir é a escravidão por dívida. Ela funciona, pelo menos, entre os Kwakiutl, os Haïda e os Tsimshian. É uma instituição verdadeiramente comparável, em natureza e em função, ao *nexum* romano. O indivíduo que não pôde devolver o empréstimo ou o *potlatch* perde sua posição e mesmo a condição de homem livre. Quando, entre os Kwakiutl, um indivíduo de pouco crédito toma emprestado, diz-se que ele "vende um escravo". Inútil assinalar mais uma vez a identidade entre essa expressão e expressão romana[302].

Os Haïda[303] inclusive dizem – como se tivessem descoberto independentemente a expressão latina – de uma mãe que dá um presente de noivado antecipado à mãe de um jovem chefe que ela "coloca um fio em torno dele".

* * *

Porém, do mesmo modo que o *kula* trobriandês é apenas um caso supremo da troca de dádivas, o *potlatch* nas sociedades da costa noroeste americana é apenas uma espécie de produto monstruoso do sistema dos presentes. Ao menos em nações compostas por fratrias, os Haïda e os Tlingit, restam vestígios importantes da antiga prestação total, aliás, muito característica dos atapasca-

this is the only thick tree, the only thick root of the tribes" – N.R.T.]. Os Haïda exprimem esse ideal com a metáfora da lança. As pessoas que aceitam "vivem de sua lança" (da lança do chefe) (Swanton, 1908a, p. 486 – Masset). Trata-se, aliás, de um tipo de mitos.

300. Cf. o relato de um insulto a um *potlatch* mal retribuído (Boas, 1916, p. 314). Os Tsimshian sempre se recordam dos dois cobres que os Wutsenaluk lhes devem (Boas, 1916, p. 364).

301. O "nome" permanece "quebrado" enquanto não se quebrar um cobre de igual valor daquele do desafio (Boas, 1895b, p. 543 – Kwakiutl).

302. Quando um indivíduo assim descreditado toma emprestado para fazer uma distribuição ou uma redistribuição obrigatória, ele "compromete seu nome", cuja expressão sinônima é "ele vende um escravo" (Boas, 1895b, p. 341; cf. Boas, 1921, p. 1424, 1451, s.v. *kelgelgend*; cf. p. 1420).

303. A futura [noiva – N.R.T.] pode ainda não ter nascido, o contrato já hipoteca o jovem (Swanton, 1905a, p. 50).

nos, importante grupo de tribos aparentadas. Trocam-se presentes a propósito de tudo, de cada "serviço"; e tudo é retribuído posteriormente ou no mesmo momento para ser redistribuído imediatamente[304]. Os Tsimshian não estão muito longe de ter conservado as mesmas regras[305]. E, entre os Kwakiutl, em muitos casos, elas funcionam mesmo fora do *potlatch*[306]. Não insistiremos sobre este ponto evidente: os velhos autores não descrevem o *potlatch* em outros termos, de tal modo que podemos questionar se ele constitui uma instituição distinta[307]. Lembremos que entre os Chinook, uma das tribos menos conhecidas, mas que figuraria entre as mais dignas de estudo, a palavra *potlatch* quer dizer dádiva[308].

---

304. Cf., mais acima, a nota 231. Em particular, os ritos de paz nos Haïda, nos Tsimshian e nos Tlingit consistem em prestações e contraprestações imediatas; no fundo, são trocas de cauções [*gages*] (cobres brasonados) e reféns, escravos e mulheres. P. ex., na guerra dos Tsimshian contra os Haïda (Swanton, 1905b, p. 395): "E eles tiveram mulheres de cada lado casadas com seus opostos porque eles temiam que poderiam se indispor novamente, assim houve paz". Em uma guerra dos Haïda contra os Tlingit, cf. um *potlatch* de compensação (Swanton, 1905b, p. 396).

305. Cf., mais acima, a nota 268, e, em particular, Boas (1916, p. 511-512).

306. Kwakiutl: uma distribuição de propriedade nos dois sentidos, uma após a outra (Boas, 1895b, p. 418); ressarcimento no ano seguinte das multas pagas por faltas rituais (Boas, 1895b, p. 596); ressarcimento usurário do preço de compra da noiva (Boas, 1895b, p. 365-366, 518-520, 563, 423, linha 1).

307. Sobre o termo *potlatch*, cf., mais acima, a nota 13. Parece, aliás, que nem a ideia nem a nomenclatura subjacentes ao emprego desse termo têm nas línguas do noroeste o tipo de precisão que lhes confere o "sabir" anglo-indígena de base chinook.

Em todo caso, o tsimshian distingue entre o *yaok*, grande *potlatch* intertribal (cf. Boas, 1916, p. 537, a partir de Tate; cf. p. 511; cf. p. 968, impropriamente traduzido por *potlatch*) e os outros. Os Haïda distinguem entre o *walgal* e o *silka* (Swanton, 1905a, p. 35, 178-179, 68 – texto masset), *potlatch* funerário e *potlatch* por outros motivos.

Em kwakiutl, a palavra comum ao kwakiutl e ao chinook, *poLa* (fartar-se) parece designar não o *potlatch*, mas o banquete ou o efeito do banquete (Boas; Hunt, 1905, p. [21], linha 13. *PoL* farto, p. 25, linha 7 [cf., porém, p. 206, linha 9 – N.R.T.]). A palavra *poLas* designa o doador do banquete (Boas; Hunt, 1906, p. 79, linha 14, p. 43, linha 2) e designa também o lugar onde se farta. (Lenda do título de um dos chefes de Dzawadaenoxu, cf. Boas, 1921, p. 770, linha [40]). O nome mais geral em kwakiutl é *p!Es*, "achatar" (o nome do rival) (Boas, 1921, índice, s.v.) ou mesmo os cestos no ato de esvaziá-los (Boas; Hunt, 1905, p. 93, linha 1; p. 451, linha 4). Os grandes *potlatch* tribais e intertribais parecem ter um nome, *maxwa* (Boas; Hunt, 1905, p. 451, linha 15); Boas deriva de sua raiz *ma* duas outras palavras, de modo muito improvável: uma delas é *mawil*, o quarto de iniciação, e a outra o nome da orca (Boas, 1921, índice, s.v.). – De fato, entre os Kwakiutl, encontramos uma pletora de termos técnicos para designar todos os tipos de *potlatch* e também cada uma das diversas espécies de pagamentos e de ressarcimentos, ou melhor, dádivas e contra-dádivas: para casamentos, para indenizações a xamãs, para adiantamentos, para juros de mora – em suma, para todo tipo de distribuições e redistribuições. P. ex., *men(a)*, *pick up* (Boas, 1921, p. 218, [p. 1403]): "um pequeno *potlatch* no qual roupas de menina são jogadas ao povo para que as apanhe"; *payol*, "dar um cobre"; outro termo para dar uma canoa (Boas, 1921, p. 1448). Os termos, como em todas as nomenclaturas arcaicas, são numerosos, instáveis e concretos, e sobrepõem-se uns aos outros.

308. Cf. Barbeau (1909, p. 278, n. 3), para esse sentido e as referências indicadas.

A força das coisas

Podemos ainda levar a análise mais longe e provar que nas coisas trocadas no *potlatch* há uma virtude que força as dádivas a circularem, a serem dadas e a serem retribuídas.

Para começar, pelo menos os Kwakiutl e os Tsimshian fazem a mesma distinção entre os diversos tipos de propriedade feita pelos romanos, trobriandeses e samoanos. Para eles, há, de um lado, os objetos de consumo e de partilha comum[309]. (Não encontrei traços de trocas). E, de outro, há as coisas preciosas da família[310], os talismãs, os cobres brasonados, as mantas de pele, ou os tecidos decorados com emblemas. Essa última classe de objetos é transmitida tão solenemente quanto as mulheres no casamento, os "privilégios" ao genro[311], os nomes e as posições aos

309. Talvez, também, de venda.

310. A distinção entre propriedade e provisões é muito evidente em tsimshian. Boas (1916, p. 435) diz, sem dúvida conforme Tate, seu correspondente: "A posse do chamado '*rich food*' [alimento rico] (cf. p. 406) era essencial para manter a dignidade da família. Mas as provisões não eram contadas como riqueza. Esta é obtida pela venda [diríamos, na realidade, dádivas trocadas], provisões ou outros tipos de bens que, depois de acumulados, são distribuídos no *potlatch*" (cf., mais acima, a nota 210, Melanésia).

Os Kwakiutl distinguem igualmente entre as provisões simples e a riqueza-propriedade. Essas duas últimas palavras são equivalentes. A propriedade tem, ao que parece, dois nomes (Boas, 1921, p. 1454). O primeiro é *yàq*, ou *yäq* (filologia vacilante de Boas – cf. índice, s.v., p. 1393; cf. *yàqu*, distribuir). A palavra tem dois derivados: *yeqala*, propriedade, e *yäxulu*, bens talismãs, parafernais [bens parafernais ou extradotais: posses exclusivas da esposa, não incluídas no dote – N.R.T.]), cf. os termos derivados de *yä* (Boas, 1921, p. 1406). A outra palavra é *dadekas* (cf. Boas; Hunt, 1905, índice, p. 519; cf. p. 473, linha 31); no dialeto newettee, *daoma*, *dedemala* (Boas, 1921, índice, s.v.). A raiz dessa palavra é *dâ*. *Dâ* tem o sentido (curiosamente análogo ao do radical idêntico *dâ* indo-europeu) de receber, tomar, levar na mão, manejar etc. Mesmo os derivados são significativos. Um quer dizer "tomar um pedaço da roupa do inimigo para enfeitiçá-lo", o outro, "pôr na mão", "pôr na casa" (aproximar os sentidos de *manus* e *familia*, cf. mais adiante) (a propósito de mantas dadas como adiantamento de compra de cobres, para devolver com juros); outra palavra quer dizer "pôr uma quantidade de mantas sobre a pilha do adversário, aceitá-las" ao fazer assim. Um derivado da mesma raiz é ainda mais curioso: *dadeka*, "ter ciúmes um do outro" (Boas; Hunt, 1905, p. 133, linha 22); evidentemente, o sentido original deve ser: a coisa que se toma e que gera ciúme; cf. *dadego*, "combater", sem dúvida combater com a propriedade.

Outras palavras têm ainda o mesmo sentido, porém, mais preciso. P. ex., "propriedade na casa", *mamekas* (Boas; Hunt, 1905, p. 169, linha 20).

311. Cf. os vários discursos de transmissão (Boas, 1921, p. 796 *et seq.*). Quase nada há de moralmente e materialmente precioso (intencionalmente não empregamos a palavra "útil") que não seja o objeto de crenças desse gênero. Antes de mais nada, com efeito, as coisas morais são bens, propriedades – objeto de dádivas e de trocas. Assim como nas civilizações mais primitivas (como as australianas) se deixa o *corroboree**, a representação aprendida, para a tribo que o transmitiu, também entre os Tlingit se "deixa", após o *potlatch*, uma dança para os que o ofereceram (Swanton, 1908b, p. 442). [*O *corroboree* é uma representação no sentido teatral do termo; é, segundo Mauss, uma "obra-prima da arte dramática, musical e plástica, uma espécie de grande dança tribal, e às vezes põem em movimento centenas de dançarinos-atores e coros formados por tribos inteiras, passam de uma tribo a outra, são deixadas para sempre [*sans retour*], como uma coisa, como uma propriedade, uma mercadoria, um serviço e... como um culto, uma receita mágica" (Mauss, "As civilizações: elementos e formas". *Ensaios de sociologia*, p. 278 – N.R.T.]. A propriedade essencial entre os Tlingit, a mais inviolável e

filhos e genros. É inexato falar de alienação neste caso. São objetos de empréstimos mais que de vendas e de verdadeiras cessões. Entre os Kwakiutl, um certo número deles, embora apareçam no *potlatch*, não podem ser cedidos. No fundo, essas "propriedades" são *sacra*, e a família só se desfaz delas com grande pesar, ou talvez jamais o façam.

Observações mais aprofundadas mostrarão a mesma divisão das coisas entre os Haïda. Com efeito, estes inclusive divinizaram a noção de propriedade, de fortuna, à maneira dos antigos. Por um esforço mitológico e religioso muito raro na América, eles se puseram a substancializar uma abstração: "Senhora propriedade" (os autores ingleses dizem *Property Woman*), da qual temos mitos e descrições[312]. Ali, ela é nada menos que a mãe, a deusa primordial da fratria domi-

---

aquela que incita o ciúme das pessoas é a do nome e do brasão totêmico (Swanton, 1908b, p. 416 etc.); aliás, é ela que torna a pessoa feliz e rica.

Emblemas totêmicos, festas e *potlatch*, nomes conquistados nesses *potlatch*, presentes que os outros deverão retribuir e que são vinculados aos *potlatch* dados, tudo isso forma uma sequência; cf., p. ex., um discurso kwakiutl: "E agora minha festa vai a ele" (referindo-se ao genro – Boas, 1895b, p. 356). São os "assentos" e também os "espíritos" das sociedades secretas que são assim dados e retribuídos (cf. um discurso sobre as posições [*rangs*] das propriedades e a propriedade das posições) (Boas, 1921, p. 472). Cf. outro discurso: "Eis aí vosso canto de inverno, vossa dança de inverno, todos a tomarão como propriedade, todos tomarão como propriedade a manta de inverno; esse é vosso canto, essa é vossa dança" (Boas, 1921, p. 708). Uma única palavra em kwakiutl designa os talismãs da família nobre e seus privilégios: *kleso*, brasão, privilégio (Boas; Hunt, 1905, p. 122, linha 32).

Entre os Tsimshian, as máscaras e chapéus brasonados de dança e de desfile são chamados "uma certa quantidade de propriedade", conforme a quantidade dada no *potlatch* (conforme os presentes dados pelas tias maternas do chefe às "mulheres das tribos") (Boas, 1916, p. 541, a partir de Tate).

Inversamente, entre os Kwakiutl, p. ex., é na chave moral que são concebidas as coisas e, em particular, as duas coisas preciosas, talismãs essenciais, o "dador de morte" (*halayu*) e a "água de vida" [fr. *eau de vie*; ing. *life water* – N.R.T.] (que são evidentemente um único cristal de quartzo), as mantas etc. de que falamos. Em um curioso dizer kwakiutl, todos esses bens parafernais são identificados com o avô, como é natural, uma vez que são emprestados ao genro apenas para serem entregues aos netos (Boas, 1895b, p. 507).

312. O mito de Djîlaqons encontra-se em Swanton (1905a, p. 92, 95, 171). A versão masset encontra-se em Swanton (1908a, p. 94, 98); a skidegate em Swanton (1905b, p. 458). Seu nome figura em alguns nomes de famílias haïda pertencentes à fratria das águias (cf. Swanton, 1905a, p. 282-283, 292-293). Em masset, o nome da deusa da fortuna é Skîl (Swanton, 1908a, p. 665, linha 28, p. 306; cf. índice, p. 805). Cf. o pássaro Skîl, Skirl (Swanton, 1905a, p. 120). Skîltagos quer dizer cobre-propriedade, e a narrativa fabulosa sobre como os "cobres" são encontrados está associada a esse nome (cf. Swanton, 1905a, p. [46], fig. 4). Um mastro esculpido representa Djîlqada, seu cobre, seu mastro e seus brasões (Swanton, 1905a, p. 125; cf. prancha 3, nº 3). Cf. descrição de Newcombe em Swanton (1905a, p. 46; cf. fig. 4). Seu fetiche deve ser forrado de coisas roubadas e ele próprio deve ser roubado.

Seu título exato é "propriedade fazendo barulho" (Swanton, 1905a, p. 92). E ela tem quatro nomes suplementares (Swanton, 1905a, p. 95). Ela tem um filho, que tem o título de "Costelas de pedra" (na realidade, de cobre, Swanton, 1905a, p. 110, 112). Quem a encontra, ou a seu filho ou sua filha, é feliz no jogo. Ela tem uma planta mágica; torna-se rico quem a come; enriquece também quem toca uma parte de sua manta ou quem encontra os mexilhões que ela enfileirou etc. (Swanton, 1905a, p. 29, 109).

nante, a das Águias. Mas, por outro lado – fato estranho e que desperta remotas reminiscências do mundo asiático e antigo –, ela parece idêntica à "rainha"[313], à peça principal do jogo de varetas, aquela que ganha tudo e cujo nome ela ostenta em parte. Essa deusa se encontra entre os Tlingit[314], e seu mito, se não seu culto, ocorre entre os Tsimshian[315] e entre os Kwakiutl[316].

O conjunto dessas coisas preciosas constitui o legado mágico; legado que é geralmente idêntico ao doador e ao *recipiendário*, e também ao espírito que dotou o clã desses talismãs, ou ao herói fundador do clã que os recebeu do espírito[317]. Em todo caso, o conjunto dessas coisas está sempre em todas essas tribos de origem e de natureza espirituais[318]. Ademais, ele está contido em uma caixa, ou melhor, em

Um de seus nomes é "propriedade mantida na casa". Um grande número de pessoas porta títulos compostos com "Skîl": "que espera Skîl", "rota para Skîl" (cf., nas listas genealógicas haïda, E.13, E.14; e na fratria do corvo, R.14, R.15, R.16). Ela parece se opor à "Mulher pestilência" (cf. Swanton, 1905b, p. 299).

313. Sobre o *djîl* haïda e o *näq* tlingit, cf., mais acima, a nota 237.

314. Os Tlingit têm o mito completo (Swanton, 1909, p. 173, 292, 368; cf. Swanton, 1908b, p. 460). Em sitka, o nome de Skîl é seguramente Lenaxxidek. É uma mulher que tem um filho. Ouvem o barulho do filho amamentando; correm atrás dele; se formos arranhados por ele e ficarmos com cicatrizes, as cascas das feridas deixam as outras pessoas felizes.

315. O mito tsimshian é incompleto (Boas, 1916, p. 154, 197). Comparar as notas de Boas (1916, p. 746, 760). Boas não fez a identificação, mas ela é clara. A deusa tsimshian veste um "traje de riqueza" (*garment of wealth*).

316. É possível que o mito da Qominoqa, da (mulher) "rica", seja de mesma origem. Ela parece ser o objeto de um culto reservado a certos clãs entre os Kwakiutl (Boas, 1921, p. 862). Um herói dos Qoexsotenoq tem o título de "corpo de pedra" e se torna "propriedade sobre o corpo" (Boas; Hunt, 1905, p. 187; cf. p. 247).

317. Cf., p. ex., o mito kwakiutl do clã das Orcas (Boas, 1911, p. 554-557). O herói criador do clã é membro do clã das Orcas. "Busco encontrar um *logwa* [um talismã, cf. Boas, 1911, p. 554, linha 49] vosso", diz ele a um espírito com que depara, cuja forma é humana, mas que é uma orca (Boas, 1911, p. 557, linha 122). Este o reconhece como de seu clã; dá-lhe o arpão de ponta de cobre que mata as baleias (esquecido no texto – Boas, 1911, p. 557): as orcas são as *killer-whales*. Ele lhe dá também seu nome (de *potlatch*). Ele se chamará "lugar de se fartar", "sentindo-se farto". Sua casa será a "casa da orca", com uma "orca pintada na fachada". "E orca será vosso prato na casa (será em forma de orca) e também o *halayu* (dador de morte) e a 'água de vida' e a faca com dentes de quartzo para cortar" serão orcas (Boas, 1911, p. 556). [Cf. "*This is, my quartz-pointed harpoon, will go to GexdEn; and the names Place-of-getting-Satiated and Feeling-Satiated, and your house with a killer-whale (painting) on the front, will be your house; and your dish will be a killer-whale dish; and the death-bringer* [i.e., halayu – N.R.T.] *and the water of life and the quartz-edged knife, which is to be your butcher-knife (shall be yours)*" – N.R.T.].

318. Uma caixa miraculosa que contém uma baleia e que deu seu nome a um herói que tinha o título de "riquezas que chegam à praia" (Boas, 1895b, p. 374 – Kwakiutl). Cf. "a propriedade desliza até mim" (Boas, 1911, p. 247, 414). A propriedade "faz barulho", cf. mais acima. O título de um dos principais chefes masset é "Aquele cuja propriedade faz barulho" (Swanton, 1908a, p. 684 – Haïda). A propriedade vive (Kwakiutl): "Que nossa propriedade permaneça viva sob seus esforços, que nossos cobres continuem não quebrados", cantam os Maamtagila (Boas, 1921, p. 1285, linha 1. [Cf. o original de Boas: "*Let our property remain alive (under the attacks) of the reckless chief! Let our copper remain unbroken by the reckless chief!*" – N.R.T.]).

uma grande arca brasonada[319], ela própria dotada de uma poderosa individualidade[320], que fala, que se ata a seu proprietário, que contém sua alma, etc.[321]

Cada uma dessas coisas preciosas, cada um dos signos dessas riquezas tem – como em Trobriand – sua individualidade, seu nome[322], suas qualidades, seu po-

---

319. Os bens parafernais da família – que circulam entre os homens, suas filhas ou genros, e retornam aos filhos logo em seguida à sua iniciação ou quando se casam – geralmente estão contidos em uma caixa, ou arca, ornada e brasonada, cujos ajustes, construção e uso são completamente característicos dessa civilização do noroeste americano (dos Yurok da Califórnia até o Estreito de Behring). Em geral, nesta caixa estão estampados as faces e os olhos quer dos totens, quer dos espíritos, cujos atributos ela contém; estes são: as mantas ilustradas, os talismãs "de vida" e "de morte", as máscaras, as máscaras-chapéus, os chapéus e coroas, o arco. O mito confunde com frequência o espírito com a caixa e seu conteúdo. P. ex.: o *gonaqadet* dos Tlinglit é idêntico à caixa, ao cobre, ao chapéu e ao chocalho de guizos (Swanton, 1909, p. 173).

320. É sua transferência, sua doação que, na origem, e em cada nova iniciação ou casamento, transforma o *recipiendário* em um indivíduo "sobrenatural", em um iniciado, um xamã, um mágico, um nobre, um titular de danças e de assentos numa confraria. Cf. discursos nas histórias de famílias kwakiutl (Boas, 1921, p. 965-966; cf. p. 1012).

321. A caixa miraculosa é sempre misteriosa e conservada nos arcanos da casa. Pode haver ali caixas dentro de caixas, inseridas umas nas outras em grande número (Swanton, 1908a, p. 395 – Haïda Masset). Ela contém espíritos, p. ex., a "mulher-camundongo" (Haïda) (Swanton, 1905b, p. 340); outro exemplo, Corvo fura os olhos do detentor imerecido. Cf. o catálogo de exemplos desse tema em Boas (1916, p. 854, 851). O mito do sol fechado numa caixa flutuante é um dos mais difundidos (cf. catálogo em Boas, 1916, p. 641, 594). Sabe-se da extensão desses mitos no mundo antigo.

Um dos episódios mais conhecidos das histórias de heróis é o da caixa muito pequena, bem leve para ele, muito pesada para os demais, em cujo interior vive uma baleia (Boas, 1895b, p. 374; Boas; Hunt, 1906, p. 171 – Kwakiutl), cujo alimento é inesgotável (Boas; Hunt, 1906, p. 233). Essa caixa é animada, flutua por vontade própria (Boas, 1895b, p. 374). A caixa de Katlian traz as riquezas (Swanton, 1908b, p. 448; cf. p. 446). As flores, o "esterco de sol", os "ovos de lenha", "que fazem riqueza", ou seja, os talismãs que elas contêm, as próprias riquezas, devem ser alimentados.

Uma delas contém o espírito "muito forte para ser apropriado", cuja máscara mata o portador (Swanton, 1909, p. 341). Os nomes dessas caixas são muitas vezes sintomáticos de seu uso no *potlatch*. Uma grande caixa de gordura haïda chama-se "a mãe" (Swanton, 1908a, p. 758 – Masset). A "caixa de fundo vermelho" (sol) "espalha a água" no "mar das tribos" (a água são as mantas que o chefe distribui) (Boas, 1895b, p. 551, n. 1, 564).

A mitologia da caixa miraculosa é também característica das sociedades do Pacífico norte-asiático. Encontraremos um belo exemplo de um mito comparável em Piłsudski (1912, p. 124-125). Essa caixa é dada por um urso, e o herói deve observar os tabus; ela está cheia de artigos de ouro e de prata, de talismãs que dão a riqueza. – A técnica da caixa sendo aliás a mesma em todo o Pacífico Norte.

322. As "coisas da família são nomeadas individualmente" (Swanton, 1905a, p. 117 – Haïda); elas têm nomes: as casas, as portas, os pratos, as colheres esculpidas, as canoas, as armadilhas de salmões. Cf. a expressão "cadeia contínua de propriedades" (Swanton, 1905a, p. 15). – Temos a lista das coisas que são nomeadas pelos Kwakiutl, por clãs, além de títulos variáveis dos nobres, homens e mulheres, e de seus privilégios: danças, *potlatch* etc., que são igualmente propriedades. As coisas que chamaríamos móveis e que são nomeadas e personificadas nas mesmas condições são: os pratos, a casa, o cachorro e a canoa (cf. Boas, 1921, p. 793 *et seq.*). Não consta nessa lista de Hunt os nomes dos cobres, das grandes conchas de *abalone*, das portas. As colheres enfileiradas em um cordão, preso em uma espécie de canoa figurada [as tampas das caixas cerimoniais são perfiladas na praia formando um quadrado. Isso é chamado "canoa" – N.R.T.], têm o título de "linha de âncora de colheres" (cf. Boas, 1895b, p. 422, em um ritual de pagamento de dívida de casamento). Entre os Tsimshian, são nomeados: as canoas, os cobres, as colheres, os potes de pedra, as facas de pedra, os pratos de chefas (Boas, 1916, p. 506). Os escravos e os cães são sempre bens de valor e seres adotados pelas famílias.

der[323]. As grandes conchas de *abalone*[324], os escudos que elas recobrem, as cintas e as mantas decoradas com elas, as próprias mantas[325] brasonadas, que ostentam faces, olhos e figuras animais e humanas costuradas e bordadas, as casas, as vigas

323. O único animal doméstico dessas tribos é o cachorro. Ele tem um nome diferente por clã (provavelmente na família do chefe) e não pode ser vendido. "São homens, como nós", dizem os Kwakiutl (Boas, 1921, p. 1260). "Eles protegem a família" contra a feitiçaria e contra os ataques de inimigos. Um mito narra que um chefe koskimo e seu cachorro Waned transformavam-se um no outro e tinham o mesmo nome (Boas, 1921, p. 835); cf., mais acima, p. 29 [entre as notas 83-88] e mais adiante, a nota 487 (Celebes). Cf. o mito fantástico dos quatro cães de Lewiqilaqu (Boas; Hunt, 1905, p. 18, 20).

324. *Abalone* é a palavra em "sabir" chinook que designa as grandes conchas de *haliotis*, que servem de ornamento, de pendentes de nariz (Boas, 1909, p. 484), de pendentes de orelhas (Tlingit e Haïda, cf. Swanton, 1905a, p. 146). Elas são também dispostas sobre as mantas brasonadas, sobre as cintas, sobre o chapéu (cf. Boas, 1921, p. 1069, para um exemplo kwakiutl). Nos Awikenoq e nos Lasiqoala (tribos do grupo kwakiutl), as conchas de *abalone* são dispostas em torno de um escudo, de um broquel cuja forma é estranhamente europeia (Boas, 1889, p. 43). Esse gênero de escudo parece ser a forma primitiva ou equivalente dos escudos de cobre, que têm, eles também, uma forma estranhamente medieval.

Parece que as conchas de *abalone* devem ter tido outrora valor de moeda, do mesmo gênero do valor que os cobres possuem atualmente. Um mito çtatlolq (Salish meridionais) associa os dois personagens, K'okois, "cobre", e Teadjas, "*abalone*"; seus respectivos filhos se casam e o neto pega a "caixa de metal" do urso, apropria-se de sua máscara e de seu *potlatch* (Boas, 1895a, p. 84). Um mito awikenoq vincula os nomes das conchas, assim como os nomes dos cobres, aos das "filhas da lua" (Boas, 1895a, p. 218-219).

Cada uma das conchas tem um nome entre os Haïda, ao menos quando a concha tem grande valor e é famosa, exatamente como na Melanésia (Swanton, 1905a, p. 146). Em outros lugares, essas conchas servem para nomear indivíduos ou espíritos (para um exemplo tsimshian, cf. Boas, 1916, p. 960, índice de nomes próprios). Cf., entre os Kwakiutl, os "nomes de *abalone*", por clãs, para as tribos Awikenoq, Naqoatok e Gwasela (Boas, 1921, p. 1261-1275). Certamente, havia aí um uso internacional. – A caixa de *abalone* dos Bella Coola (caixa adornada com conchas) é mencionada e descrita com exatidão no mito awikenoq; além disso, ela contém a manta de *abalone*, e ambas têm o brilho do sol. Ora, Legek é o nome do chefe cuja narrativa está no mito (Boas, 1895a, p. 218 *et seq.*). Esse nome é o título do principal chefe tsimshian. Compreende-se que o mito viajou com a coisa. Em um mito haïda (Masset), o do "Corvo criador", o sol que ele dá à sua esposa é uma concha de *abalone* (Swanton, 1908a, p. 313, 227). Para nomes de heróis míticos que portam títulos de *abalone*, cf. exemplos em Boas; Hunt (1905, p. 50, 222, etc.).

Nos Tlingit, essas conchas eram associadas aos dentes de tubarão (Swanton, 1909, p. 129). (Comparar com o uso dos dentes de cachalote mais acima, Melanésia).

Todas essas tribos conhecem, além disso, o culto dos colares de *dentalia* (pequenas conchas) (cf., em particular, Krause, 1885, p. 186). Em suma, encontramos aqui exatamente as mesmas formas da moeda, com as mesmas crenças e servindo ao mesmo uso que na Melanésia e no Pacífico em geral. Essas diversas conchas foram, aliás, o objeto de um comércio também praticado pelos russos durante sua ocupação do Alasca; e esse comércio se dava nos dois sentidos, do Golfo da Califórnia ao Estreito de Behring (Swanton, 1908a, p. 313).

325. As mantas são ornamentadas tais como as caixas; são inclusive calcadas muitas vezes nos desenhos das caixas (cf. Krause, 1885, p. 200, figura). Elas sempre têm algo de espiritual – cf. as expressões: "cintas de espírito", mantas esfiapadas (Swanton, 1905a, p. 165; cf. p. 174 – Haïda). Alguns mantos míticos são "mantos do mundo": mito de Qäls (Lilloët) (Boas, 1895a, p. 19-20); "mantos do sol" (Bella Coola) (Boas, 1895a, p. 260); um manto com peixes (Heiltsuq) (Boas, 1895a, p. 248); comparação dos exemplares desse tema (Boas, 1895a, p. 359, n. 113).

Cf. o tapete que fala (Swanton, 1908a, p. 430, 432 – Masset). Parece que o culto das mantas, dos tapetes, das peles convertidas em mantas, deve ser aproximado do culto das esteiras brasonadas na Polinésia.

e as paredes adornadas[326] são seres. Tudo fala – o teto, o fogo, as esculturas, as pinturas; pois a casa mágica é edificada[327] não apenas pelo chefe ou seu grupo ou pelos integrantes da fratria oposta, mas também pelos deuses e os ancestrais; é ela que recebe e vomita ao mesmo tempo os espíritos e os jovens iniciados.

Cada uma dessas coisas preciosas[328], além disso, tem em si uma virtude produtiva[329]. Ela não é apenas signo e garantia [*gage*]; ela é signo e garantia de riqueza, princípio mágico e religioso da hierarquia [*rang*] e da abundância[330]. Os pratos[331]

---

326. Entre os Tlingit, admite-se que tudo fala na casa, que os espíritos falam com os postes e com as vigas da casa, e a partir dos postes e das vigas, que estes e estas falam, e que haja assim diálogos entre os animais totêmicos, os espíritos e os homens e as coisas da casa; esse é um princípio regular da religião tlingit (cf. Swanton, 1908b, p. 458-459). Cf. a casa que escuta e fala em Boas (1921, p. 1279, linha 15 – Kwakiutl).

327. A casa é concebida como uma espécie de móvel. (Sabe-se que permaneceu assim no direito germânico durante muito tempo). Ela é transportada e se transporta. Cf. os inúmeros mitos da "casa mágica", construída em um piscar de olhos, em particular, dada por um avô (catalogados por Boas, 1916, p. 852-853). Cf. exemplos kwakiutl em Boas (1895b, p. 376, figura; p. 380, prancha).

328. São igualmente preciosas, mágicas e religiosas: (1) as plumas de águia, muitas vezes identificadas com a chuva, com o alimento, com o quartzo, com o "bom remédio" (cf. Swanton, 1909, p. 383, 128 *passim* – Tlingit; 1908a, p. 292 – Haïda Masset); (2) as bengalas, os pentes (Swanton, 1909, p. 385 – Tlingit; 1905a, p. 38 – Haïda; Boas, 1909, p. 455); (3) os braceletes, p. ex., tribo do Baixo Fraser (Boas, 1895a, p. 36), Kwakiutl (Boas, 1909, p. 454).

329. Todos esses objetos, incluindo colheres e pratos, e cobres, portam em kwakiutl o título genérico de *logwa*, que quer dizer exatamente talismã, coisa sobrenatural. Cf. as observações que fizemos sobre esse termo em nosso trabalho sobre as origens da noção de moeda (Mauss, 1914) e no prefácio a *Mélanges d'histoire des religions* (Mauss; Hubert, 1909). A noção de *logwa* é exatamente a de *mana*. Mas, nesse caso, e para o objeto que nos ocupa, é a "virtude" de riqueza e de alimento que produz a riqueza e o alimento. Um discurso fala do talismã, do *logwa*, que é "o grande ampliador passado de propriedade" (Boas, 1921, p. 1280, linha 18) [*The-Great-Past-Increaser-of-Property* – N.R.T.]). Um mito conta que um *logwa* ficou "contente em adquirir a propriedade", que quatro *logwa* (cintos etc.) a acumularam. Um deles chamava-se "a coisa que faz a propriedade acumular" (Boas; Hunt, 1905, p. 108). Na realidade, é a riqueza que faz a riqueza. Um dito haïda fala inclusive de uma "propriedade que torna rico" a propósito das conchas de *abalone* que acompanham a jovem adolescente (Swanton, 1905a, p. 48).

330. Uma máscara é chamada "obtendo alimento". Cf. "e vós sereis ricos em alimentos" (mito nimkish – Boas; Hunt, 1905, p. 36, linha 8). Um dos nobres mais importantes entre os Kwakiutl porta o título de "Convidador", o de "dador de alimento", o de "dador de plumas de águia" (cf. Boas, 1895b, p. 415).

Os cestos e as caixas ilustradas (as que servem para a coleta das bagas, p. ex.) são igualmente mágicas; p. ex. mito haïda (Swanton, 1908a, p. 404 – Masset); o importante mito de Qäls mescla o lúcio, o salmão e o pássaro-trovão, e um cesto que se enche de bagas graças a um cuspe desse pássaro (tribo do Baixo Fraser; cf. Boas, 1895a, p. 34); mito awikenoq equivalente (Boas, 1889, p. 28), um cesto tem o nome de "nunca vazio".

331. Os pratos são nomeados conforme o que neles está esculpido. Entre os Kwakiutl, eles representam os "chefes animais". Cf., mais acima, p. 29 [entre as notas 83-88]. Um deles tem o título de "prato que se mantém cheio" (Boas, 1910, p. 264, linha 11). Os de um certo clã são *logwa*; eles falaram com um ancestral, o Convidador (cf. a nota anterior, 330), dizendo-lhe para obtê-los (Boas, 1921, p. 809). Cf. o mito de Kaniqilaku (Boas, 1895a, p. 198). Sobre como o metamorfoseador [o próprio Kaniqilaku – N.R.T.] alimentou seu sogro (que o atormentava) com as bagas de um cesto mágico que se transformaram em arbusto e lhe saíram pelo corpo todo, cf. Boas; Hunt (1906, p. 205).

e colheres[332] com os quais se come solenemente, decorados e esculpidos, brasonados com o totem do clã ou com o totem da posição hierárquica, são coisas animadas. São réplicas dos instrumentos inesgotáveis, criadores de alimentos, que os espíritos deram aos ancestrais. Eles mesmos são considerados mágicos. Assim, as coisas são confundidas com os espíritos, seus autores, os utensílios de comer confundidos com os alimentos. Ademais, os pratos kwakiutl e as colheres haïda são bens essenciais de circulação muito restrita e são cuidadosamente repartidos entre os clãs e as famílias dos chefes[333].

A "moeda de renome"[334]

Mas são sobretudo os cobres[335] brasonados, bens fundamentais do *potlatch*, que são o objeto de crenças importantes e mesmo de um culto[336]. Há em todas essas tribos um culto e um mito do cobre[337] ser vivo. O cobre, ao menos entre os Haïda e os Kwakiutl, é identificado com o salmão, ele próprio objeto de um

332. Cf., acima, a nota 322.

333. Cf., acima, a nota 322.

334. A expressão é emprestada do alemão *Renommiergeld* e foi empregada por Krickeberg. Ela descreve muito exatamente o emprego desses escudos-broquéis, placas que são a um só tempo moedas e, sobretudo, objetos de exibição portados pelos chefes no *potlatch* ou por aqueles a quem o *potlatch* é oferecido.

335. Por mais discutida que seja, a indústria do cobre no noroeste americano é ainda mal conhecida. Paul Rivet (1923), em trabalho notável sobre a arte da ourivesaria pré-colombiana, deixou-a intencionalmente de lado. Em todo caso, parece certo que essa arte é anterior à chegada dos europeus. As tribos do norte, Tlingit e Tsimshian, prospectavam, exploravam ou recebiam cobre do Rio Copper. Cf. os autores antigos e Krause (1885, p. 186). Todas essas tribos falam da "grande montanha de cobre": Tlingit (Swanton, 1909, p. 160); Haïda (Swanton, 1905a, p. 130); Tsimshian (Boas, 1916, p. 299).

336. Aproveitamos a ocasião para retificar um erro que cometemos em nosso estudo sobre a origem da noção de moeda (Mauss, 1914). Confundimos a palavra *laqa* ou *laqwa* (Boas emprega as duas grafias) com *logwa*. Naquele momento, tínhamos como justificativa o fato de Boas ter escrito muitas vezes as duas palavras da mesma forma. Mas desde então ficou evidente que uma quer dizer vermelho, cobre, e que a outra significa apenas coisa sobrenatural, coisa de valor, talismã etc. Mas todos os cobres são *logwa*, e isso nos permite manter nossa demonstração. Nesse caso, porém, a palavra é uma espécie de adjetivo e de sinônimo. P. ex.: dois títulos de *logwa* que são cobres: o que "facilita adquirir a propriedade", e o que "faz acumular a propriedade" (Boas; Hunt, 1905, p. 108). Mas nem todos os *logwa* são cobres.

337. O cobre é uma coisa viva; sua mina e sua montanha são mágicas, repletas de "plantas de riqueza" (Swanton, 1908a, p. 681, 692 – Masset). Cf. outro mito em Swanton (1905a, p. 146). O fato é que ele tem um cheiro (Boas; Hunt, 1905, p. 64, linha 8). O privilégio de trabalhar o cobre é objeto de um importante ciclo de lendas entre os Tsimshian: mito de Tsauda e de Gao (Boas, 1916, p. 306 *et seq.*). Para o catálogo de temas equivalentes, cf. Boas (1906, p. 856). O cobre parece ter sido personalizado entre os Bella Coola (Boas, 1895a, p. 261); cf. Boas (1900, p. 71), onde o mito do cobre está associado ao mito das conchas de *abalone*. O mito tsimshian de Tsauda está associado ao mito do salmão a ser discutido.

culto[338]. Mas, além desse elemento de mitologia metafísica e técnica[339], todos esses cobres são, cada um separadamente, objeto de crenças individuais e especiais. Cada cobre importante das famílias de chefes de clãs tem um nome[340], uma individualidade, um valor[341], no sentido pleno da palavra, mágico, econômico,

338. Por ser vermelho, o cobre é identificado ao sol (cf. Swanton, 1909, mitos 39, 81), ao "fogo caído do céu" (nome de um cobre) (Boas, 1902, p. 467), e invariavelmente ao salmão. Essa identificação é particularmente clara no caso do culto dos gêmeos entre os Kwakiutl, povo do salmão e do cobre (Boas, 1921, p. 685 *et seq.*). A sequência mítica parece ser a seguinte: primavera, chegada do salmão, sol novo, cor vermelha, cobre. A identidade entre cobre e salmão é mais caracterizada entre as nações do norte (cf. catálogo de ciclos equivalentes em Boas, 1916, p. 856). Exemplo: mito haïda (Masset) (Swanton, 1908a, p. 689, 691, linha 6 *et seq.*, n. 1; cf. p. 692, mito 73). Temos aqui um equivalente exato da lenda do anel de Polícrates, a de um salmão que engoliu cobre (Swanton, 1905b, p. 82 – Haïda, Skidegate). Os Tlingit (assim como os Haïda) têm o mito do ser cujo nome foi traduzido em inglês por Mouldy-End (nome do salmão); cf. mito sitka (Tlingit): correntes de cobres e salmões (Swanton, 1909, p. 307). Um salmão em uma caixa torna-se um homem, outra versão wrangel (Swanton, 1909, mito 5). Para os equivalentes, cf. Boas (1916, p. 857). Um cobre tsimshian traz o título de "cobre que sobe o rio", alusão evidente ao salmão (Boas, 1916, p. 857).

Seria oportuno pesquisar o que aproxima o culto do cobre ao culto do quartzo (cf. mais acima). Exemplo: mito da montanha de quartzo (Boas; Hunt, 1906, p. 111).

Do mesmo modo, o culto do jade, ao menos entre os Tlingit, deve ser aproximado ao do cobre: um jade-salmão fala (Swanton, 1909, p. 5). Uma pedra de jade fala e dá nomes (Swanton, 1909, p. 416 – Sitka). Por fim, convém ter em mente o culto das conchas e suas associações com o do cobre.

339. Vimos que a família de Tsauda, entre os Tsimshian, parece ser a dos fundidores ou dos detentores dos segredos do cobre. Parece que o mito (kwakiutl) da família principesca Dzawadaenoqu é um mito do mesmo gênero. Ele associa Laqwagila, o fazedor de cobre, com Qomqomgila, o Rico, e Qomoqoa, "a Rica", que faz os cobres (Boas; Hunt, 1905, p. 50), e liga todos a um pássaro branco (sol), filho do pássaro-trovão, que tem cheiro de cobre, que se transforma em mulher, que dá à luz gêmeos que têm cheiro de cobre (Boas; Hunt, 1905, p. 61-67).

340. Cada cobre tem um nome. "Os grandes cobres que têm nomes", dizem os discursos kwakiutl (Boas, 1895b, p. 348-350). Lista de nomes dos cobres, infelizmente sem indicação do clã de que são propriedades perpétuas (Boas, 1895b, p. 344). Temos muitas informações sobre os nomes dos grandes cobres kwakiutl. Eles indicam os cultos e as crenças a eles vinculados. Um deles tem o título de "Lua" (tribo dos Nisqa) (Boas, 1921, p. 856). Outros têm o nome do espírito que encarnam, e que foi dado a eles pelo próprio espírito. Exemplo: a Dzonoqoa (Boas, 1921, p. 1421); cuja figura eles reproduzem. Outros têm o nome dos espíritos fundadores dos totens: um cobre chama-se "face de castor" (Boas, 1921, p. 1427); outro, "leão marinho" (Boas, 1921, p. 894). Outros nomes simplesmente fazem alusão à forma, como "Cobre em T", ou "longa seção superior" (Boas, 1921, p. 862). Outros se chamam simplesmente "Grande cobre" (Boas, 1921, p. 1289), "Cobre sonante" (que é também o nome de um chefe – cf. Boas, 1921, p. 962). Outros nomes fazem alusão ao *potlatch* que encarnam e cujo valor concentram. O nome do cobre Maxtoselem é "aquele diante do qual os outros se envergonham": "eles se envergonham de suas dívidas" (dívidas: *gagim*) (cf. Boas; Hunt, 1905, p. 452, n. 1; Boas, 1895b, p. 347). Outro nome: "causa-querela" (Boas, 1921, p. 893, 1026 etc.).

Sobre os nomes dos cobres tlingit, cf. Swanton (1908b, p. 421, 405). A maior parte desses nomes são totêmicos. Em relação aos nomes de cobres haïda e tsimshian, conhecemos apenas aqueles que têm o mesmo nome que os chefes, seus proprietários.

341. O valor dos cobres entre os Tlingit variava conforme sua altura e era estimado em número de escravos (Swanton, 1909, p. 337, 260, 131) (Sitka e Skidegate etc., Tsimshian); Boas (1916, p. 540; cf. p. 436, de acordo com Tate). Princípio equivalente, Haïda (Swanton, 1905a, p. 146).

Boas estudou bem como cada cobre aumenta de valor com a série dos *potlatch*. Por volta de 1906-1910, p. ex., o valor do cobre Lesaxalayo era de nove mil mantas de lã (no valor de 4 dólares cada),

permanente e perpétuo, à prova das vicissitudes dos *potlatch* por que passam e mesmo das destruições parciais ou completas[342].

Ademais, eles possuem uma virtude atrativa que faz vir outros cobres, como a riqueza atrai a riqueza, como as dignidades trazem as honrarias, a posse dos espíritos e as belas alianças[343], e inversamente. – Eles vivem e têm um movimento autônomo[344], e arrastam[345] os outros cobres. Entre os Kwakiutl, um deles[346] é chamado "o arrastador de cobres", e a fórmula descreve como essas peças se acumulam ao seu redor ao mesmo tempo que o nome de seu proprietário é "propriedade fluindo para mim". Outro nome frequente dos cobres é "trazedor de propriedade". Entre os Haïda e os Tlingit, os cobres são um "forte" em torno

---

cinquenta canoas, seis mil mantas de botões, 260 braceletes de prata, sessenta braceletes de ouro, setenta brincos de ouro, quarenta máquinas de costura, 25 fonógrafos, cinquenta máscaras. E o arauto diz: "para o príncipe Laqwagila, darei todas essas coisas pobres" (Boas, 1921, p. 1352; na linha 28, o cobre é comparado a um "corpo de baleia").

342. Sobre o princípio da destruição, cf. mais acima. A destruição de cobres parece ter, no entanto, um caráter particular. Entre os Kwakiutl, ela é feita por partes, quebrando-se uma nova porção a cada *potlatch*. E é honroso tentar reaver, de *potlatch* em *potlatch*, cada um dos pedaços, remontando-os assim que estiverem todos reunidos. Um cobre desse gênero aumenta de valor (Boas, 1995b, p. 334).

Em todo caso, despendê-los, quebrá-los, significa matá-los (Boas, 1921, p. 1285, linhas 8-9). A expressão geral é "lançá-los ao mar", também presente nos Tlingit (Swanton, 1909, p. 63; p. 399, canto 43). Se esses cobres não se afogam, não afundam, não morrem, é porque são falsos, são de madeira, flutuam. (Para a história de um *potlatch* dos Tsimshian contra os Haïda, cf. Boas, 1916, p. 369). Quebrados, diz-se que estão "mortos na praia" (Boas, 1895b, p. 564 e n. 5 – Kwakiutl).

343. Parece que entre os Kwakiutl havia duas espécies de cobres: os mais importantes, que não saem da família, que só podem ser quebrados para serem refundidos; e outros que circulam intactos, de menor valor e que parecem servir de satélites aos primeiros (cf. Boas, 1895b, p. 564, 579). A posse desses cobres secundários, entre os Kwakiutl, corresponde seguramente à posse de títulos nobiliários e posições de segunda ordem com os quais eles viajam, de chefe a chefe, de família a família, entre as gerações e os sexos. Parece que os grandes títulos e os grandes cobres permanecem fixos ao menos no interior dos clãs e das tribos. Seria, aliás, difícil que fosse de outro modo.

344. Um mito haïda do *potlatch* do chefe Haïyas relata como um cobre cantava: "Essa coisa é muito má. Pare, Gomsiwa" (nome de uma cidade e de um herói); em torno do pequeno cobre, há muitos cobres (Swanton, 1908a, p. 760). Trata-se de um "pequeno cobre" que se torna "grande" por si mesmo e ao redor do qual outros se agrupam. Cf. mais acima o cobre-salmão.

345. Em uma canção infantil: "os cobres de grandes nomes de chefes de tribos se reunirão em torno dele" (Boas, 1921, p. 1312, linhas 3, 1, 4). É dito que os cobres "caem por si na casa do chefe [nome de um chefe haïda]" (Swanton, 1905a, p. 274, E). Eles se "encontram na casa", são "coisas achatadas que se reúnem ali" (Boas, 1921, p. 701).

346. Cf. o mito do "Trazedor de cobres" [*copperbringer* – N.R.T.] no mito do "Convidador" (Qoexsot'enox) em Boas; Hunt (1905, p. 248, linhas 25-26). O mesmo cobre é chamado "trazedor de propriedades" [*property bringer* – N.R.T.] (Boas, 1895b, p. 415). O canto secreto do nobre que porta o título de Convidador é: "Meu nome será 'propriedade deslizando até mim' por causa do meu 'trazedor' de propriedades. Os cobres deslizam até mim por causa do 'trazedor' de cobres". [Cf. "*My name will be: property drifting toward me on account of my property-bringer [...] The coppers all drift to me on account of the copperbringer*" – N.R.T.].

Para sermos exatos, o texto kwakiutl diz "o *aqwagila*", o "fazedor de cobres" [*Copper-Maker* – N.R.T.], e não simplesmente "o trazedor".

da princesa que os traz[347]; em outros lugares, o chefe que os possui[348] torna-se invencível. Eles são as "coisas achatadas divinas"[349] da casa. Geralmente, o mito identifica todos uns com os outros: os espíritos doadores dos cobres[350], os proprietários dos cobres e os próprios cobres[351]. É impossível discernir o que constitui a força de um do espírito e da riqueza do outro: o cobre fala, resmunga[352], exige ser dado, destruído; é ele que é coberto de mantas para mantê-lo aquecido, assim como o chefe é coberto pelas mantas que deve distribuir[353].

Por outro lado, ao mesmo tempo que os bens[354], é a riqueza e a sorte que são transmitidas. É seu espírito, são seus espíritos auxiliares que fazem do iniciado o

---

347. Exemplo em um discurso de *potlatch* tlingit em Swanton (1909, p. 379); Tsimshian: o cobre é um "broquel" (Boas, 1916, p. 385).

348. Em um discurso a propósito de doações de cobres em honra de um filho recentemente iniciado, "os cobres dados são uma 'armadura', uma 'armadura' de propriedade" (Boas, 1895b, p. 557), fazendo alusão aos cobres envoltos no pescoço. O título do jovem é, aliás, Yaqois, "portador de propriedade".

349. Um ritual importante que se dá por ocasião da clausura de princesas kwakiutl adolescentes manifesta muito bem essas crenças: elas portam cobres e conchas de *abalone* e, naquele momento, elas mesmas adquirem o título dos cobres, de "coisas achatadas e divinas reunidas na casa". Diz-se, portanto, que "elas e seus maridos terão facilmente os cobres" (Boas, 1921, p. 701). "Cobres na casa" é o título da irmã de um herói awikenoq (Boas; Hunt, 1905, p. 430). Um canto da moça nobre kwakiutl, prevendo uma espécie de *svaya□vara*, a escolha do esposo à maneira hindu, pertence talvez ao mesmo ritual, e assim se exprime: "Estou sentada sobre os cobres [...]. Minha mãe tece meu cinto para quando eu tiver 'pratos da casa'" etc. (Boas, 1921, p. 1314).

350. Os cobres são amiúde idênticos aos espíritos. É o tema bem conhecido do escudo e do brasão heráldico animado. Para a identidade do cobre e da "Dzonoqoa" e da "Qominoqa", cf. Boas (1921, p. 1421, 860). Sobre cobres que são animais totêmicos, cf. Boas (1916, p. 460). Em outros casos, eles são apenas atributos de certos animais míticos. "O gamo de cobre" e seus "pequenos chifres de cobre" desempenham um papel nas festas de verão kwakiutl (Boas, 1895b, p. 630-631; cf. p. 729): "Grandeza sobre seu corpo" (literalmente, riqueza sobre seu corpo). Os Tsimshian consideram os cobres como "cabelos de espíritos" (Boas, 1895b, p. 326); como "excrementos de espíritos" (catálogo de temas, Boas, 1916, p. 837); como as garras da mulher-lontra-terrestre (Boas, 1916, p. 563). Os cobres são usados pelos espíritos em um *potlatch* que dão entre si (Boas, 1916, p. 285). Os cobres "lhes agradam" (Swanton, 1909, p. 51). Para comparações, cf. Boas (1916, p. 846); cf., mais acima, p. 28-29 [entre as notas 80-82].

351. Canto de Neqapenkem (face de dez cúbitos): "Eu sou peças de cobre, e os chefes das tribos são os cobres quebrados" (Boas, 1895b, p. 482). Para o texto e uma tradução literal, cf. Boas (1895b, p. 667).

352. O cobre Dandalayu "resmunga em sua casa" para ser dado (Boas, 1895b, p. 622, discurso). O cobre Maxtoselem "lamentava-se que não o quebravam". As mantas usadas para pagá-lo "mantêm-no aquecido" (Boas, 1895b, p, 572). Lembremos que ele leva o título "Aquele que os outros cobres envergonham-se de olhar". Outro cobre participa do *potlatch* e "está envergonhado" (Boas, 1921, p. 882, linha 32).

Um cobre haïda (Masset), propriedade do chefe "Aquele cuja propriedade faz barulho", canta após ter sido quebrado: "Apodrecerei aqui, arrastei muita gente" (à morte, devido aos *potlatch*) (Swanton, 1908a, p. 689).

353. Os dois rituais do doador ou donatário enterrados sob as pilhas ou que andam sobre as pilhas de mantas são equivalentes: num caso, é-se superior, no outro, inferior à sua própria riqueza.

354. *Observação geral*. Sabemos muito bem como, porque e através de quais cerimônias, dispêndios e destruições os bens são transmitidos no noroeste americano. Contudo, ainda sabemos pouco sobre

possuidor de cobres, de talismãs, que são eles próprios meios de aquisição: cobres, riquezas, posição e, finalmente, espíritos – todos coisas equivalentes, aliás. No fundo, quando se consideram ao mesmo tempo os cobres e as outras formas permanentes de riqueza que são também objeto de entesouramento e de *potlatch* alternados – máscaras, talismãs etc. –, todos se confundem com seu uso e com seu efeito[355]. Por meio deles, obtêm-se as posições; é porque se obtém a riqueza que se obtém o espírito; e este, por sua vez, possui o herói vencedor dos obstáculos; e então esse herói faz que sejam pagos seus transes xamanísticos, suas danças rituais, os serviços de seu governo. Tudo se possui*, tudo se confunde; as coisas têm uma personalidade e as personalidades são, de algum modo, coisas permanentes do clã. Títulos, talismãs, cobres e espíritos dos chefes são homônimos e sinônimos[356], têm

---

as formas assumidas pelo ato mesmo da transmissão* das coisas, dos cobres em particular. [*No original, *tradition*. Seguimos aqui o entendimento compartilhado por outras traduções de que teria havido aqui um erro tipográfico – N.R.T.]. Essa questão deveria ser o objeto de uma investigação. O pouco que conhecemos é extremamente interessante e marca certamente o vínculo entre a propriedade e os proprietários. Não apenas o que corresponde à cessão de um cobre se chama, entre os Kwakiutl, "colocar o cobre à sombra do nome" de alguém e sua aquisição "dá peso" ao novo proprietário (Boas, 1895b, p. 349), não apenas um cobre, entre os Haïda, é erguido para mostrar que uma terra foi comprada (Swanton, 1905b, p. 86), como também entre eles os cobres são usados para percussão tal como no direito romano: batem-se com eles as pessoas a quem são dados; ritual atestado em uma história skidegate (Swanton, 1905b, p. 432). Nesse caso, as coisas tocadas pelo cobre lhe são anexadas, são mortas por ele – trata-se, aliás, de um ritual de "paz" e de "dádiva".

Os Kwakiutl conservaram, em um mito pelo menos (Boas, 1895b, p. 383, 385; cf. p. 677, linha 10), a lembrança de um rito de transmissão que se encontra entre os Esquimó: o herói morde tudo o que ele dá. Um mito haïda descreve como a Senhora Camundongo "lambia" o que ela dava (Swanton, 1908a, p. 191).

355. Em um rito de casamento (quebrar a canoa simbólica), canta-se:

"Eu irei e despedaçarei o monte Stevens. Farei dele pedras [cacos de cerâmica] para meu fogo.

Irei e quebrarei o monte Qatstais. Farei dele pedras para meu fogo.

Riqueza está rolando para ele a partir dos grandes chefes.

Riqueza está rolando para ele de todos os lados.

Todos os grandes chefes irão até ele para se proteger" [Boas, 1895b, p. 424].

* No original, *tout se tient*. A polissemia mesma do verbo francês *tenir* permite várias interpretações. Optamos por manter o registro semântico do verbo "ter", que parece reger o parágrafo ou mesmo a subseção. Haveria outras possibilidades, certamente: a edição brasileira de 2003 verteu para "tudo se conserva"; ambos os tradutores das duas edições em língua inglesa consultadas optaram por *everything holds together*: "tudo se mantém unido", "tudo se une"; a tradutora da edição em espanhol de 2007 entendeu que *todo está relacionado*; já o da edição de 1971 decidiu-se por *todo se mezcla* [N.R.T.].

356. Eles, aliás, são normalmente idênticos, ao menos entre os Kwakiutl. Alguns nobres são identificados com seus *potlatch*. O título mais importante do principal chefe é simplesmente Maxwa, que quer dizer "grande *potlatch*" (Boas, 1921, p. 972, 976, 805 – cf., no mesmo clã, os nomes "dadores de *potlatch*" etc.). Em outra tribo da mesma nação, entre os Dzawadeenoxu, um dos títulos principais é o de *PoLas* (cf., mais acima, a nota 307; e cf. Boas; Hunt, 1905, p. 43, para sua genealogia). O principal chefe dos Heiltsuq tem relação com o espírito Qominoqa, "a Rica", e tem como nome "Fazedor de riquezas" [*Wealth-Maker* – N.R.T.] (Boas; Hunt, 1905, p. 427, 424). Os príncipes Qaqtsenoqu têm "nomes de verão", quer dizer, nomes de clãs que designam exclusivamente

mesma natureza e mesma função. A circulação dos bens segue a dos homens, mulheres e crianças, banquetes, ritos, cerimônias e danças, mesmo a dos gracejos e das injúrias. No fundo, ela é a mesma. Se as coisas são dadas e retribuídas é porque *se* dão e *se* retribuem "respeitos" – "cortesias", diríamos ainda. Mas também porque ao dar as pessoas *se* dão, e, se elas *se* dão, é porque *se* "devem" [*se doit*] – elas mesmas e seus bens – aos outros.

Primeira conclusão

Assim, em quatro importantes grupos de populações, encontramos: em primeiro lugar, em dois ou três grupos, o *potlatch*; depois, a razão principal e a forma normal do próprio *potlatch*; e mais ainda, para além deste, e em todos esses grupos, a forma arcaica da troca: a das dádivas oferecidas e retribuídas. Além disso, identificamos a circulação de coisas nessas sociedades com a circulação dos direitos e das pessoas. A rigor, poderíamos parar por aqui. O número, a extensão e a importância desses fatos nos autorizam plenamente a conceber um regime que deve ter sido o de uma grande parte da humanidade durante uma fase muito longa de transição e que subsiste ainda em outros povos além dos que descrevemos. Tais fatos nos permitem conceber que *esse princípio da troca-dádiva deve ter sido o das sociedades que ultrapassaram a fase da "prestação total"* (de clã a clã, e de família a família) *e que, contudo, ainda não chegaram ao contrato individual* puro, ao mercado onde circula o dinheiro, à venda propriamente dita e, sobretudo, *à noção do preço estimado em moeda pesada e ponderada.*

"propriedades", nomes compostos de *yaq*: "propriedade sobre o corpo" [*Wealth-on-Body*], "grande propriedade" [*Great-Wealth*], "que tem a propriedade" [*Having-Property*], "lugar de propriedade" [*Property-Place* – N.R.T.] (Boas; Hunt, 1905, p. 191; cf. p. 187, linha 14). Outra tribo kwakiutl, os Naqoatoq, dá a seu chefe os títulos de Maxwa e Yaxlem, *potlatch*, propriedade; esse nome aparece no mito de "Corpo de pedra" (cf. Costelas de pedra, filho da Senhora Fortuna – Haïda). O espírito lhe diz: "Teu nome será 'Propriedade', Yaxlem" (Boas; Hunt, 1905, p. 215, linha 39).

Do mesmo modo, entre os Haïda, um chefe tem como nome "Aquele que não se pode comprar" (o cobre que o rival não pode comprar) (cf. Swanton, 1905a, p. 294, XVI, 1). O mesmo chefe porta também o título "Todos misturados", quer dizer, "assembleia de *potlatch*" (Swanton, 1905a, p. 294, XVI, 2). Cf. mais acima os títulos "Propriedades na casa".

3

Sobrevivências desses princípios nos direitos antigos e nas economias antigas

Todos os fatos precedentes foram reunidos nesse domínio que chamamos Etnografia. Estão, além disso, localizados nas sociedades que povoam as bordas do Pacífico[357]. Geralmente, fatos assim são mobilizados a título de curiosidade ou, a rigor, de comparação, para mensurar quantas de nossas sociedades se afastam ou se aproximam desses tipos de instituições que chamamos "primitivas".

No entanto, eles têm um valor sociológico geral, uma vez que nos permitem compreender um momento da evolução social. Mais: eles têm ainda uma importância em história social. Instituições desse tipo realmente facultaram a transição para nossas formas de direito e de economia. Elas podem servir para explicar historicamente nossas próprias sociedades. A moral e a prática das trocas empregadas pelas sociedades que precederam imediatamente as nossas ainda conservam vestígios mais ou menos importantes de todos os princípios que analisamos. Acreditamos poder demonstrar, de fato, que nossos direitos e economias são derivados de instituições similares às precedentes[358].

Vivemos em sociedades que distinguem fortemente (oposição atualmente criticada pelos próprios juristas) os direitos reais e os direitos pessoais, as pessoas e as coisas. Essa separação é fundamental: constitui a própria condição de uma parte de nosso sistema de propriedade, de alienação e de troca. Ora, ela é estranha ao direito que viemos estudando. Do mesmo modo, nossas civilizações, desde as civilizações semítica, grega e romana, distinguem fortemente entre a obrigação e a prestação não gratuita, de um lado, e a dádiva, do outro. Mas essas distinções não são muito recentes nos direitos das grandes civilizações? Não passaram por uma fase anterior, em que não tinham essa mentalidade fria e calculista? Não praticaram inclusive esses costumes da dádiva trocada em que se fundem pessoas

357. Naturalmente, sabemos que eles têm uma outra extensão (cf., mais adiante, a nota 521), e é apenas de forma provisória que a pesquisa se detém aqui.

358. Antoine Meillet e Henry Lévy-Brühl, bem como nosso saudoso Huvelin, forneceram-nos informações preciosas para o parágrafo seguinte.

e coisas? A análise de alguns aspectos dos direitos indo-europeus nos permitirá mostrar que eles próprios atravessaram realmente esse avatar. Em Roma, são vestígios que encontraremos. Na Índia e na Germânia, veremos funcionar esses próprios direitos, ainda vigorosos, em uma época ainda relativamente recente.

I - Direito pessoal e direito real (Direito romano muito antigo)

Uma aproximação entre esses direitos arcaicos e o direito romano anterior à época relativamente recente em que ele entra realmente na história[359], e o direito germânico da época em que faz o mesmo[360], ilumina os dois últimos. Em particular, permite colocar novamente uma das questões mais controversas da história do direito, a teoria do *nexum*[361].

Em um trabalho que esclareceu bastante a matéria[362], Huvelin aproximou o *nexum* do *wadium* germânico e, em geral, das "garantias [*gages*] suplementares" (Togo, Cáucaso etc.) dadas na ocasião de um contrato, e então as aproximou da magia simpática e do poder que toda coisa que esteve em contato com o contratante confere à outra parte. Mas essa última explicação vale apenas para uma parte dos fatos. A sanção mágica é apenas uma possibilidade, e ela própria não é senão a consequência da natureza e do caráter espiritual da coisa dada. Inicialmente, a garantia suplementar e, em particular, o *wadium* germânico[363], são mais que trocas de garantias, inclusive mais que garantias de vida destinadas a estabele-

359. Com a exceção de reconstituições hipotéticas das *Doze Tábuas* e de alguns textos de leis conservados por inscrições, só contamos com fontes muito pobres sobre os quatro primeiros séculos do direito romano. Isso não nos leva, entretanto, a assumir a atitude hipercrítica de Lambert (1903). Mas é preciso convir que uma grande parte das teorias dos romanistas, e mesmo a dos próprios "antiquários" romanos, devem ser tratadas como hipóteses. Permitimo-nos acrescentar outra hipótese à lista.

360. Sobre o direito germânico, cf. mais adiante.

361. Sobre o *nexum*, cf. Huvelin (1919; 1907) e suas análises e discussões na *Année Sociologique* (Huvelin, 1904, p. 472 *et seq.*; 1906, p. 412 *et seq.*; 1910, p. 442 *et seq.*; 1913a, p. 482 *et seq.*; cf. tb. Davy, 1922, p. 135); para a bibliografia e as teorias dos romanistas, cf. Girard (1924, p. 354).

Huvelin e Girard nos parecem, sob todos os aspectos, muito próximos da verdade. À teoria de Huvelin, propomos apenas um complemento e uma objeção. A "cláusula de injúrias" (Huvelin, 1907, p. 28; cf. Huvelin, 1903), em nossa opinião, não é somente mágica. É um caso muito claro, um vestígio, de antigos direitos de *potlatch*. O fato de um ser devedor e o outro credor capacita aquele que é superior para injuriar seu oponente, aquele que a ele está obrigado. Daí uma série considerável de relações sobre as quais chamamos a atenção no *Année Sociologique* a propósito dos *joking relationships*, *parentés à plaisanterie*, em particular entre os Winnebago (Sioux). [Examinando os números da *Année*, não encontramos artigos ou resenhas de Mauss relativos a esse tema. Limitamo-nos a indicar o artigo "Parentés à plaisanteries", publicado em 1928 no *Annuaire de l'École Pratique des Hautes* Études, e mais tarde republicado em *Essais de sociologie* (trad. bras. "Parentescos de gracejos", *Ensaios de sociologia*, p. 457-468) – N.R.T.].

362. Huvelin (1907).

363. Cf., mais adiante, p. 104 [entre notas 461 e 464]. Sobra a *wadiatio*, cf. Davy (1909, p. 522-523).

cer uma influência mágica possível. A coisa penhorada [*gagée*] é geralmente sem valor: os bastões trocados, a *stips* na estipulação do direito romano[364] e a *festuca notata* na estipulação germânica, por exemplo; mesmo as arras[365], de origem semítica, são mais que adiantamentos. São coisas, elas mesmas animadas. Sobretudo, são ainda resíduos de antigas dádivas obrigatórias, devidas à reciprocidade; os contratantes estão ligados por elas. A esse título, essas trocas suplementares exprimem de modo fictício esse vaivém das almas e das coisas confundidas entre si[366]. O *nexum*, o "laço" de direito, vem das coisas tanto quanto dos homens.

364. Essa interpretação da palavra *stips* baseia-se em Isidoro de Sevilha, *Etymologiæ*, Livro V, p. 24, 30 (cf. Huvelin, 1906). Seguindo Savigny, Girard (1924, p. 507, n. 4) opõe os textos de Varrão e de Festo a essa interpretação figurada pura e simples. Mas Festo, após ter dito de fato *stipulus*, *firmus*, deve ter escrito, numa frase infelizmente em parte destruída, "[...?] *defixus*", talvez bastão fincado no chão (cf. o lançamento do bastão quando da venda de terras nos contratos da época de Hamurabi na Babilônia em Cuq, 1910, p. 467).

365. Cf. Huvelin (1907, p. 33).

366. Não entraremos na discussão dos romanistas; mas acrescentaremos algumas observações às de Huvelin e de Girard a respeito do *nexum*. (1) A própria palavra vem de *nectere* e, a propósito desta última, Festo* (ad verb.; cf. s.v. *obnectere*) conservou um dos raros documentos dos Pontífices que chegaram até nós: "*Napuras stramentis nectito*". [*Sexto Pompeu Festo, *De significatione verborum* (século II d.C.). Da consulta à obra (160, 14 L), encontramos "*Pontifex minor ex stramentis napuras nectito*": "Que o pontífice menor ligue as cordas feitas de palha – N.R.T.]. O documento alude evidentemente ao tabu de propriedade, indicado pelos nós de palha. Portanto, a coisa *tradita* era ela mesma marcada e ligada, e chegava ao *accipiens* carregada desse vínculo. Ela podia, portanto, ligá-lo, vinculá-lo. (2) O indivíduo que se torna *nexus* é o recebedor, o *accipiens*. Ora, a fórmula solene do *nexum* supõe que ele seja *emptus*, comprado, como normalmente se traduz. Mas (cf. mais adiante) *emptus* quer dizer realmente *acceptus*. O indivíduo que recebeu a coisa é ele próprio mais que comprado, ele é aceito pelo empréstimo: é porque ele recebeu a coisa e porque ele recebeu o lingote de cobre que ele é dado pelo empréstimo, junto com a coisa. Discute-se a questão de saber se, nessa operação, há *damnatio*, *mancipatio* etc. (Girard, 1924, p. 503). Sem tomar partido nessa questão, cremos que todos esses termos são relativamente sinônimos (cf. a expressão *nexo mancipioque* [por vínculo e mancipação –N.R.T.] e, nas inscrições, a expressão "*emit mancipiope accepit*" [comprou e recebeu por mancipação – N.R.T.] – vendas de escravos). E nada é mais simples que essa sinonímia, uma vez que o simples fato de ter aceito alguma coisa de alguém nos coloca numa situação de obrigação: *damnatus*, *emptus*, *nexus*. (3) Parece-nos que os romanistas e mesmo Huvelin não prestaram em geral muita atenção a um detalhe do formalismo do *nexum*: o destino do lingote de bronze, do *æs nexum*, tão discutido em Festo (ad verb. *nexum*). Esse lingote, por ocasião da formação do *nexum*, é dado pelo *tradens* [aquele que entrega] ao *accipiens* [aquele que recebe – N.R.T.]. Mas – assim acreditamos – quando este se libera, não apenas cumpre a prestação prometida ou entrega a coisa ou o valor, mas, sobretudo, com a mesma balança e as mesmas testemunhas, devolve esse mesmo *æs* àquele que lhe emprestou, ao vendedor etc. Portanto, ele o compra e o recebe de volta. Esse rito da *solutio* do *nexum* é descrito perfeitamente por Gaio, III, 174 (o texto está bastante reconstituído; adotamos a interpretação aceita por Girard, 1924, p. 501, n.; cf. p. 751). Em uma venda à vista, os dois atos se passam, por assim dizer, ao mesmo tempo, ou em intervalos bem curtos; a dupla ficha aparecia menos do que em uma venda a prazo ou em um empréstimo operado solenemente, e é por isso que esse duplo jogo não foi percebido, mas ele funcionava ali do mesmo modo. Se nossa interpretação é exata, além do *nexum* que vem das formas solenes, além do *nexum* que vem da coisa, existe um outro *nexum* que vem desse lingote alternadamente dado e recebido, pesado na mesma balança, "*hanc tibi libram primam postremamque*" ["peso para ti esta libra como primeira e última" – N.R.T.], pelos dois contratantes, assim ligados alternadamente. (4) Aliás, suponhamos por um

O próprio formalismo prova a importância das coisas. No direito romano quiritário, a tradição dos bens – e os bens essenciais eram os escravos e o gado, mais tarde os bens imobiliários – nada tinham de comum, de profano, de simples. A tradição é sempre solene e recíproca[367]; faz-se ainda em grupo: as cinco testemunhas, amigos pelo menos, mais o "pesador". Ela está mesclada de toda sorte de considerações estranhas às nossas concepções puramente jurídicas e puramente econômicas modernas. O *nexum* que ela estabelece está, portanto, ainda repleto, como Huvelin bem notou, dessas representações religiosas que ele, entretanto, considerou exclusivamente mágicas.

O contrato mais antigo do direito romano, o *nexum*, certamente já está destacado do fundo dos contratos coletivos e também do sistema das antigas dádivas que comprometem. A pré-história do sistema romano das obrigações talvez jamais possa ser escrita com precisão. Acreditamos, no entanto, poder indicar em que sentido a investigação poderia caminhar.

Há, com certeza, um vínculo nas coisas, *além* dos vínculos mágicos e religiosos: os das palavras e dos gestos do formalismo jurídico.

Esse vínculo é ainda marcado por alguns termos muito velhos do direito dos latinos e dos povos itálicos. A etimologia de alguns desses termos parece ir nesse sentido. Indicamos o que segue a título de hipótese.

* * *

Na origem, as próprias coisas certamente tinham uma personalidade e uma virtude.

As coisas não são seres inertes como entendem o direito de Justiniano e o nosso direito. Antes de mais nada, elas fazem parte da família: a *familia* romana inclui as *res* e não apenas as pessoas. Temos aí ainda sua definição no *Digesta*[368], e

---

instante que pudéssemos conceber um contrato romano antes da utilização da moeda de bronze, ou desse lingote sopesado, ou ainda desse pedaço de cobre moldado, o *æs flatum*, que representava uma vaca (sabe-se que as primeiras moedas romanas foram cunhadas pelas *gentes* e que, como representação do gado, foram certamente títulos que comprometiam o gado dessas *gentes*). Suponhamos uma venda em que o preço é pago em gado real ou figurado. Basta darmo-nos conta de que a entrega desse gado-valor, ou de sua figuração, aproximava os contratantes, e em particular o vendedor do comprador, assim como em uma venda ou em qualquer cessão de gado, o comprador ou o último possuidor continua ligado ao vendedor, ou ao possuidor precedente, ao menos por um tempo (vícios redibitórios etc.) (cf. mais adiante os fatos de direito hindu e de folclore).

367. Varrão, *De re rustica*, II, p. 1, 15.

368. Sobre *familia*, cf. *Digesta*, L, XVI, *De verborum significatione* (195): § 1. "*Familiæ appellatio* [... etc.], *et in res, et in personas diducitur*" etc. (Ulpiano) (cf. Isidoro de Sevilha, *Etymologiæ*, livro XV, 9, 5). [O trecho na íntegra é "'*Familiæ*' *appellatio qualiter accipiatur, videamus. et quidem varie accepta est: nam et in res et in personas deducitur*": "Consideremos como o termo '*familia*' é entendido. É entendido de vários modos, pois remete tanto a *res* quanto a pessoas" – N.R.T.]. No direito romano, até uma época muito tardia, a ação para divisão da herança era chamada de *familiæ erciscundæ*

é impressionante que, quanto mais remontamos à antiguidade, mais o sentido da palavra *familia* denota as *res* que dela fazem parte a ponto inclusive de designar os víveres e os meios de vida da família[369]. A melhor etimologia da palavra *familia* é, sem dúvida, a que a aproxima[370] do sânscrito *dhāman*, casa.

Ademais, as coisas eram de duas espécies. Distinguia-se entre a *familia* e a *pecunia*, entre as coisas da casa (escravos, cavalos, mulas, asnos) e o gado que vive nos campos, para além dos estábulos[371]. E distinguia-se também entre as *res mancipi* e as *res nec mancipi*, conforme as formas de venda[372]. Para umas, que constituem as coisas preciosas, incluindo os imóveis e até os filhos, a alienação só pode ocorrer conforme as fórmulas da *mancipatio*[373], da ação de tomar (*capere*) nas mãos (*manu*). Discute-se muito para saber se a distinção entre *familia* e *pecunia* coincidia com a distinção entre *res mancipi* e *res nec mancipi*. Para nós, essa coincidência – na origem – não deixa sombra de dúvida. As coisas que escapam à *mancipatio* são precisamente o gado miúdo dos campos e a *pecunia*, o dinheiro, cuja ideia, nome e forma derivam de gado. Dir-se-ia que os *veteres* romanos fazem a mesma distinção que a que acabamos de constatar nos Tsimshian e nos Kwakiutl, entre os bens permanentes e essenciais da "casa" (como se diz ainda na Itália e na França) e as coisas que passam: os víveres, o gado de pastagens distantes, os metais, o dinheiro – coisas, em suma, que até os filhos não emancipados podiam comerciar.

(*Digesta*, livro XI, II; também no *Código*, III, XXXVIII). Inversamente, *res* iguala *familia*; nas *Doze Tábuas*, V, 3, "*super pecunia tutelave suæ rei*" ["sobre o dinheiro e a tutela da própria coisa". Na íntegra encontramos "*Uti legassit super pecunia tutelave suæ rei, ita ius esto*", que na glosa do jurista Silvio Meira aparece como "As disposições testamentárias de um pai de família sobre os seus bens, ou a tutela dos filhos, terão a força de lei" – N.R.T.] (cf. Girard, 1923, p. 869, n.; Girard, 1924, p. 322; Cuq, 1891, vol. 1, p. 37). Gaio (II, 224) reproduz esse texto dizendo "*super familia pecuniaque*" ["sobre a família e o dinheiro" – N.R.T.]. *Familia* iguala *res et substantia* ainda no *Código* (Justiniano) VI, XXX, 5. Cf. ainda *familia rustica et urbana* (*Digesta*, livro L, XVI, *De verb. sign.*, 166).

369. Cícero, *De oratore*, 56; Cícero, *Pro Cæcina*, VII [*Oratio pro Aulo Cæcina* – N.R.T.]. – Terêncio: "*Decem dierum vix mihi est familia*". ["Mal consigo manter a minha *familia* por dez dias". O trecho consta em uma comédia desse autor, *Heautontimorumenos* – N.R.T.].

370. Walde (1910, p. 70). Walde hesita a respeito da etimologia que propõe, mas não há motivo para hesitação. Além disso, a *res* principal, o *mancipium* por excelência da *familia*, é o escravo *mancipium*, cujo outro nome, *famulus*, tem a mesma etimologia de *familia*.

371. Sobre a distinção *familia pecuniaque* atestada pelas *sacratæ leges* (cf. Festo, ad verb.) e por numerosos textos, cf. Girard (1923, p. 841, n. 2; 1924, p. 274, 263, n. 3). É certo que a nomenclatura nem sempre foi muito segura, mas, contrariamente à opinião de Girard, acreditamos que antigamente, na origem, houve uma distinção muito precisa. A divisão é encontrada, aliás, em osco: *famelo in eituo* (*Lex Bantia*, linha 13).

372. A distinção entre as *res mancipi* [coisas que exigem *mancipatio*] e as *res nec mancipi* [coisas que não exigem *mancipatio* – N.R.T.] só desapareceu do direito romano no ano 532 de nossa era, por uma revogação expressa do direito quiritário.

373. Sobre a *mancipatio* [designação do ato de transferência formal de propriedade, de bem ou pessoa – N.R.T.], cf. mais adiante. O fato de ela ter sido exigida, ou ao menos lícita, até uma época tão tardia prova o grau de dificuldade de a *familia* desfazer-se das *res mancipi*.

A *res* não deve ter sido, na origem, a coisa bruta e apenas tangível, o objeto simples e passivo de transação que se tornou. Parece que a melhor etimologia é a que a compara com a palavra sânscrita *rah*, *ratih*[374], ou seja, dádiva, presente, coisa agradável. A *res* deve ter sido, sobretudo, o que dá prazer a uma outra pessoa[375]. Por outro lado, a coisa é sempre marcada, selada, com a marca de propriedade da família. É, portanto, compreensível que, a partir dessas coisas *mancipi*, a tradição solene[376], *mancipatio*, crie um vínculo de direito. Porque, nas mãos do *accipiens*, ela continua sendo ainda, parcialmente e por um tempo, da "família" do primeiro proprietário; ela permanece ligada a ele e vincula o atual possuidor até que este seja liberado pela execução do contrato, ou seja, pela tradição compensatória da coisa, do preço ou serviço que irá vincular, por sua vez, o primeiro contratante.

Escólio

A noção da força inerente à coisa, aliás, jamais abandonou o direito romano quanto a dois pontos: o roubo, *furtum*, e os contratos *re*.

No que concerne ao roubo[377], as ações e obrigações que acarreta derivam claramente da potência da coisa. A coisa tem em si uma *æterna auctoritas*[378], que se faz sentir quando é roubada, e para sempre. A esse respeito, a *res* romana não difere da propriedade hindu ou haïda[379].

Os contratos *re* formam quatro dos contratos mais importantes do direito: empréstimo, depósito, caução [*gage*] e comodato. Um certo número de contratos não nomeados – em particular, aqueles que acreditamos ter estado, ao lado da venda, na origem do próprio contrato – a dádiva e a troca[380], são igualmente chamados *re*. Mas isso era fatal. Com efeito, mesmo nos direitos atuais, como no direito romano, é impossível sair aqui[381] das regras mais antigas do direito: é

374. Sobre essa etimologia, cf. Walde (1910, p. 650, ad verb.). Cf. *rayih*, propriedade, coisa preciosa, talismã; cf. *rae*, *rayyi* (avéstico), mesmos sentidos; cf. *rath* (irlandês antigo), "presente gracioso".

375. A palavra que designa a *res* em osco é *egmo*, cf. *Lex Bantia* (linha 6, 11 etc.). Walde liga *egmo* a *egere*, é a "coisa que nos falta". É possível que as línguas itálicas antigas tivessem duas palavras correspondentes e antitéticas para designar a coisa que se dá e que dá prazer, *res*, e a coisa que nos falta, *egmo*, e que esperamos.

376. Cf. mais adiante.

377. Cf. Huvelin (1912, p. 159-175); Huvelin (1915, p. 272).

378. Expressão de uma lei muito antiga, *Lex Atinia*, conservada por Aulo Gélio (XVII, 7): "*Quod subruptum erit ejus rei æterna auctoritas esto*". ["aquilo que for subtraído (roubado) terá para sempre uma autoridade sobre si mesmo" – N.R.T.]. Cf. extratos de Ulpiano, III, p. 4, 6; cf. Huvelin (1907, p. 19).

379. Cf. mais adiante. Entre os Haïda, a pessoa que foi roubada deve apenas colocar um prato na porta do ladrão e a coisa normalmente retorna.

380. Girard (1924, p. 265). Cf. *Digesta*, livro XIX, IV *De permut.* (1, 2): "*permutatio autem ex re tradita initium obligationi præbet*" ["na troca, é a entrega da coisa que dá início à obrigação" – N.R.T.].

381. Modestino, *Regularum* em *Digesta*, livro XLIV, VII *De obligationibus et actionibus* (52): "*re obligamur cum res ipsa intercedit*" ["somos obrigados pela coisa quando a própria coisa intervém" – N.R.T.].

necessário haver coisa ou serviço para que haja dádiva e é necessário que a coisa ou o serviço obriguem. É evidente, por exemplo, que a revogabilidade da doação por causa de ingratidão (que é do direito romano recente[382], mas que é constante em nossos direitos) seja uma instituição de direito normal, natural, pode-se dizer.

Mas esses fatos são parciais e são válidos apenas para certos contratos. Nossa tese é mais geral. Acreditamos que não pôde ter havido, nas épocas muito antigas do direito romano, um único momento em que o ato da *traditio* de uma *res* não tenha sido – mesmo além das falas e dos escritos – um dos momentos essenciais. O direito romano, aliás, sempre hesitou sobre essa questão[383]. Se, por um lado, ele proclama que a solenidade das trocas, e ao menos o contrato, é necessária da maneira prescrita pelos direitos arcaicos que viemos descrever, se ele dizia "*nunquam nuda traditio transfert dominium*"[384], ele proclamava igualmente, ainda em uma época tão tardia quanto a de Diocleciano[385] (298 d.C.), o seguinte: "*traditionibus et usucapionibus dominia, non pactis transferuntur*". A *res*, prestação ou coisa, é um elemento essencial do contrato.

Por fim, todas essas questões muito debatidas são problemas de vocabulário e de conceitos e, diante da pobreza das fontes antigas, estamos muito mal situados para resolvê-las.

* * *

Até aqui, estamos muito seguros de nossos fatos. Não obstante, talvez seja válido ir um pouco mais longe e indicar aos juristas e linguistas uma via possivelmente mais ampla por onde uma investigação possa trilhar e ao fim da qual seria possível divisar todo um direito que, ao tempo da lei das *Doze Tábuas* (e provavelmente muito antes), já estava destruído. Outros termos de direito, além de *familia*, *res*, prestam-se a um estudo aprofundado. Esboçaremos uma série de hipóteses, talvez sem importância se consideradas isoladamente, mas cujo conjunto acaba formando um corpo de peso.

Quase todos os termos do contrato e da obrigação, e algumas formas desses contratos, parecem ligados a esse sistema de vínculos espirituais criados pelo fato bruto da *traditio*.

* * *

382. Justiniano (em 532 d.C.), *Código*, VIII, LVI, 10.

383. Girard (1924, p. 308).

384. Paulo, *Digesta*, livro XLI, I, 31 (1). ["Nunca a simples entrega transfere a propriedade" – N.R.T.].

385. *Código*, II, III, *De pactis*, 20. ["O domínio das coisas é transferido pela tradição e pela usucapião, não por pactos " – N.R.T.].

O contratante, antes de tudo, é *reus*[386]; é, sobretudo, o homem que recebeu a *res* de outrem, e se torna, a esse título, seu *reus*, quer dizer, o indivíduo que está ligado a ele pela coisa mesma, isto é, por seu espírito[387]. A etimologia já foi proposta e diversas vezes descartada como não fazendo sentido algum. Porém, ela tem um sentido muito claro. Com efeito, como Hirn observa[388], *reus* é originariamente um genitivo em *os* de *res* e substitui *rei-jos*. É o homem que é possuído pela coisa. É verdade que Hirn, e Walde, que o reproduz[389], traduzem aqui *res* por "processo" e *rei-jos* por "implicado no processo"[390]. Mas essa tradução é arbitrária e supõe que o termo *res* seja, antes de tudo, um termo de procedimento. Ao contrário, caso se aceite nossa derivação semântica, toda *res* e toda *traditio* de *res* sendo o objeto de um "caso", de um "processo" público, compreende-se que o sentido de "implicado no processo" seja um sentido secundário. Com mais forte razão, o sentido de culpado para *reus* é ainda mais derivado, e reconstituiremos a genealogia dos sentidos de maneira diretamente inversa da habitual. Propomos: (1) o indivíduo possuído pela coisa; (2) o indivíduo implicado no caso provocado pela *traditio* da coisa; (3) enfim, o culpado e o responsável[391]. Desse ponto

---

386. Sobre o sentido da palavra *reus*, culpado, responsável, cf. Mommsen (1887-1888, p. 189). A interpretação clássica decorre de uma espécie de *a priori* histórico que faz do direito público pessoal, e o criminal em particular, o direito primitivo, e que vê nos direitos reais e nos contratos fenômenos modernos e refinados. Quando seria tão simples deduzir os direitos do contrato do próprio contrato!

387. *Reus* pertence, aliás, à linguagem da religião (cf. Wissowa, 1902, p. 320, n. 3 e 4) não menos que à do direito: *voti reus* [*reus* (devedor) de um voto] (Eneida, livro V, 237); "*reus qui voto se numinibus obligat*" ["*reus* que, por um voto, se obriga às divindades" – N.R.T.] (Sérvio, *Ad Aeneis*, IV, verso 699). O equivalente de *reus* é *voti damnatus* ["condenado por (ou vinculado a) um voto" – N.R.T.] (Virgílio, égloga V, verso 80); e isso é muito sintomático, uma vez que *damnatus* = *nexus*. O indivíduo que fez um voto está exatamente na posição daquele que prometeu ou recebeu uma coisa. Ele é *damnatus* até que tenha cumprido.

388. Hirn, *Indogermanische Forschungen*, vol. 14, p. 131. [A página e o contexto remetem à contribuição de Rudolf Thurneysen a esse número da revista. Cf. Thurneysen (1903) – N.R.T.].

389. Walde (1910, p. 651, ad verb. *reus*).

390. É a interpretação dos mais velhos juristas romanos (Cícero, *De oratore*, II, 183: "*Rei omnes quorum de re disceptatur*" ["Todos os réus sobre os quais se discute a questão". Contudo, não encontramos a passagem *verbatim* nessa obra de Cícero, mas sim "*sed omnis, quorum de re disceptatur*". Ela faz parte de um trecho maior, "*Reos autem appello non eos modo, qui arguuntur, sed omnis, quorum de re disceptatur*": "chamo *reus* não apenas aqueles que são acusados, mas a todos os envolvidos na causa em questão" – N.R.T.]); eles tinham sempre o sentido *res* = caso presente no espírito. Mas ela tem o interesse de conservar a lembrança do tempo das *Doze Tábuas*, II, 2, onde *reus* não designa apenas o acusado, mas as duas partes em qualquer caso, o *actor* e o *reus* dos procedimentos recentes. Festo (ad verb. *reus*; cf. outro fragmento, "*pro utroque ponatur*" ["é colocado em favor de ambos"), ao comentar as *Doze Tábuas*, cita dois antiquíssimos jurisconsultos romanos sobre esse tema. Cf. Ulpiano, *Digesta*, livro II, XI (2, 3): "*alteruter ex litigatoribus*" ["qualquer um dos litigantes" – N.R.T.]. As duas partes estão igualmente vinculadas pelo processo. É possível supor que elas estivessem outrora também vinculadas pela coisa.

391. A noção de *reus*, responsável por uma coisa, feito responsável pela coisa, é ainda familiar aos antiquíssimos jurisconsultos romanos que Festo cita (ad verb.), "*reus stipulando est idem qui stipulator dicitur*, [...] *reus promittendo qui suo nomine alteri quid promisit*" etc. [Na íntegra: "*Reus stipulando est idem, qui stipulator dicitur, quippe suo nomine ab altero quibus pepulatus est, non is qui alteri adstipulatus est. Reus promittendo est qui suo nomine alteri quid promisit, qui pro altero quid promisit*". A partir da tra-

de vista, todas as teorias do "quase-delito", origem do contrato, do *nexum* e da *actio*, são um pouco mais claras. O simples fato *de ter a coisa* coloca o *accipiens* em um estado incerto de quase-culpabilidade (*damnatus*, *nexus*, *ære obæratus*), de inferioridade espiritual e de desigualdade moral (*magister*, *minister*)[392] em relação a quem entrega (*tradens*).

* * *

Relacionamos igualmente a esse sistema de ideias um certo número de traços muito antigos da forma ainda praticada, se não compreendida, da *mancipatio*[393], da compra-venda que se tornará a *emptio venditio*[394], no direito romano muito antigo. Em primeiro lugar, assinalemos que ela comporta sempre uma *traditio*[395].

---

dução francesa de A. Savagner (1846): "*reus stipulando* é o mesmo que estipulador, pois age em seu próprio nome em relação a outrem de quem obteve algo, e não aquele que atuou como coestipulante de outrem. Um *reus promittendo* é aquele que, em seu próprio nome, fez uma promessa a outrem, ou que, em nome de outrem, fez uma promessa" – N.R.T.]. Festo alude evidentemente à mudança de sentido dessas palavras nesse sistema de caução [*cautionnement*] que se chama correalidade; mas os velhos autores falavam de outra coisa. Aliás, a correalidade (Ulpiano, *Digesta*, livro XIV, VI, 7, 1, e o título do *Digesta*, livro XLV, II, *De duobus reis constituendis*) guardou o sentido de laço indissolúvel que vincula o indivíduo à coisa, a saber, o caso, e com ele "seus amigos e parentes", correais.

392. Na *Lex Bantia* (linha 19), em osco, *minstreis = minoris partis*, é a parte que sucumbe ao processo. Tanto é assim que o sentido desses termos jamais se perdeu nos dialetos itálicos!

393. Os romanistas parecem fazer remontar muito antes a divisão entre *mancipatio* e *emptio venditio* [compra e venda – N.R.T.]. Na época das *Doze Tábuas*, e provavelmente bem depois, é pouco verossímil que tenha havido contratos de venda que fossem puros contratos consensuais, algo que só ocorreu posteriormente, mais ou menos na época de Quinto Múcio Cévola. As *Doze Tábuas* empregam a expressão "*venum duuit*" ["ele vendeu" – N.R.T.] para designar justamente a venda mais solene que se possa fazer e que certamente só podia operar-se por *mancipatio*, a de um filho (*Doze Tábuas*, IV, 2). Por outro lado, naquela época, ao menos em relação às coisas *mancipi*, a venda se operava exclusivamente, enquanto contrato, por um *mancipatio*; todos esses termos sendo, portanto, sinônimos. Os antigos guardavam a lembrança dessa confusão. Cf. Pompônio, *Digesta*, livro XL, VII, *De statuliberis* (29): "*quoniam lex duodecim tabularum emptionis verbo omnem alienationem complexa videretur*" ["pois a lei das Doze Tábuas, pelo termo compra, parece abranger toda alienação" – N.R.T.]. Inversamente, a palavra *mancipatio* designou por muito tempo, até a época das Ações da Lei, atos que são puros contratos consensuais, como a *fiducia*, com a qual é às vezes confundida. Cf. documentos em Girard (1924, p. 545; cf. p. 299). *Mancipatio*, *mancipium* e *nexum* foram empregados de maneira muito indiferenciada mesmo numa época bem antiga.

Mesmo assim, com a ressalva dessa sinonímia, consideraremos no que segue exclusivamente a *mancipatio* das *res* que fazem parte da *familia* e partiremos do princípio conservado por Ulpiano, XIX, 3: "*mancipatio* [...] *propria alienatio rerum mancipi*" ["*mancipatio é uma alienação própria de coisas mancipi*", a saber: terrenos itálicos, animais de tiro e carga, escravos etc. – N.R.T.] (cf. Girard, 1924, p. 303).

394. Para Varrão (*De re rustica*, livro II, 1, 15; II, 2, 5; II, V, 11; II, 10, 4), a palavra *emptio* compreende a *mancipatio*.

395. Pode-se até mesmo imaginar que essa *traditio* [i.e., transferência ou entrega de um bem – N.R.T.] fazia-se acompanhar de ritos do gênero dos que nos foram conservados no formalismo da *manumissio*, da libertação do escravo que se supõe comprar a si mesmo. Temos poucas informações sobre os gestos das duas partes na *mancipatio*, e, por outro lado, é impressionante que a fórmula da *manumissio* (Festo, s.v. *puri*) seja, no fundo, idêntica à da *emptio venditio* do gado. Após ter tomado na mão a coisa que ele entregava, é possível que o *tradens* a batesse em sua palma. Pode-se comparar

O primeiro detentor, *tradens*, manifesta sua propriedade, separa-se solenemente de sua coisa, entrega-a e assim compra o *accipiens*. Em segundo lugar, a essa operação corresponde à *mancipatio* propriamente dita. Aquele que recebe a coisa toma-a em sua *manus* e não apenas a reconhece como aceita, mas se reconhece a si próprio como vendido, até o pagamento. Tem-se o hábito, seguindo o exemplo dos prudentes romanos, de considerar apenas uma *mancipatio* e de só compreendê-la como uma tomada de posse, mas há várias tomadas de posse simétricas, de coisas e de pessoas, na mesma operação[396].

Por outro lado, discute-se, e muito longamente, a questão de saber se a *emptio venditio*[397] corresponde a dois atos separados ou a um só. Como se vê, fornecemos aqui outra razão a favor de se considerar dois atos, ainda que possam seguir-se quase imediatamente na venda à vista. Assim como nos direitos mais primitivos há a dádiva e depois a dádiva retribuída, assim também no direito romano antigo há a colocação à venda e então o pagamento. Nessas condições, não há qualquer dificuldade de compreender todo o sistema e mesmo ainda a estipulação[398].

Com efeito, é quase suficiente observar as fórmulas solenes usadas: a da *mancipatio*, concernente ao lingote de bronze, a da aceitação do ouro do escravo que é libertado[399] (esse ouro "deve ser puro, probo, profano, dele", *puri*, *probi*, *profani*, *sui*); elas são idênticas. Além disso, ambas são ecos de fórmulas da mais velha *emptio*, a do gado e do escravo, que conservamos sob a forma do *jus civile*[400]. O segundo detentor só aceita a coisa se isenta de vícios e, sobretudo, de vícios mágicos; e ele só a aceita porque pode retribuir ou compensar, pagar o preço. Note-se as expressões: *reddit pretium*, *reddere* etc., nas quais ainda aparece o radical *dare*[401].

Festo, aliás, conservou-nos claramente o sentido do termo *emere* (comprar) e também o da forma de direito que ele exprime. Ele diz ainda: "*abemito significat demito vel auferto*; *emere enim antiqui dicebant pro accipere*" ["*abemito* significa retirar ou levar embora, pois os antigos usavam *emere* com o sentido de receber"] (s.v. *abemito*) e depois retorna a este sentido: "*Emere quod nunc est mercari antiqui accipiebant pro sumere*" ["*Emere*, que hoje significa comerciar, os antigos

o *vus rave* com o tapa sobre o porco (ilhas Banks, Melanésia) e com o tapa sobre o traseiro do gado vendido, em nossas feiras. Mas essas são hipóteses que não nos permitiríamos se os textos, em particular o de Gaio, não estivessem, sob este aspecto preciso, cheios de lacunas que um dia certamente serão preenchidas por descobertas de manuscritos.

Lembramos também que encontramos um formalismo idêntico no da "percussão" com o cobre brasonado entre os Haïda, cf., mais acima, a nota 354.

396. Cf. mais acima comentários sobre o *nexum*.

397. Cuq (1902, p. 454).

398. Cf. mais acima. A *stipulatio*, a troca do bastão entre as duas partes, corresponde não só a antigas cauções [*gages*], mas a antigas dádivas suplementares.

399. Festo, *ad manumissio*.

400. Cf. Varrão, *De re rustica*, II, 1, 15; II, 5; II, 5, 11: "*sanos*, *noxis solutos*" ["sãos, livres de delitos" – N.R.T.] etc.

401. Observar também as expressões *mutui datio* etc. Na verdade, os romanos não tinham outra palavra senão *dare* (dar) para designar todos esses atos que constituem a *traditio*.

entendiam como *sumere*, tomar" – N.R.T.] (s.v. *emere*), que é, aliás, o sentido da palavra indo-europeia à qual se vincula a própria palavra latina. *Emere* é tomar, aceitar alguma coisa de alguém[402].

O outro termo da *emptio venditio* parece também fazer ressoar outra música jurídica diferente daquela dos prudentes romanos[403], para quem só havia escambo e doação quando não havia preço e moeda, signos da venda. *Vendere*, originariamente *venum-dare*, é uma palavra composta de um tipo arcaico[404], pré-histórico. Sem dúvida alguma, ela compreende claramente um elemento *dare*, que lembra a dádiva e a transmissão. Quanto ao outro elemento, ele parece tomar de empréstimo um termo indo-europeu que já significava não a venda, mas o preço de venda, ὠνή, em sânscrito *vasnah*, que Hirn[405] aproximou, aliás, de uma palavra búlgara que significa dote, preço de compra da mulher.

Outros direitos indo-europeus

Essas hipóteses concernentes ao direito romano muito antigo são, basicamente, de ordem pré-histórica. O direito, a moral e a economia dos latinos devem ter tido essas formas, mas elas foram esquecidas quando suas instituições entraram na história. Pois foram justamente os romanos e os gregos[406] que, talvez

402. Walde (1910, p. 253).

403. *Digesta*, livro XVIII, I (33), extratos de Paulo.

404. Sobre palavras desse tipo, cf. Ernout (1911). Ainda um caso de identidade, como em *res* e muitas outras palavras, entre o vocabulário jurídico ítalo-celta e o indo-iraniano. Note-se as formas arcaicas de todas essas palavras: *tradere*, *reddere*.

405. Cf. Walde (1910), s.v. *vendere*. É inclusive possível que o antiquíssimo termo *licitatio* conserve uma lembrança da equivalência entre guerra e venda (por leilão): "*Licitati in mercando sive pugnando contendentes*" ["disputando em leilão, seja negociando ou lutando". Na versão mais glosada da edição francesa de A. Savagner (1846): "*licitati são contendentes em um mercado ou em uma luta*" – *N.R.T.]*, diz ainda Festo (ad verb. *licitati*); compare-se com a expressão tlingit, kwakiutl, "guerra de propriedade"; cf., mais acima, a nota 245, para leilões e *potlatch*.

406. Não estudamos suficientemente o direito grego, ou melhor, as sobrevivências do direito que devem ter precedido as grandes codificações dos jônicos e dos dórios, para poder afirmar que os diferentes povos gregos realmente ignoraram ou conheceram essas regras da dádiva. Seria necessário rever toda uma literatura a propósito de questões variadas: dádivas, casamentos, cauções [*gages*] (cf. Gernet, 1917 – Ἐγγύαι [cauções, garantias, fianças – N.R.T.]; cf. Vinogradoff, 1920, vol. 1, p. 235), hospitalidade, juros e contratos, e ainda assim não encontraríamos senão fragmentos. Eis aqui entretanto um deles: Aristóteles (*Ética a Nicômaco*, 1123a3), a propósito do cidadão magnânimo e de suas despesas públicas e privadas, de seus deveres e responsabilidades, menciona as recepções de estrangeiros, as embaixadas, "καὶ δωρεὰς καὶ ἀντιδωρεάς" ["e presentes e contrapartidas" – N.R.T.], como gastam "εἰς τὰ κοινά" ["com os assuntos públicos" – N.R.T.], e acrescenta "τὰ δὲ δῶρα τοῖς ἀναθήμασιν ἔχει τι ὅμοιον": "as dádivas têm alguma coisa análoga às consagrações" [outra tradução possível seria "os presentes têm algo em comum com as oferendas votivas" – N.R.T.] (cf., mais acima, na nota 250, Tsimshian).

Dois outros direitos indo-europeus vivos apresentam instituições desse gênero: o albanês e o osseto. Limitamo-nos a referir às leis ou decretos modernos que proíbem ou limitam nesses povos os excessos de dilapidações em caso de casamento, morte etc., cf., p. ex., Kovalewski (1893, p. 187, n.).

na esteira dos semitas do norte e do oeste[407], inventaram a distinção entre direitos pessoais e direitos reais, separaram a venda da dádiva e da troca, isolaram a obrigação moral e o contrato e, sobretudo, conceberam a diferença entre ritos, direitos e interesses. Foram eles que, por uma verdadeira, grande e venerável revolução, ultrapassaram toda essa moralidade envelhecida e essa economia da dádiva demasiadamente incerta, dispendiosa e suntuária, saturada de considerações de pessoas, incompatível com um desenvolvimento do mercado, do comércio e da produção, e, no fundo, naquela época, antieconômica.

Toda a nossa reconstituição é apenas uma hipótese verossímil. Mas ela se torna mais provável pelo fato de que outros direitos indo-europeus, direitos verdadeiros e escritos, certamente conheceram, em épocas ainda históricas e relativamente próximas de nós, um sistema similar ao que descrevemos nas sociedades da Oceania e da América, que chamamos vulgarmente primitivas e que são, no máximo, arcaicas. Podemos, portanto, generalizar com alguma segurança.

Os dois direitos indo-europeus que melhor conservaram esses traços são o germânico e o hindu. São também aqueles de que temos diversos textos.

II - Direito hindu clássico[408]

Teoria da dádiva

N.B. Ao utilizarmos documentos jurídicos hindus, encontramos uma dificuldade muito grave: os códigos e livros épicos que lhes conferem autoridade foram redigidos pelos brâmanes, se não para eles, ao menos em seu benefício, na época

407. Sabe-se que quase todas as fórmulas do contrato são atestadas pelos papiros aramaicos dos judeus de Filas no Egito, século V a.C. (cf. Cowley, 1923). Conhecemos também os trabalhos de Arthur Ungnad sobre os contratos babilônicos (cf. Huvelin, 1913b, p. 508; Cuq, 1910).

408. Conhecemos o direito hindu antigo por duas séries de compilações, cuja redação é muito tardia quando comparada ao resto das Escrituras. A série mais antiga é constituída pelos *Dharmasūtra*, aos quais Bühler (1879, introdução) atribui uma data anterior ao budismo. Mas não é evidente que alguns desses sutras – ou a tradição sobre a qual estão fundados – sejam anteriores ao budismo. Em todo caso, eles fazem parte do que os hindus chamam *Śruti*, a Revelação. A outra série é a da *smṛti*, a Tradição, ou os *Dharmaśāstra*, Livros da Lei, cujo principal livro é o famoso Código de Manu, que é, por sua vez, imediatamente posterior aos sutras.

Todavia, utilizamos especialmente um longo documento épico, que na tradição bramânica possui um valor de *smṛti* e de *śāstra* (tradição e lei ensinada). O *Anuśāsana-parva* (livro XIII do *Mahābhārata*) é muito mais explícito sobre a moral da dádiva que os livros da lei. Por outro lado, possui tanto valor e tem a mesma inspiração que estes. Em particular, parece estar presente na base de sua redação a tradição da escola bramânica dos Mānava, que é a aquela em que se apoia o próprio Código de Manu (cf. Bühler, 1886, p. LXX *et seq.*). Diríamos, aliás, que esse *parvan* e Manu citam um ao outro.

Em todo caso, esse último documento é inestimável. Um livro enorme de uma longa epopeia da dádiva, *dāna-dharmakathanam*, como diz o comentário, ao qual, em mais de um terço do livro, mais de quarenta "lições são consagradas". De resto, esse livro é extremamente popular na Índia. O poema narra como a Lei foi ditada de forma trágica a Yudhiṣṭhira, o grande rei, encarnação de Dharma, a lei, pelo grande Rei vidente Bhīṣma, deitado sobre seu leito de flechas, no momento de sua morte.

Ao citarmos a *Anuśāsana-parva*, indicaremos, em geral, duas referências: número do verso e número do verso por adhyāya.

mesma de seu triunfo[409]. Eles nos mostram apenas um direito teórico. Portanto, é apenas por um esforço de reconstituição, com a ajuda dos inúmeros testemunhos que eles contêm, que podemos entrever o que eram o direito e a economia das duas outras castas, Kshatriya e Vaishya. Nesse caso, a teoria, "a lei da dádiva" que vamos descrever, o *dānadharma*, aplica-se realmente apenas aos brâmanes, ao modo como a solicitam e a recebem... retribuindo-a apenas pelos seus serviços religiosos; aplica-se também ao modo como a dádiva lhes é devida. Naturalmente, esse dever de dar aos brâmanes é o objeto de várias prescrições. É provável que relações bem outras prevalecessem entre nobres, entre famílias principescas e, no interior de inúmeras castas e raças, entre as pessoas comuns. É bem difícil vislumbrá-las. Mas não importa. Os fatos hindus têm uma dimensão considerável.

A Índia antiga, logo após a colonização ariana, era, com efeito, uma terra de *potlatch* em dois sentidos[410]. Em primeiro lugar, o *potlatch* ainda se encontra em dois grandes grupos outrora muito mais numerosos e que formaram o substrato de uma grande parte da população da Índia: as tribos do Assam (tibetano-birmanesas) e as tribos de origem munda (austro-asiáticas). Podemos inclusive supor que a tradição dessas tribos subsistiu em uma paisagem bramânica[411]. Por exemplo, poderíamos ver os traços[412] de uma instituição comparável ao *indjok* batak e a

---

409. É evidente em mais de um aspecto que, se não as regras, ao menos a redação dos *śāstra* e das epopeias são posteriores à luta contra o budismo da qual falam. De todo modo, isso é verdadeiro para o *Anuśāsana-parva,* que está repleto de alusões a essa religião (cf., em particular, o adhyāya 120). Talvez até – caso as datas das redações definitivas sejam tardias – se pudesse encontrar uma alusão ao cristianismo, precisamente a propósito da teoria das dádivas, no mesmo *parvan* (adhyāya 113-114, verso 10) em que Vyāsa acrescenta: "Essa é a lei ensinada com sutileza [*nipuṇena*; Calcutá] [*naipuṇena*; Bombaim]": "que não faça a outro o que é contrário a si, eis o *dharma* [a lei] resumido" (verso 5673). Mas, por outro lado, não é impossível que os brâmanes, esses fazedores de fórmulas e provérbios, possam ter chegado por si mesmos a uma tal invenção. O verso precedente (verso 9 = 5672) tem de fato um ar profundamente bramânico: "Esse outro guia-se pelo desejo (e engana-se). Na recusa e na dádiva, na felicidade e na infelicidade, no prazer e no desprazer, é ao relacionar [as coisas] a si [a seu eu] que o homem as mensura" etc. O comentário de Nīlakaṇṭha é formal e muito original, nada cristão: "Como uma pessoa se comporta em relação às outras, assim [se comportam as outras em relação a ela]. É percebendo como nós mesmos aceitaríamos uma recusa após termos solicitado [...], que vemos o que é necessário dar".

410. Não queremos dizer que, desde uma época muito antiga, a da redação do *Rigveda*, os Arya que chegaram ao nordeste da Índia não conheciam o mercado, o mercador, o preço, a moeda ou a venda (cf. Zimmer, 1879, p. 257 *et seq.*): *Rigveda*, IV, 24, 9. O *Atharvaveda* é especialmente familiar a essa economia. O próprio Indra é um mercador (*Hino*, III, 15, empregado em *Kauśika-sūtra*, VII, 1; VII, 10 e 12, em um ritual do homem que se dirige a uma venda; cf., contudo, *dhanada*, *Hino*, III, 15, v. 1, e *vājin*, epíteto de Indra, *Hino*, III, 15).

Não queremos dizer tampouco que o contrato teve na Índia apenas essa origem, em parte real, em parte pessoal e em parte formal da transmissão de bens, ou que a Índia não tenha conhecido outras formas de obrigações, como o quase-delito. Tentaremos demonstrar apenas isto: a subsistência junto a esses direitos de um outro direito, de uma outra economia e de uma outra mentalidade.

411. Em particular, deve ter havido ali – como ainda ocorre nas tribos e nações aborígenes – prestações totais de clãs e de aldeias. A interdição feita aos brâmanes (Vāsistha, 14, 10, e Gautama, XIII, 17; Manu, IV, 217) de aceitar o que quer que fosse "de multidões" e, sobretudo, de participar de um banquete oferecido por estas visa claramente costumes desse gênero.

412. *Anuśāsana-parva*, versos 5051, 5045 (= adhyāya 104, versos 98, 95): "que ele não consuma líquido cuja essência tenha sido extraída [...], nem sem oferecê-lo como dádiva àquele que está sentado à mesa com ele" (comentário: e a quem ele fez sentar e que deve comer com ele).

outros princípios de hospitalidade malaia nas regras que proíbem comer sem haver convidado o hóspede recém-chegado: "come veneno *halahalah* [aquele que come] sem participação de seu amigo". Por outro lado, instituições do mesmo gênero, se não da mesma espécie, deixaram alguns traços no mais antigo Veda. E como os encontramos em quase todo o mundo indo-europeu[413], temos razões para crer que os arianos os trouxeram, também, para a Índia[414]. As duas correntes certamente confluíram em uma época que quase podemos divisar, contemporânea das partes posteriores do Veda e da colonização das duas grandes planícies dos dois grandes rios, o Indo e o Ganges. Não há dúvida de que essas duas correntes também se reforçaram mutuamente. Desse modo, tão logo deixamos os tempos védicos da literatura, encontramos essa teoria extraordinariamente desenvolvida, bem como esses costumes. O *Mahābhārata* é a história de um gigantesco *potlatch*; jogo de dados dos Káurava contra os Pândava; torneios e escolha de noivos por Draupadi, irmã e esposa poliândrica dos Pândava[415]. Outras repetições do mesmo ciclo lendário estão entre os mais belos episódios da epopeia. Por exemplo: o romance de Nala e de Damayanti narra, como o *Mahābhārata* inteiro, a construção coletiva de uma casa, um jogo de dados etc.[416]. Mas tudo é distorcido pela feição literária e teológica da narrativa.

---

413. P. ex., o *ādānam*, dádiva que os amigos dão aos pais do jovem tonsurado ou do jovem iniciado, à noiva e ao noivo etc., é idêntico, no título inclusive, ao *gaben* germânico de que falaremos adiante; cf. Oldenberg (1886, índice sob esses diversos títulos) para os *gṛhya-sūtra* (rituais domésticos).

Outro exemplo: a honra que decorre dos presentes (de alimentos). *Anuśāsana-parva*, 122, versos 12-14: "honrados, eles honram; adorados, eles adoram. 'És um doador aqui e ali, dizem', és glorificado de todas as partes" (*Anuśāsana-parva*, verso 5850).

414. Um estudo etimológico e semântico permitiria aliás obter também aqui resultados análogos aos que obtivemos a propósito do direito romano. Há nos documentos védicos mais velhos uma profusão de palavras cujas etimologias são ainda mais claras que as dos termos latinos, e que supõem todas, mesmo aquelas relativas ao mercado e à venda, um outro sistema em que trocas, dádivas e apostas serviam como contratos, no sentido que atribuímos geralmente a essas coisas. Observamos com frequência a incerteza (aliás geral em todas as línguas indo-europeias) dos sentidos da palavra sânscrita que traduzimos por "dar": "*da*", e de seus derivados infinitamente numerosos. P. ex., *ada*, receber, tomar etc.

Escolhamos a título de exemplo as duas palavras védicas que designam melhor o ato técnico da venda: *parādā śulkaya*, vender a um preço, e todas as palavras derivadas do verbo *paṇ*, *paṇi*, mercador, p. ex. Além de *parādā* compreender *da*, dar, *śulka*, que carrega o sentido técnico do latim *pretium*, quer dizer algo muito diferente: significa não somente valor e preço, como também preço do combate, preço da noiva, salário do serviço sexual, imposto, tributo. Por sua vez, *paṇ* – que originou, desde o *Rigveda*, a palavra *paṇi* (mercador, avarento, cúpido, e um nome para estrangeiros), e também o nome da moeda, *paṇa* (mais tarde, o famoso *kārshāpaṇa*) etc. – quer dizer não apenas vender, mas também jogar, apostar, lutar por alguma coisa, dar, trocar, arriscar, ousar, ganhar, colocar em jogo. Além disso, não é necessário supor que *paṇ*, honrar, louvar, apreciar, seja um verbo diferente do primeiro. *Paṇa*, moeda, também quer dizer a coisa que se vende, o salário, o objeto da aposta e do jogo, a casa de jogos e até mesmo o albergue que substituiu a hospitalidade. Todo esse vocabulário liga ideias que não estão ligadas no *potlatch*; tudo revela o sistema original usado para conceber o sistema ulterior da venda propriamente dita. Mas não iremos nos engajar nessa tentativa de reconstrução pela etimologia. Ela não é necessária no caso da Índia e nos levaria longe, para fora do mundo indo-europeu, sem dúvida.

415. Cf. resumo da epopeia no *Mahābhārata*, *Ādi Parva*, leitura 6.

416. Cf., p. ex., a lenda de Hariścandra, Sabhāparva, *Mahābhārata*, livro II, leitura 12; outro exemplo: Virāta Parva, leitura 72.

Ademais, nossa demonstração atual não nos obriga a dosar múltiplas origens e a reconstituir hipoteticamente o sistema completo[417]. Do mesmo modo, num trabalho comparativo, não é preciso deslindar com exatidão o número de classes envolvidas ou o período em que floresceu. Mais tarde, por razões que não nos concernem aqui, esse direito desapareceu, salvo entre os brâmanes; mas certamente podemos dizer que esteve em vigor por seis a dez séculos, do século VIII a.C. aos séculos II ou III d.C. E isso basta: a epopeia e a lei bramânica movem-se ainda na antiga atmosfera – os presentes são ali ainda obrigatórios, as coisas possuem virtudes especiais e fazem parte das pessoas humanas. Limitemo-nos a descrever essas formas de vida social e a estudar suas razões. A simples descrição será muito demonstrativa.

A coisa dada produz sua recompensa nesta vida e na outra. Aqui, ela engendra automaticamente para o doador algo igual a ela[418]: ela não é perdida, ela se reproduz; na outra vida, reencontra-se a mesma coisa aumentada. O alimento dado é o alimento que retornará neste mundo ao doador; é o mesmo alimento que ele terá no outro mundo; e é ainda o mesmo alimento na série de seus renascimentos[419]: a água, os poços e as fontes que damos nos protegem da sede[420]; as vestimentas, o ouro, as sombrinhas, as sandálias que permitem caminhar sobre o chão ardente, retornam a nós nesta vida e na outra. A terra que doamos e que produz colheitas para outrem aumenta nossos rendimentos neste mundo, no outro e nos renascimentos futuros. "Como a lua, que cresce dia a dia, assim também a dádiva

---

417. Sobre o tema principal de nossa demonstração, a obrigação de retribuir, temos de convir que encontramos poucos fatos no direito hindu, exceto talvez Manu, VIII, 213. Mesmo o fato mais nítido consiste na regra que a interdita. Parece que, na origem, o *śraddhā* funerário, a refeição dos mortos, tão desenvolvida entre os brâmanes, era uma ocasião para convidar e retribuir os convites. Ora, proceder desse modo é formalmente proibido. Cf. *Anuśāsana-parva*, versos 4311, 4315 (= XIII, leitura 90, verso 43 *et seq*): "Aquele que convida só amigos para o *śraddhā* não vai para o céu. Convém convidar nem amigos nem inimigos, mas gente neutra [...]. O salário dos sacerdotes oferecido a sacerdotes que são amigos tem o nome de demoníaco" (*piśāca*) (verso 4316). Essa interdição constitui sem dúvida uma verdadeira revolução em relação aos costumes correntes. Mesmo o poeta jurista a vincula a um momento e a uma escola determinados (Vaikhānasa *Śruti*, *Anuśāsana-parva*, verso 4323 = leitura 90, verso 51). Os astutos brâmanes, com efeito, encarregaram os deuses e os *manes* de retribuir os presentes que lhes foram dados. O comum dos mortais certamente continua a convidar seus amigos para a refeição funerária. Aliás, isso continua acontecendo até hoje na Índia. O brâmane, esse, não retribuía, não convidava e, no fundo, sequer aceitava. Não obstante, seus códigos conservaram para a posteridade muitos documentos para ilustrar nosso caso.

418. *Vāsiṣṭha Dharmasūtra*, XXIX, 1, 8, 9, 11-19 (= Manu, IV, 229 *et seq*). Cf. *Anuśāsana-parva*, todas as leituras de 64 a 69 (com citações de Paraśara). Toda essa parte do livro parece se basear em uma espécie de litania; ela é algo astrológica e começa com um *dānakalpa* (leitura 64) determinando as constelações sob as quais é preciso que isso ou aquilo seja dado por esse ou por aquele, a esse ou aquele.

419. *Anuśāsana-parva*, 3212; mesmo aquele oferecido aos cães e ao śudra, "àquele que cozinha para o cachorro" (*susqui* cozinha o cachorro) *svapāka* (= leitura 63, verso 13. Cf. leitura 63; cf. verso 45 = versos 3243, 3248).

420. Cf. os princípios gerais sobre o modo como reencontramos as coisas dadas na série de renascimentos (*Anuśāsana-parva*, leitura 145, versos 1-8, versos 23 e 30). As sanções ao avarento são expostas na mesma leitura (versos 15-23). Em particular, ele "renasce numa família pobre".

da terra uma vez feita aumenta ano a ano (de colheita em colheita)"[421]. A terra engendra safras, rendas e impostos, minas, rebanhos. Sua dádiva enriquece com esses mesmos produtos o doador e o donatário[422]. Toda essa teologia jurídico-econômica desenvolve-se ao infinito em magníficas sentenças, em incontáveis centões versificados, e nem os códigos nem as epopeias silenciam-se sobre esse tema[423].

A terra, o alimento e tudo o que é dado são, aliás, personificados, são seres vivos com quem se dialoga e que participam do contrato. Eles querem ser dados. A terra falou outrora ao herói solar, a Rama, filho de Jamadagni; e quando ele ouviu seu canto, ele a deu inteira ao próprio *ṛṣi* Kaśyapa; ela dizia[424] em sua língua, sem dúvida, antiga:

> Receba-me [donatário]
> doa-me [doador]
> dando-me, obter-me-ás de novo.

E ela acrescentava, falando dessa vez uma língua bramânica um tanto prosaica: "neste mundo e no outro, o que é dado é novamente adquirido". Um código muito velho[425] diz que Anna, o próprio alimento deificado, proclamou o seguinte verso:

> Aquele que, sem me dar aos deuses, aos manes, a seus servidores e a seus hóspedes, [me] consome preparada e, em sua loucura, [assim] engole veneno – esse, eu o consumo, eu sou sua morte.

---

421. *Anuśāsana-parva*, 3135; cf. 3162 (= leitura 62, versos 33, 90).

422. *Anuśāsana-parva*, 3162 (= leitura 62, verso 90).

423. No fundo, todo esse *parvan*, esse canto do *Mahābhārata*, é uma resposta à seguinte questão: como adquirir a Fortuna, Śri, deusa instável? Uma primeira resposta é que Śri reside entre as vacas, em seu excremento e sua urina, ali onde as vacas, essas deusas, permitiram-na residir. Por isso, fazer da vaca uma dádiva garante a felicidade (*Anuśāsana-parva*, leitura 82; cf., mais adiante, a nota 435). Uma segunda resposta, fundamentalmente hindu, base inclusive de todas as doutrinas morais da Índia, ensina que o segredo da Fortuna e da Felicidade é dar (leitura 163), não guardar, não buscar a Fortuna, mas distribuí-la, para que ela retorne, por si mesma, neste mundo e – sob a forma do bem que fizemos – no outro. Renunciar a si, adquirir apenas para dar, eis a lei que é a da natureza, e eis a fonte do verdadeiro ganho (verso 5657 = leitura 112, verso 27): "Cada um deve retribuir seus dias férteis distribuindo alimentos".

424. O verso 3136 (= leitura 62, verso 34) chama essa estrofe uma *gātha*. Ela não é um *śloka*; ela provém, portanto, de uma tradição antiga. Ademais, creio que o primeiro semiverso, *māmevādatta mām datta mām dattvā māmavāpsyatha** (verso 3137 – leitura 62, verso 35), pode muito bem ser isolado do segundo. Aliás, o verso 3132 o isola antecipadamente (= leitura 62, verso 30): "Como uma vaca corre para seu bezerro, com suas mamas cheias derramando leite, a terra abençoada corre para o doador de terras". [*Traduzido a partir da versão para o inglês de 1905 (edição Bombaim), tem-se: ""Receba-me na dádiva. Dê-me a alguém. Ao dar-me, você (ó doador) obter-me-á novamente. Aquilo que é dado nesta vida será readquirido na outra"" – N.R.T.].

425. *Baudhāyana Dharmasūtra*, 11, 18 – evidente contemporâneo não somente dessas regras de hospitalidade, mas também do Culto do Alimento, do qual se pode dizer que é contemporâneo das formas posteriores da religião védica, que persistiu até o Vishnuísmo, ao qual foi integrado.

> Mas àquele que oferece o *agnihotra*, realiza o *vaiśvadeva*[426], e come em seguida – em contentamento, em pureza e fé – o que resta após ter ele alimentado aqueles que deve alimentar, para ele torno-me a ambrosia, e ele comigo se compraz.

É da natureza do alimento ser compartilhado; não o repartir com os outros é "matar sua essência", é destruí-lo para si e para os outros. Essa é a intepretação, a um só tempo materialista e idealista, que o bramanismo fez da caridade e da hospitalidade[427]. A riqueza é produzida para ser dada. Se não houvesse brâmanes para recebê-la, "vã seria a riqueza dos ricos"[428].

> Mata o alimento aquele que o come sem saber, e uma vez comido, o alimento o mata[429].

A avareza interrompe o círculo do direito, dos méritos, dos alimentos que renascem perpetuamente uns dos outros[430].

Por outro lado, o bramanismo, nesse jogo de trocas, assim como em relação ao roubo, identificou claramente a propriedade à pessoa. A propriedade do brâmane é o próprio brâmane.

"A vaca do brâmane é um veneno, uma serpente venenosa", dizia já o *Veda* dos mágicos[431]. O velho código de Baudhāyana[432] proclama: "A propriedade do

---

426. Sacrifícios bramânicos da época védica tardia (cf. *Baudhāyana Dharmasūtra*, 11, 6, 41 e 42; cf. *Taittirīya Aranyaka*, VIII, 2).

427. Toda a teoria é exposta no famoso diálogo entre o *ṛṣi* Maitreya e Vyāsa, encarnação do próprio Kṛṣṇadvaipāyana (*Anuśāsana-parva*, leituras 120-121). Esse diálogo, em que se encontra traços da luta do bramanismo contra o budismo (cf., sobretudo, *Anuśāsana-parva* verso 5802 = leitura 120, verso 10), deve ter tido um valor histórico e faz alusão a uma época de triunfo do krishnaísmo. Mas a doutrina ensinada é claramente a da antiga teologia bramânica, e talvez até a da moral nacional mais antiga da Índia... anterior aos arianos.

428. *Anuśāsana-parva*, verso 5831 (= leitura 121, verso 11).

429. *Anuśāsana-parva*, verso 5832 (= leitura 121, verso 12). Deve-se ler *annaṃ*, conforme a edição de Calcutá, e não *artham*, presente na de Bombaim. O segundo semiverso é obscuro e sem dúvida mal transmitido. Tem, contudo, algum significado: "essa comida que ele come, o que faz dela uma comida, ele é o matador dela, que é morto, ele é o ignorante". Os dois versos seguintes também são enigmáticos, mas exprimem com mais clareza a ideia e aludem a uma doutrina que devia ter um nome, o nome de um *ṛṣi* (verso 5834 = *Anuśāsana-parva*, leitura 121, verso 14): "o sábio, o culto, servindo-se da comida, a faz renascer mestra; e a comida, por sua vez, o faz renascer" (5863). "Eis o desenvolvimento [das coisas]. Pois o mérito do doador é o mérito do recebedor [e vice versa], pois aqui há apenas uma roda [girando de um só lado]" (verso 5834). A tradução de Pratap (*Mahābhārata*) é muito parafraseada, mas neste caso está baseada em excelentes comentários e mereceria ser traduzida (exceto por um erro que a enfeia – *evam janayati*, verso 14: é o alimento e não a progenitura que volta a procriar); cf. = ***Āpastamba** Dharmasūtra*, II, 7, 3: "Quem come antes de seu hóspede destrói o alimento, a propriedade, a descendência, o gado, o mérito de sua família".

430. Cf. a nota 420.

431. *Atharvaveda*, V, 18, 3; cf. V, 19, 10.

432. Baudhāyana, I, 5 e 16 (cf. mais acima a *æterna auctoritas* da *res* roubada).

brâmane mata [o culpado] com os filhos e os netos; o veneno não é [veneno]; a propriedade do brâmane é chamada veneno [por excelência]". Ela contém em si mesma sua sanção porque ela própria é o que há de terrível no brâmane. Nem mesmo há necessidade de que o roubo da propriedade do brâmane seja consciente e proposital. A "leitura" de nosso *parvan*[433], da seção do *Mahābhārata* que mais nos interessa, conta como Nrga, rei dos Yadu, foi transformado em um lagarto porque, por culpa de seu povo, deu a um brâmane uma vaca que pertencia a outro brâmane. Aquele que a recebeu de boa-fé não quer devolvê-la, mesmo em troca de cem mil outras; ela faz parte de sua casa, ela é um dos seus:

> Ela é adaptada aos lugares e aos tempos, ela é boa leiteira, pacífica e muito apegada. Seu leite é doce, bem precioso e permanente em minha casa (verso 3466).
>
> Ela [essa vaca] alimenta um filhinho meu, que está fraco e desmamado. Ela, eu não posso dar [...] (verso 3467 [= leitura 70, verso 16 – N.R.T.]).

Tampouco aquele de quem ela foi tirada aceita outra em seu lugar. Ela é propriedade dos dois brâmanes, irrevogavelmente. Entre as duas recusas, o desafortunado rei fica enfeitiçado por milhares de anos por força da imprecação ali contida[434].

Em lugar algum o vínculo entre a coisa dada e o doador, entre a propriedade e o proprietário, é mais estreito do que nas regras concernentes à dádiva da vaca[435]. Tais regras são famosas. Observando-as, nutrindo-se de cevada e de excremento de vaca, deitando-se no chão, o rei Dharma[436] (a lei), o próprio Yudhisthira, o herói principal da epopeia, torna-se um "touro" entre os reis. Durante três dias e três noites, o proprietário da vaca a imita e observa a "vontade da vaca"[437]. Ele se alimenta exclusivamente dos "sucos da vaca": água, excremento, urina, durante uma das três noites. (Na urina reside a própria *Śri*, a Fortuna). Em uma das três noites, ele se deita no chão com as vacas e, acrescenta o comentador, "sem se co-

433. *Anuśāsana-parva*, leitura 70. Ela diz respeito à dádiva das vacas (cujo ritual aparece na leitura 69).

434. *Anuśāsana-parva*, leitura 70, verso 14 *et seq*.: "a propriedade do brâmane mata como a vaca do brâmane [mata] Nrga" (verso 3462 = *Anuśāsana-parva*, leitura 70, verso [31]; cf. 3519 = leitura 71, verso 36).

435. *Anuśāsana-parva*, leituras 77 e 72; leitura 76. Essas regras são relatadas com uma riqueza de detalhes um pouco inverossímil e certamente teórica. O ritual é atribuído a uma escola determinada, a de Bṛhaspati (leitura 76). Ele dura três dias e três noites antes do ato e três dias depois dele; em certas circunstâncias, ele chega a durar dez dias (*Anuśāsana-parva*, verso 3532 = leitura 71, verso 49; verso 3597 = leitura 73, verso 40; verso 3517 = leitura 71, verso 32).

436. Ele vivia em uma constante "dádiva de vacas" (*gavāṃ pradāne*) (*Anuśāsana-parva*, verso 3695 = leitura 76, verso 30).

437. Trata-se aqui de uma verdadeira iniciação das vacas ao doador e do doador às vacas; é uma espécie de mistério, *ūpanītāsu goṣu* (*Anuśāsana-parva*, verso 3667 = leitura 76, verso 2).

çar, sem se importar com os parasitas", comunga com elas uma "alma única"[438]. Quando entra no estábulo, chamando-as com nomes sagrados[439], ele acrescenta: "a vaca é minha mãe, o touro é meu pai" etc. Ele repetirá a primeira fórmula durante o ato de doação. E eis chegado o momento solene da transferência. Após ter louvado as vacas, o doador diz:

> As que vós sois, essas eu sou, transformado neste dia em vossa essência, dando-vos, eu me dou (verso 3676)[440].

E o donatário ao receber (fazendo o *pratigrahaṇa*)[441], diz:

> Movidas [transmitidas] em espírito, recebidas em espírito, glorificai-nos ambos, vós nas formas de Soma [lunares] e de Ugra [solares] (verso 3677)[442].

Outros princípios do direito bramânico lembram estranhamente alguns costumes polinésios, melanésios e americanos que descrevemos. A forma de receber a dádiva é curiosamente análoga. O brâmane tem um orgulho incontestável. Inicialmente, ele se recusa a se envolver em qualquer forma de mercado, não devendo, inclusive, aceitar nada que provenha dele[443]. Numa economia nacional em que havia cidades, mercados e dinheiro, o brâmane mantém-se fiel à economia e à moral dos antigos pastores indo-iranianos e também à dos agricultores forâneos ou nativos das grandes planícies. Ele inclusive conserva essa atitude digna do nobre[444], que se ofende quando compensado[445]. Duas "leituras" do *Mahābhārata* contam de que modo os sete *ṛṣi*, os grandes Videntes e seu séquito, em tempos de escassez, quando iam comer o corpo do filho do rei Śibi, recusaram os presentes imensos e mesmo os figos de ouro que lhes oferecia o rei śalva Vṛṣadarbha, respondendo-lhe:

> Ó rei, receber os reis é, no início, mel, no fim, veneno (*Anuśāsana-parva*, verso 4459 = leitura 93, verso 34).

---

438. Trata-se ao mesmo tempo de um ritual de purificação. Ele se livra, assim, de todo pecado (*Anuśāsana-parva*, verso 3673 = leitura 76, verso 8).

439. *Samaṅga* (possui todos os seus membros), *Bahulā* (grande, gorda) (*Anuśāsana-parva*, verso 3670; cf. verso 6042, as vacas disseram: "*Bahulā, Samaṅga*. Tu és destemida, tu és tranquila, tu és boa amiga"). A epopeia não esquece de mencionar que esses nomes são os do *Veda*, da Śruti. Os nomes sagrados, com efeito, encontram-se no *Atharvaveda*, V, 4, 18, versos 3 e 4

440. Exatamente: "doador de vós, sou doador de mim".

441. "O ato de tomar": a palavra é rigorosamente equivalente de *accipere*, *λαμβάνειν*, *take* etc.

442. O ritual prevê que se pode oferecer "vacas na forma de torta de gergelim ou de manteiga rançosa" e também vacas "em ouro, prata". Nesse caso, elas eram tratadas como verdadeiras vacas (cf. *Anuśāsana-parva*, versos 3523, 3839). Os ritos, sobretudo os da transação, são então um pouco mais aperfeiçoados. Nomes rituais são dados a essas vacas. Um deles quer dizer "a futura". A estadia com as vacas, "o voto das vacas", é ainda mais rigorosa.

443. *Āpastamba Dharmasūtra*, I, 17 e 14; Manu, X, 86-95. O brâmane pode vender o que não foi comprado. Cf. *Āpastamba Dharmasūtra*, I, 19, 11.

444. Cf., mais acima, as notas 57 e 119 (Melanésia, Polinésia); cf., mais adiante, a nota 476 (Germânia); *Āpastamba Dharmasūtra*, I, 18, 1; *Gautama Dharmasūtra*, XVII, 3.

445. Cf. *Anuśāsana-parva*, leituras 93 e 94.

Duas séries de imprecações são feitas na sequência. Toda essa teoria é, aliás, muito cômica. Essa casta inteira, que vive de dádivas, simula recusá-las[446]. Então, ela transige e aceita as que foram ofertadas espontaneamente[447]. E depois faz longas listas[448] das pessoas de quem se pode aceitar, das coisas e em que circunstâncias se pode aceitar[449], até que admite tudo em caso de fome[450], sob a condição, é verdade, de leves expiações[451].

É que o vínculo que a dádiva estabelece entre o doador e o donatário é muito forte para os dois. Como em todos os sistemas que estudamos precedentemente, e aqui ainda mais, um está muito vinculado ao outro. O donatário põe-se na dependência do doador[452]. É por isso que o brâmane não deve "aceitar" algo do rei, e menos ainda solicitar-lhe alguma coisa. Divindade entre as divindades, ele é superior ao rei, e se rebaixaria se fizesse algo outro que tomar. Em contrapartida, da parte do rei, a maneira de dar importa tanto quanto o que ele dá[453].

* * *

A dádiva é, portanto, ao mesmo tempo, o que deve ser dado, o que deve ser recebido e o que, contudo, é perigoso tomar. É que a própria coisa dada forma um vínculo bilateral e irrevogável, sobretudo quando se trata de uma dádiva de alimento. O donatário depende da cólera do doador[454], e mesmo cada um depende do outro. Assim, não se deve comer na casa de seu inimigo[455].

---

446. *Āpastamba Dharmasūtra*, I, 19 e 13, 3, onde se cita Kāṇva, outra escola bramânica. [Kāṇva é citado no livro I, capítulo 19, verso 7 e em I, 28, 1; cf. Kaṇva, I, 19, 3 – N.R.T.].

447. Manu, IV, p. 233.

448. *Gautama Dharmasūtra*, XVII, 6, 7; Manu, IV, 253. Lista pessoas de quem o brâmane não pode aceitar, cf. *Gautama Dharmasūtra*, XVII, 17; cf. Manu, IV, 215-217.

449. Lista das coisas que devem ser recusadas, cf. *Āpastamba Dharmasūtra*, I, 18, 1; *Gautama Dharmasūtra*, XVII. Cf. Manu, IV, 247-250.

450. Cf. toda a leitura 136 do *Anuśāsana-parva*. Cf. Manu, IV, p. 250; X, 101-102. *Āpastamba Dharmasūtra*, I, 18, 5-8; 14-15; *Gautama Dharmasūtra*, VII, 4, 5.

451. *Baudhāyana-Dharmasūtra*, livro 2, capítulo 5, verso 8; 4, 2, 5. A narrativa dos [hinos – N.R.T.] Taratsamandī = *Rigveda*, IX, 58.

452. "A energia e a reputação dos sábios são destruídas pelo fato de receberem" (aceitarem, tomarem). "Daqueles que não querem aceitar, guarda-te, ó rei" (*Anuśāsana-parva*, verso 2164 = leitura 35, verso 34).

453. *Gautama Dharmasūtra*, XVII, 19, 12 *et seq.*; *Āpastamba Dharmasūtra*, I, 17, 2. Fórmula da etiqueta da dádiva (Manu, VII, 86).

454. *Krodho hanti yaddānaṃ*. "A cólera mata a dádiva" (*Anuśāsana-parva*, verso 3648 = leitura 75, verso 16).

455. *Āpastamba Dharmasūtra*, II, 6, 19; cf. Manu, III, 5, 8, com interpretação teológica absurda: nesse caso, "come-se a falta de seu anfitrião". Essa interpretação se refere à interdição geral que as leis impuseram aos brâmanes de exercerem um de seus ofícios essenciais, que continuam a exercer, embora não o devessem: o de comedores de pecados. Em todo caso, isso quer dizer que nada de bom resulta da doação, para nenhum dos contratantes.

Toda sorte de precauções arcaicas são tomadas. Como é próprio dos literatos hindus, os códigos e a epopeia se estendem quanto ao tema de que dádivas, doadores e coisas dadas são termos que devem ser considerados relativamente[456], com precisões e escrúpulos, de modo que não haja falta alguma na forma de dar e de receber. Tudo segue uma etiqueta; não é como no mercado onde, objetivamente, obtém-se uma coisa por um preço. Nada é indiferente[457]. Contratos, alianças, transmissões de bens, vínculos criados por esses bens transmitidos entre personagens doadores e recebedores – essa moralidade econômica leva tudo isso em consideração. A natureza e a intenção dos contratantes e a natureza da coisa dada são indivisíveis[458]. O poeta jurista soube expressar perfeitamente o que queremos exprimir:

Há aqui apenas uma roda (girando em uma só direção)[459].

III - Direito germânico (a caução e a dádiva)

Embora as sociedades germânicas não tenham conservado traços tão antigos e tão completos[460] de sua teoria da dádiva, elas tiveram um sistema tão claro e tão desenvolvido de trocas sob a forma de dádivas, voluntária e obrigatoriamente dadas, recebidas e retribuídas, que há poucos assim tão típicos.

---

456. Renascemos no outro mundo com a natureza daqueles de quem aceitamos o alimento, ou daqueles cujo alimento temos no ventre, ou como o próprio alimento.

457. Toda a teoria é resumida em uma leitura que parece recente (*Anuśāsana-parva*, leitura 131, sob o título de *dānadharma* (verso 3 = 6278): "Quais dádivas, a quem, quando, por quem". Aqui estão belamente expostos os cinco motivos da dádiva: o dever, quando se dá aos brâmanes espontaneamente; o interesse ("ele me dá, ele me deu, ele me dará"); o temor ("não sou dele, ele não é meu, ele poderia fazer-me mal"); o amor ("ele me é caro, eu lhe sou caro" e "ele dá sem demora"); a piedade ("ele é pobre e se contenta com pouco"). Cf. tb. *Anuśāsana-parva*, leitura 37.

458. Caberia também estudar o ritual de purificação da coisa dada, mas que é também, evidentemente, um meio de separá-la do doador. Asperge-se água sobre ela, com a ajuda de um raminho de erva *kuśa* (para o alimento, cf. *Gautama Dharmasūtra*, V, 21, 18, 19; ***Āpastamba*** *Dharmasūtra*, II, 8, 9). Cf. a água que purifica da dívida em *Anuśāsana-parva* (leitura 69, verso 21) e comentários de Pratap (ad locum, p. 313).

459. *Anuśāsana-parva*, verso 5834 (cf., mais acima, a nota 429).

460. Os fatos são conhecidos por documentos muito tardios. A redação dos cantos do *Edda* é bem posterior à conversão dos escandinavos ao cristianismo. Mas, primeiro, a época da tradição pode ser muito diferente daquela da redação; segundo, mesmo a época da forma da tradição mais antigamente conhecida pode ser muito diferente daquela da instituição. Há aí dois princípios de crítica que o crítico não deve jamais perder de vista.

Neste caso, não há perigo algum em mobilizar esses fatos. Em primeiro lugar, uma parcela das dádivas que ocupam um lugar tão importante no direito que descrevemos são uma das primeiras instituições atestadas entre os germânicos. É o próprio Tácito que nos descreve duas delas: as dádivas desencadeadas por casamento e que retornam à família dos doadores (cf. *Germania*, XVIII, num breve capítulo ao qual retornaremos) e as dádivas nobres, sobretudo as do chefe ou feitas aos chefes (*Germania*, XV). Em segundo lugar, esses costumes deviam ser sólidos e ter espalhado fortes raízes por toda a alma germânica, visto que se conservaram por tanto tempo a ponto de ser possível encontrar tais vestígios.

Por muito tempo, a civilização germânica, também ela, não teve mercados[461]. Permaneceu essencialmente feudal e camponesa. Nela, não só a noção, mas também os termos preço de compra e de venda parecem ser de origem recente[462]. Mais antigamente, ela desenvolvera ao extremo todo o sistema do *potlatch*, mas sobretudo todo o sistema das dádivas. Na (imensa) medida em que as esferas fechadas do grupo familiar não eram o espaço em que viviam moral e economicamente os clãs das tribos e as grandes famílias indivisas dos clãs[463], as tribos entre si, os chefes entre si, e mesmo os reis entre si, era sob a forma da dádiva e da aliança e por meio de cauções [*gages*], garantes, banquetes e presentes tão grandes quanto possível que eles se comunicavam, se ajudavam e se aliavam. Vimos mais acima toda a litania dos presentes recebidos no *Hávamál*. Além dessa bela paisagem do *Edda*, indicaremos três fatos.

* * *

Um estudo aprofundado do rico vocabulário alemão de palavras derivadas de *geben* e *gaben* ainda não foi feito[464]. São extraordinariamente numerosas: *Ausgabe* [despesas ou edição], *Abgabe* [taxa ou entrega], *Angabe* [indicação ou declaração], *Hingabe* [devoção ou entrega], *Liebesgabe* [lit. presente de amor], *Morgengabe*, a tão curiosa *Trostgabe* (nosso prêmio de consolação), *vorgeben* [fingir ou declarar previamente], *vergeben* (dilapidar e perdoar), *widergeben* [reproduzir ou repassar] e *wiedergeben* [repetir ou reproduzir – N.R.T.]. O estudo de *Gift*, *Mitgift* [dote], etc. e o estudo das instituições designadas por essas palavras também não foram feitos[465]. Em compensação, todo o sistema de presentes, prendas, e

461. Cf. Schrader (1901, s.v. *Markt*, *Kauf*) e as referências por ele indicadas.

462. Sabe-se que a palavra *Kauf* [compra – N.R.T.] e todos os seus derivados vêm do latim *caupo*, mercador. A incerteza sobre o sentido das palavras *leihen, lehnen, lohn*, *bürgen*, *borgen* etc. é bem conhecida e atesta que seu emprego técnico é recente. [Sem que se esqueça a observação de Mauss a respeito do sentido incerto desses termos, os dicionários alemão-português costumam, no entanto, consignar os seguintes significados: *leihen*: emprestar; *lehnen*: emprestar ou se encostar; *lohn*: salário ou recompensa; *bürgen*: garantir ou fiançar, *borgen*: emprestar ou tomar emprestado – N.R.T.].

463. Não levantamos aqui a questão da *geschlossene Hauswirtschaft*, da economia fechada, de Bücher (1893). Trata-se, a nosso ver, de um problema mal colocado. Do momento em que houve dois clãs numa sociedade, eles necessariamente contrataram e trocaram entre si suas mulheres (exogamia) e seus ritos, ao mesmo tempo que seus bens, pelo menos em certas épocas do ano e em certas ocasiões da vida. No tempo restante, a família, geralmente muito restrita, vivia voltada para si. Mas nunca houve um tempo em que se vivesse só assim.

464. Cf. essas palavras no *Kluge*, e nos outros dicionários etimológicos de diferentes línguas germânicas. Cf. Von Amira sobre *Abgabe, Ausgabe, Morgengabe* [lit. presente matinal – N.R.T.] (*Handbuch* de Hermann Paul, 1890, páginas citadas no índice). [Não conseguimos encontrar mais informações sobre essa referência. Já sobre os termos acima, tenha-se novamente em mente que se trata de significados comumente dicionarizados – N.R.T.].

465. Os melhores trabalhos são ainda J. Grimm ("Schenken und Geben", 1865, vol. 2, p. 174) e Brunner, *Deutsche Rechtsbegriffe besch. Eigentum*. [Não foi possível obter mais detalhes dessa referência – N.R.T.]. Cf. ainda Grimm (1828, vol. 1, p. 246, cf. p. 297, sobre *Bete = Gabe*). A hipótese que

sua importância na tradição e no folclore, incluindo a obrigação de retribuir, foram admiravelmente descritos por Richard Meyer em um dos mais saborosos trabalhos de folclore que conhecemos[466]. Trata-se de uma breve referência, e retemos no momento apenas as finas observações a respeito da força do vínculo que obriga, o *Angebinde* [vínculo ou obrigação – N.R.T.] constituído pela troca, pela oferta, pelo aceite dessa oferta e pela obrigação de retribuir.

Há de resto uma instituição que persistiu até bem pouco tempo e que certamente ainda persiste na moral e no costume econômico das aldeias alemãs, e que tem uma importância extraordinária do ponto de vista econômico. Trata-se do *Gaben*[467], equivalente estrito do *ādānaṃ* hindu. Em batismos, comunhões, noivados e casamentos, os convidados (muitas vezes toda a aldeia), após o banquete de casamento, por exemplo, ou na véspera ou no dia seguinte (*Guldentag*), dão presentes de núpcias cujo valor geralmente ultrapassa em muito as despesas com as núpcias. Em certas regiões alemãs, esse *Gaben* constitui inclusive o dote da noiva, que lhe é entregue na manhã do matrimônio e que leva o nome de *Morgengabe*. Em certos lugares, a generosidade dessas dádivas é um penhor [*gage*] da fertilidade do jovem casal[468]. As relações estabelecidas nos noivados, as dádivas variadas feitas pelos padrinhos e madrinhas em diferentes momentos da vida, para qualificar e ajudar (*Helfete*) seus afilhados, são igualmente importantes. Reconhece-se o tema, que ainda é familiar a todos os nossos costumes, nossos contos, nossas lendas sobre o convite, sobre a maldição dos não convidados, sobre a benção e a generosidade dos convidados, sobretudo quando são fadas.

* * *

Uma segunda instituição tem a mesma origem. É a necessidade da caução [*gage*] em todos os tipos de contratos germânicos[469]. Mesmo a palavra francesa

---

teríamos passado da dádiva não condicionada a uma dádiva obrigatória não tem utilidade. Sempre houve duas espécies de dádiva, e sobretudo ambas sempre estiveram misturadas no direito germânico.

466. R. Meyer (1898, vol. 5, p. 18 *et seq.*).

467. Cf. E. Meyer (1898, p. 115, 168, 181, 188 etc.). Todos os manuais de folclore germânico (*Wuttke* etc.) podem ser consultados sobre a questão. [*Gaben*, estritamente falando, é a forma plural de *Gabe*, que pode ser traduzido como "dádiva", justamente – N.R.T.].

468. Aqui encontramos uma outra resposta à questão colocada por van Ossenbruggen (cf., mais acima, a nota 78. [É mais provável que essa remissão diga respeito à discussão presente na p. 29-30 [entre as notas 89 e 90] – N.R.T.]) sobre a natureza mágica e jurídica do "preço da noiva". Sobre esse tema, cf. a notável teoria das relações entre as diversas prestações feitas aos maridos e pelos maridos no Marrocos em Westermarck (1914, p. 361 *et seq.*) e as remissões internas ali indicadas.

469. No que segue, não confundimos as cauções [*gages*] com as arras, ainda que estas últimas, de origem semítica (como o nome indica em grego e em latim), fossem conhecidas tanto do direito germânico recente como dos nossos. Inclusive, em certos costumes, elas são confundidas com as antigas dádivas; o *Handgeld**, p. ex., é dito *Harren* em certos dialetos do Tirol. [**Handgeld* (lit. "dinheiro de mão"): adiantamento, a quantia de dinheiro paga inicialmente como garantia ou caução – N.R.T.].

gage vem daí, de *wadium* (cf. o inglês *wage*, salário). Huvelin[470] já mostrou que o *wadium* germânico[471] fornecia um meio de compreender o vínculo dos contratos e o aproximava do *nexum* romano. Com efeito, de acordo com a interpretação de Huvelin, a caução aceita permite aos contratantes do direito germânico agir um sobre o outro, pois um possui algo do outro, pois o outro, tendo sido proprietário da coisa, pode tê-la encantado, e porque muitas vezes a caução, dividida em duas, era guardada por cada um dos contratantes. Entretanto, a essa explicação é possível sobrepor outra, mais precisa. A sanção mágica pode intervir, mas ela não é o único vínculo. A própria coisa, dada e comprometida na caução, é, por sua virtude mesma, um vínculo. Para começar, a caução é obrigatória. No direito germânico, todo contrato, toda venda ou compra, empréstimo ou depósito, implica uma constituição de caução; dá-se ao outro contratante um objeto, em geral de pouco valor: uma luva, uma moeda (*Treugeld* [lit. dinheiro de lealdade – N.R.T.]), uma faca – entre nós, ainda hoje, alfinetes –, que serão devolvidos quando do pagamento da coisa entregue. Huvelin observa que a coisa é de pequeno valor e, em geral, pessoal; ele, com razão, aproxima esse fato do tema da "garantia [*gage*] de vida", do *life-token*[472]. A coisa assim transmitida está inteiramente carregada da individualidade do doador. O fato de que ela está nas mãos do donatário leva o contratante a executar o contrato, a se redimir ao resgatar a coisa. Assim, o *nexum* está nessa coisa e não somente nos atos mágicos, nem apenas nas formas solenes do contrato, nas palavras, nos juramentos e nos ritos recíprocos, no aperto de mãos; ele está neles assim como está nos escritos, nos "atos" de valor mágico, nas "porções" guardadas por cada uma das partes, nas refeições feitas em comum em que cada um participa da substância do outro.

Dois aspectos da *wadiatio* provam, aliás, essa força da coisa. Primeiro, a caução [*gage*] não apenas obriga e vincula, mas também compromete a honra[473], a autoridade, o *mana* daquele que a fornece[474]. Este permanece numa posição infe-

---

Também deixamos de mostrar a importância da noção de caução [*gage*] em matéria de casamento. Indicamos apenas que, nos dialetos germânicos, o "preço de compra" tem simultaneamente diversos nomes: *Pfand* [caução ou penhor], *Wetten* [aposta ou jogo; porém, em transações, pode se referir ao dinheiro ou bem colocado como garantia de uma aposta], *Trugge* [forma arcaica de caução] e *Ehethaler* [lit. táler (antiga moeda alemã de prata) de casamento – N.R.T.].

470. Huvelin (1907, p. 29 *et seq.*). Cf. Kovalewski (1893, p. 111 *et seq*).

471. Sobre o *wadium* germânico, consulte-se ainda Thévenin (1880, p. 72); Grimm (1828, vol. 1, p. 209-213); Von Amira (1882-1895); Von Amira, *Handbuch* de Hermann Paul, I, p. 254, 248. Sobre a *wadiatio*, cf. Davy (1909, p. 522 *et seq.*).

472. Huvelin (1907, p. 31).

473. Brissaud (1904, p. 1381).

474. Huvelin (1907, p. 31, n. 4) interpreta esse fato exclusivamente na chave da degeneração do rito mágico primitivo, que teria se tornado um simples tema de moralidade. Mas essa interpretação é parcial, desnecessária (cf., mais acima, a nota 244) e não exclui a que propomos.

rior até que se libere de seu compromisso-aposta. Pois a palavra *wette*, *wetten*[475], que o *wadium* das leis traduz, tem tanto o sentido de "aposta" quanto de "caução" [*gage*]. É mais imediatamente o prêmio de um concurso e a sanção de um desafio do que um meio de obrigar o devedor. Enquanto o contrato ainda estiver valendo, ele é o perdedor da aposta, digamos, o segundo na corrida, e assim ele perde mais do que ele comprometeu, mais do que ele terá de pagar; sem contar que se arrisca a perder o que recebeu e que o proprietário irá reivindicar enquanto a caução não tiver sido retirada. – O outro aspecto demonstra o perigo envolvido em receber a caução. Pois não é apenas aquele que dá que se compromete; aquele que recebe também se vincula. Tal como ocorre com o donatário trobriandês, ele desconfia da coisa dada. Assim como esta é lançada[476] aos pés daquele, quando se trata de uma *festuca notata*[477], carregada de caracteres rúnicos e de entalhes – quando se trata de uma porção que ele guarda ou não –, ela é recebida no chão ou no peito (*in laisum*), não na mão. Todo o ritual assume a forma do desafio e da desconfiança e exprime tanto um quanto a outra. Aliás, mesmo no inglês atual, *throw the gage* equivale a *throw the gauntlet*. É que a caução [*gage*], como a coisa dada, contém perigo para ambos os "co-respondentes".

* * *

E agora o terceiro fato. Sem dúvida, não há melhor lugar para se perceber o perigo representado pela coisa dada ou transmitida do que no direito muito antigo e nas línguas germânicas muito antigas. Isso explica o sentido duplo da palavra *gift* no conjunto dessas línguas: dádiva, de um lado, e veneno, de outro. Já estudamos a história semântica dessa palavra[478]. Esse tema da dádiva funesta, do presente ou do bem que se transforma em veneno é fundamental no folclore

475. Voltaremos a discutir o parentesco das palavras *wette*, *wedding*. A anfibologia da aposta e do contrato é marcada até mesmo em nossas línguas, p. ex.: *se défier* [desconfiar] e *defier* [desafiar].

476. Huvelin (1907, p. 36, n. 4).

477. Sobre a *festuca notata*, cf. Heusler (1885, vol. 1, p. 76 *et seq*.). Huvelin (1907, p. 33) parece-nos ter negligenciado o uso das porções.

478. Mauss (1924). Perguntaram-nos por que não examinamos a etimologia de *Gift*, tradução do latim *dosis*, que é transcrição do grego **δόσις**, dose, dose de veneno. Essa etimologia supõe que tanto o alto alemão quanto o baixo alemão teriam reservado um nome erudito para uma coisa de uso vulgar; o que não coaduna com a lei semântica habitual. De resto, seria necessário explicar ainda a escolha da palavra *Gift* para essa tradução e o tabu linguístico inverso que pesou sobre o sentido "*don*" dessa palavra em certas línguas germânicas. Enfim, o emprego latino e sobretudo grego da palavra *dosis* no sentido de veneno prova que, também entre os antigos, houve associações de ideias e regras morais do gênero das que descrevemos.

Aproximamos a incerteza do sentido de *gift* à do latim *venenum*, à de φίλτρου [*phíltrou*] e de *φάρμαχον* [*phármakhon*]; seria preciso acrescentar a aproximação de *venia*, *venus*, *venenum* a *vanati* (sânscrito: dar prazer, satisfazer) e a *gewinnen*, *win* (ganhar) (cf. Bréal, 1878, p. 410).

germânico. O ouro do Reno é fatal para seu conquistador; a taça de Hagen é fúnebre para o herói que bebe dela. Milhares de contos e romances desse gênero, germânicos e celtas, ainda assombram nossa sensibilidade. Citemos apenas a estrofe em que um herói da *Edda*[479], Hreidmar, responde à maldição de Loki:

> Deste presentes,
> Mas não deste presentes de amor,
> Não deste com um coração benevolente.
> Da vida, já serias despojado,
> Se eu conhecesse antes o perigo.

Direito celta

Outra família de sociedades indo-europeias certamente possui essas instituições: os povos celtas. Hubert e eu já começamos a provar essa afirmação[480].

Direito chinês

Por fim, uma grande civilização, a chinesa, conservou, desses tempos arcaicos, precisamente o princípio de direito que nos interessa: ela reconhece o vínculo indissolúvel de toda coisa com o proprietário original. Mesmo hoje, um indivíduo que vendeu um de seus bens[481], mesmo móvel, mantém por toda sua vida, em relação ao comprador, uma espécie de direito de "chorar seu bem". O

Devemos também corrigir um erro de citação. Aulo Gélio discorreu sobre essas palavras, mas não é ele quem cita Homero (*Odisseia*, livro IV, verso 226), mas Gaio, o próprio jurista, em seu livro sobre as *Doze Tábuas* (cf. *Digesta*, livro L, XVI, *De verb. sign.*, 236).

479. *Reginsmál*, 7. Os Deuses mataram Otr, filho de Hreidmar, e foram obrigados a se redimir cobrindo de ouro a pele de Otr. Mas o deus Loki amaldiçoou esse ouro, e Hreidmar o responde na estrofe citada. Devemos essa indicação a Maurice Cahen, que observa a respeito do verso 3: "com um coração benevolente" é a tradução clássica; *af heilom hug* significa na realidade "com uma disposição de espírito que traz sorte".

480. Encontraremos este trabalho, "Le suicide du chef Gaulois", comentando por Hubert em um próximo número da *Revue Celtique*. [Provável referência ao artigo de Hubert, "Le système des prestations totales dans les littératures celtiques", publicado na *Revue Celtique* 42 (1925) – N.R.T.].

481. O direito imobiliário chinês, tal como o direito germânico e o antigo direito francês, conhece tanto a venda com direito de reaquisição quanto os direitos dos parentes (num sentido amplo) de resgatar os bens imóveis vendidos que não deveriam ter saído da herança, o que é chamado de retirada de linhagem [*retrait lignager*; segundo o *Littré*, "ação facultada a um familiar do lado do vendedor de retomar, num prazo determinado e salvo reembolso, a herança vendida" – N.R.T.]. Cf. Hoang (1897, p. 8-9). Mas não se leva muito em consideração este fato: a venda definitiva da terra é algo muito recente na história humana, e na China em particular. No direito romano, e em seguida no direito germânico e no direito francês antigos, ela esteve cercada de tantas de restrições – provenientes do comunismo doméstico e do apego profundo da família à terra e da terra à família – que a prova seria muito fácil. Como a família é o lar e a terra, é normal que a terra escape ao direito e à economia do capital. De fato, as velhas e novas leis do *homestead* e as leis francesas mais recentes sobre o "bem de família inviolável" são uma persistência do estado antigo e um retorno a ele. Falamos, portanto, sobretudo dos bens móveis.

padre Hoang registrou modelos desses "bilhetes de lamento" que o vendedor entrega ao comprador[482]. É uma espécie de direito de sucessão [*droit de suite*] sobre a coisa, misturado a um direito de sucessão sobre a pessoa, e que acompanha e vincula o próprio vendedor mesmo muito tempo após a assimilação definitiva da coisa em outros patrimônios e após a execução de todos os termos do contrato "irrevogável". Pela coisa transmitida, mesmo que seja fungível, a aliança que foi contraída não é momentânea, e supõe-se haver uma perpétua dependência entre os contratantes.

Na moral anamita, aceitar um presente é perigoso.

Westermarck[483], que assinalou esse último fato, entreviu parte de sua importância.

482. Cf. Hoang (1897, p. 10, 109, 133). Devo a indicação desses fatos à gentileza de Mestre e de Granet, que aliás os constataram na China.

483. Westermarck (1906, vol. 1, p. 594). Westermarck percebeu que havia se deparado com um problema da mesma natureza que o tratado aqui, mas o considerou apenas do ponto de vista do direito da hospitalidade. Contudo, não se deve deixar de ler suas observações muito importantes sobre o costume marroquino do *'âr*, sacrifício que visa compelir (Westermarck, 1906, p. 586), e sobre o princípio "Deus e o alimento lhe pagarão" (expressões supreendentemente idênticas às do direito hindu) – cf. Westermarck (1914, p. 365; 1907, p. 373 *et seq.*).

4

Conclusão

I - Conclusões de moral

É possível estender essas observações às nossas sociedades.

Uma parte considerável de nossa moral e de nossa vida permanece nessa mesma atmosfera em que se mesclam a dádiva, a obrigação e a liberdade. Felizmente, ainda nem tudo se encontra classificado em termos de compra e venda. As coisas têm ainda um valor afetivo além de seu valor venal, se é que existem valores que sejam exclusivamente desse gênero. Nossa moral não se resume apenas a uma moral de mercadores. Existem entre nós pessoas e classes que ainda entretêm os costumes de outrora e quase todos nos submetemos a eles, ao menos em certas épocas do ano ou em determinadas ocasiões.

A dádiva não retribuída ainda torna inferior aquele que a aceita, sobretudo quando é recebida sem ânimo de devolução. Podemos, sem sair do domínio germânico, recordar o curioso ensaio de Emerson, "On gifts and presents"[484]. A caridade é ainda prejudicial para aquele que a aceita[485], e todo o esforço de nossa moral tende a suprimir a patronagem inconsciente e injuriosa do rico "esmolador".

O convite deve ser retribuído, assim como a "cortesia". Vemos, aqui, em ação o traço do velho fundo tradicional, o dos velhos *potlatch* aristocráticos; vemos também aflorar estes motivos fundamentais da atividade humana: a emulação entre indivíduos do mesmo sexo[486], esse "imperialismo basal" dos homens; fundo social de um lado, fundo animal e psicológico de outro, eis o que aparece. Nessa vida à parte que é a nossa vida social, não podemos "ficar em falta", como ainda se diz. É necessário retribuir mais do que se recebeu. A "rodada" é sempre maior e mais cara. Assim, uma certa família aldeã de nossa infância, em Lorraine, que levava de ordinário uma vida bem modesta, arruinava-se por seus hóspedes por ocasião de casamentos, comunhões, enterros ou dias santos. É preciso ser "gran-

484. Emerson (1884, capítulo 5). [O capítulo 5 tem como título simplesmente "Gifts" - N.R.T.].
485. Cf. *Alcorão Sagrado*, 2ª Surata, versículo 265; cf. Kohler (1901, vol. 1, p. 465).
486. W. James (1913, vol. 2, p. 409).

de senhor" nessas ocasiões. Pode-se mesmo dizer que uma parte de nosso povo assim se comporta constantemente e despende generosamente quando se trata de seus hóspedes, de suas festas e de seus "presentes de ano novo".

O convite deve ser feito e deve ser aceito. Ainda temos esse costume, mesmo em nossas associações liberais. Há não mais que cinquenta anos, ou talvez ainda mais recentemente, em certas partes da Alemanha e da França, toda a aldeia participava do banquete de casamento; a abstenção de alguém era um mau augúrio, um presságio e sinal de inveja, de "malefício". Na França, em vários locais, todos ainda participam da cerimônia. Na Provença, por ocasião do nascimento de um bebê, cada um ainda leva seu ovo e outros presentes simbólicos.

As coisas vendidas ainda têm uma alma, elas ainda seguem seus antigos proprietários e são seguidas por eles. Num vale dos Vosges, em Cornimont, certo costume era corrente até pouco tempo e talvez perdure ainda em certas famílias: para que os animais comprados esquecessem os antigos donos e não fossem tentados a voltar "para casa", fazia-se uma cruz sobre a travessa da porta do estábulo, guardava-se o cabresto do vendedor, e dava-se sal aos animais com a mão. Em Raon-aux-Bois, eram dadas aos animais, com a mão direita, torradas amanteigadas passadas três vezes sobre o fogareiro. Trata-se, é verdade, de gado grosso (bovinos, equinos, muares), que fazem parte da família, o estábulo sendo um prolongamento da casa. Mas muitos outros costumes franceses assinalam a necessidade de separar a coisa vendida do vendedor. Um exemplo: dar batidas na coisa vendida, dar com o chicote na ovelha negociada etc.[487]

* * *

Podemos mesmo dizer que toda uma parte do direito, direito dos industriais e dos comerciantes, encontra-se hoje em conflito com a moral. Os preconceitos econômicos do povo, dos produtores, provêm de sua firme vontade de seguir a coisa que produziram, bem como da aguda sensação de que seu trabalho é revendido sem que participem do lucro.

Atualmente, os velhos princípios reagem contra os rigores, as abstrações e as inumanidades de nossos códigos. Desse ponto de vista, pode-se dizer que toda uma parcela de nosso direito em gestação, e certos costumes mais recentes, consistem em voltar para trás. E essa reação contra a insensibilidade romana e saxônica de nosso regime é perfeitamente saudável e forte. Alguns novos princípios de direito e de costume podem ser interpretados assim.

487. Kruyt (1923) cita fatos dessa natureza nas Ilhas Celebes (p. 12 do extrato). Cf. Kruyt (1924, p. 299), rito da introdução do búfalo no estábulo; ritual da compra do cachorro, comprado membro a membro, uma parte do corpo após outra, e em cuja comida se cospe (Kruyt, 1924, p. 296); o gato não se vende sob hipótese alguma, mas se empresta etc. (Kruyt, 1924, p. 281).

Foi preciso um longo tempo para reconhecer a propriedade artística, literária e científica, para além do ato bruto da venda do manuscrito, da primeira máquina ou da obra de arte original. As sociedades não têm, com efeito, um interesse muito grande em reconhecer aos herdeiros de um autor ou de um inventor, esse benfeitor humano, mais que certos direitos sobre as coisas criadas pelo reivindicante; proclama-se prontamente que elas são o produto tanto do espírito coletivo quanto do espírito individual; todos desejam que caiam o mais rápido possível no domínio público ou na circulação geral das riquezas. Não obstante, o escândalo da sobrevalorização das pinturas, esculturas e objetos de arte, dos artistas ainda em vida e de seus herdeiros imediatos, inspirou uma lei francesa de setembro de 1923 a respeito das sobrevalorizações consecutivas nas vendas sucessivas de suas obras, que concede ao artista e a seus herdeiros um direito de sucessão [*droit de suite*][488].

Toda nossa legislação de previdência social, esse socialismo de Estado já palpável, inspira-se no seguinte princípio: o trabalhador tendo dado sua vida e seu trabalho à coletividade, de um lado, e a seus patrões, de outro, e tendo contribuído para a previdência social, se os beneficiários de seus serviços não estão quites em relação a ele com o pagamento do salário, o próprio Estado, representando a comunidade, e em conjunto com seus patrões, deve-lhe uma certa seguridade em face do desemprego, da doença, da velhice e da morte.

Mesmo costumes recentes e engenhosos, como as caixas de assistência familiar desenvolvidas livre e vigorosamente por industriais franceses em favor de operários com encargos familiares, respondem espontaneamente a essa necessidade de vincular os indivíduos, de levar em conta seus encargos e os graus de interesse material e moral que estes representam[489]. Associações análogas funcionam na Alemanha e na Bélgica com sucesso. Na Grã-Bretanha, nesta época de longo e terrível desemprego que afeta milhões de operários, desenha-se todo um movimento em favor de garantias contra o desemprego que seriam obrigatórias e organizadas por associações profissionais. As cidades e o Estado estão cansados de sustentar essas imensas despesas, esses pagamentos aos desempregados, cuja causa provém apenas das indústrias e das condições gerais do mercado. Assim, economistas destacados, capitães de indústria (Mr. Pybus, sir Lynden Macassey),

---

488. Essa lei não é inspirada no princípio da ilegitimidade dos benefícios feitos pelos detentores sucessivos. Ela é pouco aplicada.

É bem interessante estudar a partir desse mesmo ponto de vista a legislação soviética sobre a propriedade literária e suas variações. Inicialmente, tudo foi nacionalizado; mas depois percebeu-se que isso só prejudicava o artista vivo e que não se criava recursos suficientes para o monopólio nacional da edição. Os direitos dos autores foram então restabelecidos, inclusive para os clássicos mais antigos, os de domínio público, os de antes das leis insatisfatórias que, na Rússia, protegiam os escritores. Diz-se hoje que os sovietes adotaram uma lei de tipo moderno. Na realidade, como nossa moral, os sovietes hesitam em relação a esses temas e não sabem bem por qual direito optar, se o direito da pessoa ou o direito sobre as coisas.

489. Pirou já fez observações do gênero.

agem para que as próprias empresas organizem essas caixas de desemprego por associações profissionais, para que elas mesmas façam esses sacrifícios. Eles gostariam, em suma, que o custo da seguridade dos trabalhadores, da defesa contra a falta de trabalho, fizesse parte dos custos gerais de cada indústria em particular.

Em nossa opinião, toda essa moral e essa legislação correspondem não a um problema, mas a um retorno ao direito[490]. De um lado, vemos surgir e entrar nos fatos a moral profissional e o direito corporativo. Essas caixas de compensação, essas sociedades mútuas, que os grupos industriais formam em favor dessa ou daquela obra corporativa, não estão marcadas por nenhum vício aos olhos de uma moral pura, exceto por um aspecto: sua gestão puramente patronal. De resto, são grupos que atuam: o Estado, as comunas, os estabelecimentos públicos de assistência, as caixas de aposentadoria, de poupança, as cooperativas, as sociedades patronais, os assalariados – todos estão associados, por exemplo, na legislação social da Alemanha, da Alsácia-Lorena e logo mais também na previdência social francesa. Retornamos, portanto, a uma moral de grupos.

Em contrapartida, o Estado e seus subgrupos querem cuidar de indivíduos. A sociedade quer reencontrar a célula social. Ela procura e protege o indivíduo, num curioso estado de espírito, em que se misturam o sentimento que ele tem de seus direitos e outros sentimentos mais puros, como caridade, "serviço social", solidariedade. Os temas da dádiva, da liberdade e da obrigação na dádiva, o da liberalidade e o do interesse que se tem em dar retornam a nós como reaparece um motivo dominante há muito esquecido.

* * *

Mas não basta constatar o fato; é necessário deduzir dele uma prática, um preceito de moral. Não basta dizer que o direito está em via de se desembaraçar de certas abstrações – a distinção do direito real e do direito pessoal –, e que está em via de acrescentar outros direitos ao direito bruto da venda e do pagamento de serviços. Deve-se dizer que essa revolução é boa.

Em primeiro lugar, retornamos, como se deve, aos costumes do "dispêndio nobre". É preciso – como acontece entre os anglo-saxões e em várias outras sociedades atuais, sejam selvagens ou altamente civilizadas – que os ricos voltem a se considerar, de modo livre e também obrigatório, como espécies de tesoureiros de

490. Não é preciso dizer que não preconizamos aqui qualquer destruição. Os princípios de direito que presidem ao mercado, à compra e à venda – que são a condição indispensável da formação do capital –, devem e podem subsistir ao lado de princípios novos e de princípios mais antigos.

Todavia, o moralista e o legislador não devem se deixar deter por supostos princípios de direito natural. Deve-se considerar, p. ex., a distinção entre o direito real e o direito pessoal como apenas uma abstração, um extrato teórico de alguns de nossos direitos. Convém deixá-la subsistir, mas num plano à parte.

seus concidadãos. As civilizações antigas – das quais provêm as nossas – tinham, umas, o jubileu, outras, as liturgias, coregias e triunviratos, as sissítias (refeições em comum), as despesas obrigatórias do edil e dos dignitários consulares. Temos de remontar a leis desse gênero. Em segundo lugar, é necessário mais cuidado com o indivíduo, com sua vida, com sua saúde, com sua educação – coisa rentável, aliás –, com sua família e com o futuro desta. É preciso haver mais boa-fé, sensibilidade, generosidade nos contratos de aluguel de serviços, de locação de imóveis, de venda de gêneros alimentícios essenciais. E será preciso encontrar o meio de limitar os frutos da especulação e da usura.

Mas é preciso que o indivíduo trabalhe. É preciso que seja forçado a contar consigo mais do que com os outros. Por outro lado, ele deve defender seus interesses, pessoalmente e em grupo. O excesso de generosidade e o comunismo seriam tão nocivos a ele e à sociedade quanto o egoísmo de nossos contemporâneos e o individualismo de nossas leis. No *Mahābhārata*, um gênio maléfico da floresta explica a um brâmane que dava em excesso e de forma mal direcionada: "Eis por que és magro e pálido". Deve-se evitar tanto a vida de monge quanto a de um Shylock. Essa nova moral consistirá, certamente, numa boa e ponderada mistura de realidade e ideal.

Nesse sentido, podemos e devemos voltar ao arcaico, ao elementar; reencontraremos motivos de vida e de ação que diversas sociedades e classes ainda conhecem: a alegria de dar em público; o prazer do dispêndio artístico generoso; o da hospitalidade e o da festa privada e pública. A seguridade social, a solicitude da mutualidade, da cooperação, aquela do grupo profissional, de todas essas pessoas morais que o direito inglês confere o nome de *Friendly Societies*, valem mais que a simples seguridade pessoal que o nobre garantia a seu arrendatário, mais que a vida pobre que o salário diário estipulado pelo patrão propicia, e até mais que a poupança capitalista – fundada apenas em um crédito variável.

É possível até conceber o que seria uma sociedade em que reinassem princípios semelhantes. Nas profissões liberais de nossas grandes nações já funcionam, em certa medida, uma moral e uma economia desse gênero. Nelas, a honra, o desprendimento, a solidariedade das associações corporativas não são palavras vãs, nem contrárias às necessidades do trabalho. Humanizemos igualmente os outros grupos profissionais e aperfeiçoemos ainda mais aquelas. Será um grande progresso, preconizado em diversas ocasiões por Durkheim.

* * *

Com isso, retornaremos, a nosso ver, ao fundamento constante do direito, ao princípio mesmo da vida social normal. É de bom aviso desejar que o cidadão não seja nem muito bom e subjetivo demais, nem muito insensível e realista em excesso. Convém que ele tenha um senso agudo de si mesmo, mas também dos outros, da realidade social (e haveria nessas coisas de moral outra realidade?). É preciso que ele aja levando em consideração esse senso de si, os subgrupos e a sociedade. Essa moral é eterna; é comum às sociedades mais evoluídas, àquelas do futuro próximo e às sociedades menos elevadas que possamos imaginar. Tocamos a rocha fundamental. Nem mesmo falamos mais em termos de direito; falamos de homens e de grupos de homens, pois são eles, é a sociedade, são os sentimentos de homens de carne, osso e espírito que agem o tempo todo e em toda parte.

* * *

Demonstremos isso. O sistema que propomos chamar o sistema de prestações totais, de clã a clã – aquele no qual indivíduos e grupos trocam tudo entre si – constitui o mais antigo sistema de economia e de direito que se pode constatar e conceber. Forma o fundo sobre o qual a moral é decalcada da dádiva-troca. Ora, guardadas as proporções, gostaríamos de ver nossas sociedades dirigirem-se justamente para esse tipo de sistema. Para tornar compreensíveis essas fases remotas do direito, examinemos dois exemplos emprestados de sociedades extremamente diversas.

Num *corroboree* (dança dramática pública) de Pine Mountain[491] (região centro-oriental de Queensland), cada indivíduo entra, um de cada vez, no lugar consagrado, portando seu propulsor de lança em uma das mãos e conservando a outra nas costas; ele arremessa sua arma num círculo no outro extremo do terreiro de dança, dizendo em voz alta o lugar de onde vem. Por exemplo: "Kunyan é minha região"[492]; ele para por um tempo suficiente para que seus amigos "coloquem um presente" – uma lança, um bumerangue ou outra arma – na mão que está para trás. "Um bom guerreiro pode, assim, receber mais do que sua mão pode reter, sobretudo se tem filhas por casar"[493].

Na tribo dos Winnebago (tribo sioux), os chefes de clãs dirigem a seus confrades[494], chefes de outros clãs, discursos muito característicos, modelos dessa etiqueta[495] difundida em todas as civilizações dos índios da América do Norte. Por ocasião da festa do clã, cada clã cozinha alimentos e prepara tabaco para os

491. Roth (1902, p. 23, n. 28).

492. Esse anúncio do nome do clã que chega é um costume muito geral em todo o leste australiano e está vinculado ao sistema da honra e da virtude do nome.

493. Fato notável que permite pensar, portanto, que compromissos matrimoniais são contraídos por meio da troca de presentes.

494. Radin (1923, p. 320 *et seq.*).

495. Cf. artigo "Etiquette" de A. Fletcher (1906, p. 442-443).

representantes dos outros clãs. E eis aqui, por exemplo, fragmentos do discurso do chefe do clã das Serpentes[496]:

> Eu vos saúdo. Bem..., o que de diferente eu posso dizer? Sou um pobre homem sem valor e vós vos lembrastes de mim. Certo..., pensastes nos espíritos e viestes sentar comigo... Vossos pratos logo estarão servidos; volto então a vos saudar, a vós, homens que ocupais o lugar dos espíritos etc.

E após cada chefe ter terminado a refeição e as oferendas de tabaco terem sido feitas no fogo, a fórmula final expõe o efeito moral da festa e de todas as suas prestações:

> Eu vos agradeço ter vindo ocupar este assento, eu vos sou grato. Vós me encorajastes [...]. As bênçãos de vossos avós (que tiveram revelações e que encarnais), são iguais às dos espíritos. É bom que tenhais participado de minha festa. Isso deve ser feito, como nossos ancestrais disseram: "Vossa vida é frágil e só podeis ser fortalecidos pelo conselho dos bravos". Vós me aconselhastes [...], isso é a vida para mim.

Assim, de um extremo ao outro da evolução humana, não há duas sabedorias. Adotemos, portanto, como princípio de nossa vida, o que sempre foi e sempre será um princípio de ação: sair de si, dar, livre e obrigatoriamente; não há risco de errar. Um belo provérbio maori diz:

> Ko Maru kai atu
> Ko Maru kai mai
> ka ngohe ngohe.

"Dá tanto quanto tomas e tudo estará muito bem"[497].

II – Conclusões de sociologia econômica e de economia política

Esses fatos não esclarecem somente nossa moral e não ajudam apenas a dirigir nosso ideal; de seu ponto de vista, podemos analisar os fatos econômicos mais gerais, e essa análise ajuda inclusive a entrever melhores procedimentos de gestão aplicáveis a nossas sociedades.

Em diversas ocasiões, vimos o quanto a economia da troca-dádiva não cabia nos quadros da economia dita natural, do utilitarismo. Esses fenômenos tão im-

496. Radin (1923, p. 326). Excepcionalmente, dois dos chefes convidados são membros do clã da Serpente. Podemos comparar os discursos de uma festa funerária (tabaco) que se superpõem com precisão (Swanton, 1909, p. 372 – Tlingit).

497. Rev. Taylor (1855, p. 130, prov. 42), numa tradução muito sumária: "*give as well as take and all will be right*". A tradução literal, no entanto, é provavelmente a seguinte: "Maru dá tanto quanto Maru recebe, e isso é certo, certo" (Maru é o deus da guerra e da justiça).

portantes da vida econômica de todos esses povos – todos, deixemos claro, bons representantes da grande civilização neolítica –, e todas as importantes sobrevivências dessas tradições nas sociedades próximas das nossas ou nos costumes das nossas, escapam aos esquemas comumente propostos pelos raros economistas que quiseram comparar as diversas economias conhecidas[498]. Acrescentemos, portanto, nossas observações repetidas às de Malinowski, que consagrou um trabalho inteiro a "descartar" as doutrinas correntes sobre a economia "primitiva"[499].

Observa-se aqui uma cadeia de fatos muito sólida: a noção de valor funciona nessas sociedades; excedentes enormes, em termos absolutos, são acumulados; são dispendidos, muitas vezes inutilmente, com um luxo comparativamente enorme[500] e que nada tem de mercantil; há signos de riqueza, espécies de moedas[501], que são trocadas. Mas toda essa economia muito rica está ainda repleta de elementos religiosos: a moeda tem ainda seu poder mágico e está ainda ligada ao clã ou ao indivíduo[502]; as diversas atividades econômicas, como o mercado, estão impregnadas de ritos e de mitos; elas conservam um caráter cerimonial, obrigatório, eficaz[503]; estão carregadas de ritos e de direitos. Desse ponto de vista, respondemos já à questão que Durkheim colocava a propósito da origem religiosa da noção de valor econômico[504]. Esses fatos respondem também a uma série de questões concernentes às formas e razões do que muito erroneamente chamamos a troca, o "escambo", a *permutatio*[505] de coisas úteis, que uma economia histórica *a priori* coloca na origem da divisão do trabalho, na esteira dos prudentes latinos,

---

498. Bücher (1893, p. 73) percebeu esses fenômenos econômicos, mas subestimou sua importância, reduzindo-os à hospitalidade.

499. Malinowski (1922, p. 167 [p. 254] *et seq.*); Malinowski (1921). Cf. o prefácio de J. G. Frazer a Malinowski (1922).

500. Um dos casos extremos que podemos citar é o do sacrifício de cães entre os Chukchee (cf., mais acima, a nota 72). Os proprietários dos mais belos canis massacram toda a sua equipe de trenó e são obrigados a recomprá-la.

501. Cf., mais acima, p. 77 [nota 334] etc.

502. Cf., mais acima, as notas 99 e 331.

503. Malinowski (1922, p. 95 [p. 165]; cf. Frazer, 1922, prefácio a *Argonautas do Pacífico Ocidental*).

504. Durkheim (1912, p. 598, n. 2) [p. 608, n. 4 (ed. Martins Fontes) – N.R.T.].

505. *Digesta*, livro XVIII, I. *De contrahenda emptione*... (1). Paulo nos explica o grande debate entre prudentes romanos para saber se a *permutatio* era uma venda. Toda a passagem é interessante, mesmo o erro que o sábio jurista comete em sua interpretação do livro VII (versos 472-475) da *Ilíada* de Homero: ***οἰνίοντο*** quer dizer comprar, mas as moedas gregas eram o bronze, o ferro, as peles, as próprias vacas e os escravos, todos com valores determinados. [O verso 472 registra οἰνίζοντο: **"ἔνθεν οἰνίζοντο κάρη κομόωντες Ἀχαιοί". Na tradução de Odorico Mendes: "O exército comprava [as mil medidas de vinho] a bronze, a ferro [...]". Cf. tb. a tradução de Frederico Lourenço da estofe inteira: "Foi lá que compraram vinho os Aqueus de longos cabelos, uns por bronze, outros por ferro reluzente, outros por couros, outros pelas próprias vacas, outros por escravos. Fizeram um abundante festim."** – N.R.T.].

eles próprios em linha com Aristóteles[506]. O que circula nessas sociedades tão diversas, em sua maioria já muito esclarecidas, é algo bem diferente do útil. Os clãs, as gerações e, geralmente, os sexos – devido às múltiplas relações facultadas pelos contatos – estão num estado de perpétua efervescência econômica, e essa agitação é muito pouco mundana; é bem menos prosaica do que nossas vendas e compras, que nossas locações de serviço ou que nossas especulações nas bolsas de valores.

* * *

Contudo, pode-se ir ainda mais longe do que fomos até aqui. Pode-se dissolver, misturar, colorir e definir de outra forma as noções principais que mobilizamos. Os próprios termos que empregamos – presente, regalo, dádiva – não são completamente exatos. Não encontramos outros, eis tudo. Estes conceitos de direito e de economia que nos comprazemos em colocar em oposição, liberdade versus obrigação; liberalidade, generosidade, luxo versus poupança, lucro, utilidade, convém levá-los novamente ao crisol. Podemos dar apenas indicações sobre esse tema: escolhamos, por exemplo[507], as Ilhas Trobriand. É ainda uma noção complexa que inspira todos os atos econômicos que descrevemos; e essa noção não é a da prestação puramente livre e puramente gratuita, nem a da produção e da troca puramente interessadas de coisas úteis. Desponta ali uma espécie de híbrido.

Malinowski esforçou-se seriamente[508] para classificar, do ponto de vista dos motivos, do interesse e do desprendimento, todas as transações que constata entre seus trobriandeses; ele as situou entre a dádiva pura e o escambo puro subsequente ao regateio[509]. Essa classificação é, no fundo, inaplicável. Nesse sentido, segundo Malinowski, o tipo de dádiva pura seria a dádiva entre esposos[510]. Ora, a nosso ver, um dos fatos mais importantes assinalados por Malinowski e que lança uma luz irradiante sobre todas as relações sexuais de toda a humanidade é justamente aproximar o *mapula*[511], o pagamento "constante" do homem à sua mulher, de uma espécie de salário pelo serviço sexual prestado[512]. Do mesmo modo, os

506. Aristóteles, *Política*, livro I, 1257a, 10 *et seq.*; observar a palavra μεταδόσις, livro I, 1257a, 25 [μεταδόσεις ocorre em 1257a, 24 e significa "partilhar", "compartilhar" – N.R.T.].

507. Podemos muito bem escolher a *sadaqa* árabe; esmola, preço da noiva, justiça, imposto. Cf., mais acima, p. 29 [entre notas 83-88].

508. Malinowski (1922, p. 177 [p. 266]).

509. É impressionante que nesse caso não havia venda, pois não havia troca de *vaygu'a*, de moedas. O máximo de economia alcançado pelos trobriandeses não chega, portanto, ao uso da moeda na própria troca.

510. *Pure gift*, Malinowski (1922, p. 177-180 [p. 266-269]).

511. Malinowski (1922, p. 179 [p. 268]).

512. O termo se aplica ao pagamento da espécie de prostituição lícita das garotas não casadas; cf. Malinowski (1922, p. 18[2] [p. 272]).

presentes dados ao chefe são tributos; as distribuições de alimentos (*sagali*) são indenizações de trabalhos, de ritos realizados, em caso de vigília funerária, por exemplo[513]. No fundo, assim como as dádivas não são livres, elas não são realmente desinteressadas. Em sua maioria, são já contraprestações, contraprestações essas feitas em vista não apenas de pagar serviços e coisas, mas também de manter uma aliança proveitosa[514] e que sequer pode ser recusada – como, por exemplo, a aliança entre tribos de pescadores[515] e de agricultores ou de oleiros. Ora, esse fato é geral, e o encontramos, por exemplo, em territórios maori, tsimshian[516] etc. Vê-se, portanto, onde reside essa força a um só tempo mística e prática que solda os clãs e simultaneamente os divide; que divide seu trabalho ao mesmo tempo que os obriga à troca. Mesmo nessas sociedades, o indivíduo e o grupo, ou melhor, o subgrupo, sempre sentiram o direito soberano de recusar o contrato: é o que confere um aspecto de generosidade a essa circulação de bens; mas, por outro lado, no que diz respeito a essa recusa, eles normalmente não tinham nem direito, nem interesse; e é isso que, apesar de tudo, torna essas sociedades distantes parentes das nossas.

O emprego da moeda poderia sugerir outras reflexões. Os *vaygu'a* (braceletes e colares) dos trobriandeses, assim como os cobres do noroeste americano e os *wampun* iroquês, são a um só tempo riquezas, signos[517] de riqueza, meios de troca e de pagamento e coisas que devem ser dadas ou mesmo destruídas. No entanto, eles são ainda cauções [*gages*] ligadas às pessoas que os empregam, e essas cauções as conectam. Mas como, por outro lado, eles servem já como signos monetários, tem-se interesse em dá-los para poder possuir outros novamente, transformando-os em mercadorias ou em serviços que se transformarão de novo em moedas. Pode-se dizer que o chefe trobriandês ou tsimshian procede, guardadas todas as distâncias, como o capitalista que sabe dispor de seu dinheiro [*monnaie*] no momento adequado, para depois reconstituir seu capital móvel. Interesse e desprendimento também

513. Cf., mais acima, a nota 188. A palavra *sagali* (cf. *hakari*) quer dizer distribuição.

514. Cf., mais acima, a nota 194 etc.; em particular a dádiva do *urigubu* ao cunhado: produtos de colheita em troca de trabalho.

515. Cf., mais acima, a nota 185 (*wasi*).

516. Maori, cf., mais acima, a nota 423. A divisão do trabalho (e a forma pela qual funciona na festa entre clãs tsimshian), é admiravelmente descrita em um mito de *potlatch* (Boas, 1916, p. 274-275; cf. p. 378). Exemplos desse gênero poderiam ser multiplicados indefinidamente. Essas instituições econômicas existem, com efeito, mesmo nas sociedades infinitamente menos evoluídas. Cf., p. ex., na Austrália, a notável posição de um grupo local possuidor de uma jazida de ocre vermelho (Aiston; Horne, 1924, p. 81, 130).

517. Cf., mais acima, a nota 128. A equivalência nas línguas germânicas das palavras *token* e *Zeichen* para designar a moeda em geral guarda o traço dessas instituições: o signo que é a moeda, o signo que ela porta e a caução [*gage*] que ela é são uma e a mesma coisa – como a assinatura de um homem é ainda o que compromete sua responsabilidade.

explicam tanto essa forma da circulação de riquezas quanto a forma da circulação arcaica dos signos de riqueza que as acompanham.

Mesmo a pura destruição de riquezas não corresponde ao completo desapego que se acreditava encontrar ali. Nem mesmo esses atos de grandeza estão isentos de egoísmo. A forma puramente suntuária – quase sempre exagerada, muitas vezes puramente destrutiva – do consumo, em que bens consideráveis e há muito acumulados são dados de uma só vez ou mesmo destruídos, sobretudo em caso de *potlatch*[518], confere um ar de puro gasto dispendioso, de prodigalidade pueril, a essas instituições. Com efeito, e de fato, não apenas se faz desaparecer coisas úteis, ricos alimentos consumidos de modo excessivo, mas inclusive se destrói pelo prazer de destruir, como ocorre com os cobres, as moedas que os chefes tsimshian, tlingit e haïda lançam n'água e que são despedaçados pelos chefes kwakiutl e os de suas tribos aliadas. Mas o motivo dessas dádivas e desses consumos delirantes, dessas perdas e dessas destruições desvairadas de riquezas, não é de modo algum desinteressado, sobretudo nas sociedades de *potlatch*. Por essas dádivas, estabelece-se a hierarquia entre chefes e vassalos, e entre vassalos e seus subordinados. Dar é manifestar sua superioridade, é ser mais, mais elevado, *magister*; aceitar sem retribuir, ou sem retribuir mais, é subordinar-se, tornar-se cliente e servidor, apequenar-se, rebaixar-se (*minister*).

O ritual mágico do *kula* chamado *mwasila*[519] está repleto de fórmulas e de símbolos que demonstram que o futuro contratante busca, antes de mais nada, este proveito: a superioridade social e, poderíamos dizer, bruta. Assim, após ter encantado a noz de bétel de que ele e seus parceiros se servirão, após ter encantado o chefe, seus companheiros, seus porcos, seus colares, e depois a cabeça e sua "aberturas", os *pari*, as dádivas de abertura e tudo mais que lhe trazem, após ter encantado tudo isso, o mágico canta, não sem exagero[520]:

> Eu derrubo a montanha, a montanha se move, desaba [etc.]. Meu encanto vai ao cume do Monte Dobu [...]. Minha canoa vai afundar [...]. Minha fama é como trovão; meu passo é como o zunido, *tudududu*, das bruxas voadoras.

518. Cf. Davy (1922, p. 344 *et seq.*); Davy (e Moret, 1923; Davy, 1924) só exagerou a importância desses fatos. O *potlatch* é útil para estabelecer a hierarquia, como muitas vezes o faz, mas ele não é absolutamente necessário. Assim, as sociedades africanas, nigricianas ou bantu, ou não têm o *potlatch*, ou não o desenvolveram muito, ou talvez o tenham perdido – e elas contam com todas as formas de organização política possíveis.

519. Malinowski (1922, p. 199-201 [p. 291-294]; cf. p. 203 [p. 295-296]).

520. Malinowski (1922, p. 199 [p. 291]). A palavra "montanha" designa, nessa poesia, as ilhas Entrecasteaux. A canoa afundará com o peso das mercadorias trazidas do *kula*. Cf. outra fórmula (Malinowski, 1922, p. 200 [p. 292]), texto com comentários (p. 441 [p. 573-574]); cf. o impressionante jogo de palavras com "espumar" (p. 441-442 [p. 573-574]); cf. a fórmula na p. 205 [p. 298]. Cf., mais acima, a nota 355.

Ser o primeiro, o mais belo, o mais afortunado, o mais forte e o mais rico, eis o que se busca e como se o obtém. Mais tarde, o chefe confirma seu *mana* ao redistribuir a seus vassalos e parentes o que acaba de receber; ele mantém sua posição entre os chefes retribuindo braceletes por colares, hospitalidade por visitas, e assim por diante. Nesse caso, a riqueza é, sob todos os aspectos, tanto um meio de prestígio quanto uma coisa útil. Mas estamos certos de que isso seria diferente entre nós e de que mesmo para nós a riqueza não seria antes o meio de comandar os homens?

* * *

Submetamos agora à prova de fogo a outra noção que acabamos de opor à de dádiva e de desprendimento: a noção de interesse, de busca individual do útil. Também ela não se apresenta tal como funciona entre nós. Se algum motivo equivalente anima os clãs trobriandeses ou americanos, os clãs andamaneses etc., ou animava outrora os generosos hindus, os nobres germânicos e celtas em suas dádivas e gastos, não é a fria razão do mercador, do banqueiro e do capitalista. Nessas civilizações, as pessoas têm interesses, mas de um modo diferente do que em nossa época. Entesoura-se, mas para despender, para "obrigar", para ter "servos". Por outro lado, troca-se, mas sobretudo coisas de luxo, ornamentos, vestimentas ou coisas imediatamente consumidas, banquetes. Retribui-se com usura, mas para humilhar o primeiro doador ou parceiro de troca e não apenas para recompensá-lo da perda causada por um "consumo diferido". Há interesse, mas esse interesse é apenas análogo ao que, aparentemente, nos guia.

Entre a economia relativamente amorfa e desinteressada, no interior dos subgrupos, que regula a vida dos clãs australianos ou americanos (pradarias e leste da América do norte), por um lado, e, de outro, a economia individual e do puro interesse que nossas sociedades conheceram ao menos em parte desde que foi descoberta pelas populações semíticas e gregas; entre esses dois tipos se estende uma série imensa de instituições e eventos econômicos, série essa não governada pelo racionalismo econômico, objeto de tantas teorias.

A própria palavra "interesse" é recente, de origem técnica contábil: do latim *interest*, que se escrevia em livros contábeis em referência a rendas a receber. Nas morais antigas mais epicurianas, é o bem e o prazer que se busca, não a utilidade material. Foi preciso a vitória do racionalismo e do mercantilismo para que as noções de lucro e de indivíduo entrassem em vigor e se elevassem ao *status* de princípios. Quase se pode datar – depois de Mandeville (*Fábula das abelhas*) – o triunfo da noção de interesse individual. Só se pode traduzir esses últimos termos para o latim, para o grego ou para o árabe a duras penas e por perífrase. Mesmo aqueles que escreveram em sânscrito clássico, que empregaram a palavra *artha*, muito próxima de nossa ideia de interesse, tinham uma concepção de interesse, e de outras categorias da ação, diferente da nossa. Os livros sagrados da Índia clássica já dividiam as atividades humanas entre a lei (*dharma*), o interesse (*artha*) e o desejo (*kāma*). Mas é antes do interesse político que se trata: o do rei e dos brâmanes, dos ministros, do reino e de cada casta. A considerável literatura dos *Nītiśāstra* não trata de economia.

Foram nossas sociedades ocidentais que, muito recentemente, fizeram do homem um "animal econômico". Mas ainda não somos todos seres desse gênero. Em nossas massas e em nossas elites, o dispêndio puro e irracional é prática corrente; ele é ainda característico de uns poucos fósseis de nossa nobreza. O *homo œconomicus* não está atrás, está diante de nós, assim como o homem da moral e do dever e o homem da ciência e da razão. O homem foi, por muito tempo, outra coisa; e não faz muito que é uma máquina, complicada por uma máquina de calcular.

Aliás, felizmente ainda estamos distantes desse cálculo utilitário constante e glacial. Que se analise de forma aprofundada, estatística, como fez Halbwachs das classes trabalhadoras, o que é consumo, o que é gasto, para nós ocidentais das classes médias. Quantas necessidades satisfazemos? E quantas tendências satisfazemos que não tenham por objetivo último a utilidade? E o homem rico, quanto destina, quanto pode destinar de sua receita para sua utilidade pessoal? Suas despesas com luxo, com a arte, com extravagâncias e empregados não o assemelham aos nobres de outrora ou aos chefes bárbaros cujos costumes temos descrito?

É bom que seja assim? Essa é uma outra questão. Convém talvez haver outros meios de despender e de trocar que não o puro dispêndio. Entretanto, a nosso ver, não é no cálculo das necessidades individuais que encontraremos o método da melhor economia. Devemos, creio, mesmo quando desejamos aumentar nossa própria riqueza, ser algo mais que puros financistas e nos tornar melhores contabilistas e administradores. A busca bruta pelos fins individuais é nociva aos fins e à paz do conjunto, ao ritmo de seu trabalho e de suas alegrias e – por efeito de retorno – ao próprio indivíduo.

Como vimos, segmentos importantes e associações de nossas próprias empresas capitalistas buscam, em grupos, reunir seus empregados em grupos. Por outro lado, todos os agrupamentos sindicais, tanto de patrões quanto de assalariados, pretendem defender e representar o interesse geral com tanto fervor quanto o interesse particular de seus membros ou mesmo de suas corporações profissionais. É verdade que esses belos discursos são adornados com muitas metáforas. Contudo, deve-se constatar que não apenas a moral e a filosofia, mas também a opinião pública e a própria arte econômica começam a se elevar a esse nível "social". Só se pode fazer trabalhar bem homens seguros de serem lealmente pagos durante a vida toda pelo trabalho que executaram lealmente a um só tempo para outrem e para si. O produtor transator sente novamente – como sempre sentiu, mas desta vez de maneira aguda – que troca mais do que um produto ou um tempo de trabalho –, ele sente que dá algo de si, seu tempo, sua vida. Quer, portanto, ser recompensado, mesmo com moderação, por essa dádiva. Negar-lhe essa recompensa é incitá-lo à preguiça e ao menor rendimento.

Talvez possamos indicar uma conclusão ao mesmo tempo sociológica e prática. A famosa 64ª Surata, "A decepção mútua" (Juízo Final), dada a Maomé em Meca, diz de Deus:

> 15. Vossas riquezas e filhos são vossa tentação, enquanto Deus vos guarda uma recompensa magnífica.
> 16. Temei a Deus com todas as vossas forças; escutai, obedecei, dai esmolas [*sadaqa*] em vosso próprio interesse. Aquele que se preservar de sua avareza será feliz.
> 17. Se fazeis a Deus um empréstimo generoso, ele vos pagará o dobro, ele vos perdoará, pois é compreensivo e cheio de longanimidade.
> 18. Ele conhece as coisas visíveis e invisíveis, é o poderoso e o sábio.

Substituam o nome de Alá pelo da sociedade e pelo do grupo profissional, ou adicionem os três nomes, se forem religiosos; substituam o conceito de esmola pelo de cooperação, de trabalho, de uma prestação feita em vista de outrem – assim terão uma ideia bastante boa da arte econômica que está em laboriosa gestação. Já a vemos funcionando em certos agrupamentos econômicos e nos corações das massas, que, muitas vezes, têm melhor ciência de seus interesses, do interesse comum, que seus dirigentes.

É possível que, estudando esses aspectos obscuros da vida social, se consiga iluminar um pouco o caminho que devem tomar nossas nações, sua moral ao mesmo tempo que sua economia.

III - Conclusão de sociologia geral e de moral

Que nos permitam ainda uma observação de método a propósito deste que seguimos.

Não que queiramos propor este trabalho como um modelo. Ele é feito de indicações, apenas. É não é completo o suficiente, e a análise poderia ser levada mais longe[521]. No fundo, são antes questões colocadas aos historiadores, aos

521. Paralelamente às áreas que estudamos, a região que nossas pesquisas deveriam ter se debruçado mais é a Micronésia. Existe ali um sistema de moeda e de contratos extremamente importante, sobretudo em Yap e em Palau. Na Indochina, especialmente, entre os povos de língua mon-khmer, em Assam e entre os tibeto-birmaneses, também há instituições desse gênero. Finalmente, os berberes desenvolveram os notáveis costumes da *thaoussa* (cf. Westermarck, 1914; cf. índice. s.v. *present*). Edmond Doutté e René Maunier, mais competentes que nós, reservaram-se o estudo desse fato. O velho direito semítico, juntamente com o costume beduíno, fornecerão também documentos preciosos.

etnógrafos; trata-se mais de propor objetos de pesquisa do que de resolver um problema e de oferecer uma resposta definitiva. Por ora, basta-nos estar convencidos de que numerosos fatos serão encontrados no caminho.

Mas se isso ocorre, é porque há um princípio heurístico nesse modo de tratar um problema que vale a pena destacar. Os fatos que estudamos são, permitam-nos a expressão, fatos sociais *totais* ou, se preferirem – embora apreciemos menos o termo – gerais: ou seja, fatos que põem em movimento, em certos casos, a totalidade da sociedade e de suas instituições (*potlatch*, rivalidade entre clãs, tribos que se visitam etc.) e, em outros casos, um número muito grande de instituições, em particular quando essas trocas e contratos concernem a indivíduos, sobretudo.

Todos esses fenômenos são a um só tempo jurídicos, econômicos, religiosos, e mesmo estéticos, morfológicos etc. São jurídicos, de direito privado e público, de moralidade organizada e difusa, estritamente obrigatórios ou simplesmente louvados e condenados, políticos ao mesmo tempo que domésticos, interessando tanto as classes sociais quanto os clãs e as famílias. São religiosos: religiosos no sentido estrito, e mágicos, e animistas, e de caráter religioso difuso. São econômicos: pois as ideias do valor, do útil, do interesse, do luxo, da riqueza, da aquisição, da acumulação e, em contrapartida, do consumo, mesmo do dispêndio puro, puramente suntuário, estão presentes em toda parte, embora sejam entendidas de uma forma outra que a nossa atual. Por outro lado, essas instituições têm um aspecto estético importante que foi deixado deliberadamente de lado neste estudo. Mas as danças que se alternam; os cantos e os desfiles de todos os tipos; as representações dramáticas que se oferecem de um acampamento a outro, de um associado a outro; os objetos de toda espécie que são fabricados, usados, ornados, polidos, recolhidos e transmitidos com amor; tudo o que é recebido com alegria e presenteado com sucesso; os próprios banquetes dos quais todos participam – tudo, alimentos, objetos e serviços, inclusive o "respeito", como dizem os Tlingit, tudo é causa de emoção estética e não apenas de emoções da ordem da moral ou do interesse[522]. Isso vale não apenas para a Melanésia, mas ainda mais particularmente para o sistema do *potlatch* do noroeste americano e, mais do que tudo, para a festa-mercado do mundo indo-europeu[523]. Por fim, esses fenô-

522. Cf. o "ritual de beleza" no *kula* trobriandês (Malinowski, 1922, p. 334 [p. 445] *et seq.*); "nosso parceiro nos vê, vendo nossa bela figura, ele nos lança seus *vaygu'a*" (Malinowski, 1922, p. 336 [p. 448]). Cf. Thurnwald (1912, vol. 3, p. 39) sobre o uso do dinheiro como ornamento; cf. a expressão *Prachtbaum* [árvore de glória – N.R.T.] (Thurnwald, 1912, vol. 3, p. 35). Para a designação de um homem ou de uma mulher decorados de moedas, cf. Thurnwald (1912, vol. 3, p. 144, versos 6 e 13; p. 156, verso 12). Em outros lugares, o chefe é designado a "árvore" (Thurnwald, 1912, vol. 1, p. 298, verso 3); noutros, o homem decorado exala um perfume (Thurnwald, 1912, vol. 1, p. 192, verso 7; versos 13 e 14).

523. Mercados de noivas; noção de festa, *feria*, feira.

menos são claramente morfológicos. Tudo se passa durante assembleias, feiras e mercados ou, pelos menos, festas que ali ocorrem. Tudo isso supõe congregações cuja duração pode ultrapassar uma temporada de concentração social, como os *potlatch* de inverno dos Kwakiutl, ou semanas, como as expedições marítimas dos melanésios. Por outro lado, é necessário haver rotas, trilhas ao menos, mares ou lagos onde se possa trasladar em paz. Deve haver alianças tribais, intertribais ou internacionais, o *commercium* e o *connubium*[524].

São, portanto, mais que temas, mais que elementos de instituições, mais que instituições complexas, até mesmo mais que sistemas de instituições divididos, por exemplo, em religião, direito, economia etc. São "todos" sistemas sociais inteiros cujo funcionamento tentamos descrever. Vimos sociedades em um estado dinâmico ou fisiológico. Não as estudamos como se estivessem congeladas, em um estado estático ou mesmo cadavérico, tampouco as decompusemos e dissecamos em regras de direito, mitos, valores e preço. Foi considerando todo o conjunto que nos foi possível perceber o essencial, o movimento do todo, o aspecto vivo, o instante fugidio em que a sociedade, em que os homens tomam consciência sentimental de si e de sua situação em relação aos outros. Nessa observação concreta da vida social, há o meio de encontrar fatos novos que começamos apenas a entrever. Em nossa opinião, nada é mais urgente ou frutífero que esse estudo dos fatos sociais totais.

Ele tem uma dupla vantagem. De início, tem a vantagem de generalidade. Esses fatos de funcionamento geral têm chances de ser mais universais que as diversas instituições ou os diversos temas dessas instituições, sempre mais ou menos acidentalmente tingidos de uma cor local. Mas, sobretudo, tem a vantagem de realidade. Chegamos, assim, a ver as próprias coisas sociais, no concreto, como são. Nas sociedades, apreendemos mais que ideias ou regras, apreendemos homens, grupos e seus comportamentos. Vemo-los se moverem como em mecânica vemos o movimento de massas e sistemas, ou como no oceano vemos polvos e anêmonas. Percebemos uma miríade de homens, de forças móveis, flutuando em seu meio e em seus sentimentos.

Os historiadores sentem e objetam com razão que os sociólogos fazem excessivas abstrações e separam demais os diversos elementos das sociedades uns dos outros. É preciso fazer como eles: observar o que é dado. Ora, o dado é Roma, é Atenas, é o francês médio, é o melanésio dessa ou daquela ilha, e não a prece ou o direito em si. Após terem forçosamente dividido e abstraído um pouco demais, é preciso que os sociólogos se esforcem para recompor o todo. Assim, encontrarão dados fecundos. – Encontrarão também o meio de satisfazer os psicólogos. Es-

524. Cf. Thurnwald (1912, vol. 1, p. 36).

tes percebem vivamente seu privilégio; e os psicopatologistas, sobretudo, têm a certeza de estudar o concreto. Todos estudam ou deveriam observar o comportamento de seres totais e não divididos em faculdades. Devemos imitá-los. O estudo do concreto, que é do completo, é possível e ainda mais cativante e explicativo na sociologia. Nós, sociólogos, observamos reações completas e complexas de quantidades numericamente definidas de homens, de seres completos e complexos. Também nós descrevemos o que eles são em seus organismos e suas *psychai*, ao mesmo tempo que descrevemos o comportamento dessa massa e as psicoses que lhe correspondem: sentimentos, ideias, volições da multidão ou das sociedades organizadas e de seus subgrupos. Também nós vemos corpos e as reações desses corpos, dos quais geralmente ideias e sentimentos são as interpretações e, mais raramente, os motivos. O princípio e o fim da sociologia é perceber o grupo inteiro e seu comportamento inteiro.

* * *

Não tivemos tempo – o que significaria estender indevidamente um tema restrito – de tentar perceber aqui o substrato morfológico de todos os fatos que indicamos. Talvez seja útil indicar, todavia, ao menos a título de exemplo do método que gostaríamos de seguir, em que direção encaminharíamos essa pesquisa.

Todas as sociedades que descrevemos acima, exceto as nossas sociedades europeias, são sociedades segmentadas. Mesmo as sociedades indo-europeias, a romana de antes das *Doze Tábuas*, as sociedades germânicas mais tardias até a redação do *Edda*, e a sociedade irlandesa até a redação de sua principal literatura, ainda eram baseadas em clãs ou ao menos em grandes famílias mais ou menos indivisas internamente e mais ou menos isoladas entre si externamente. Todas essas sociedades estão, ou estavam, longe de nossa unificação e de uma unidade que uma história insuficiente lhes concede. Sob outro aspecto, no interior desses grupos, os indivíduos, mesmo fortemente marcados, eram menos tristes, menos sérios, menos avarentos e menos personalistas que nós; ao menos exteriormente, eram ou são mais generosos, mais dadivosos do que nós. Quando os grupos se visitam por ocasião de festas tribais, de cerimônias de clãs rivais e de famílias que se aliam ou se iniciam entre si, e mesmo quando a lei de amizades e contratos com os deuses veio garantir a "paz" dos "mercados" e das cidades em sociedades mais avançadas, em que se desenvolveu a lei "de hospitalidade", por todo um período considerável e em um número considerável de sociedades os homens se abordaram num curioso estado de espírito, de medo e de hostilidade exagerados e de generosidade igualmente exagerada, mas que são absurdos apenas aos nossos olhos. Em todas as sociedades que nos precederam imediatamente e que ainda nos cercam, e mesmo em diversos costumes de nossa moralidade popular, não há meio-termo: é confiar inteiramente ou desconfiar inteiramente; é depor suas armas e renunciar sua magia, ou dar tudo, desde a hospitalidade temporária até as filhas e os bens. É em estados desse tipo que os homens deixaram de lado suas reservas e souberam comprometer-se em dar e em retribuir.

É que não tinham escolha. Dois grupos de homens que se encontram podem apenas: ou se afastar – e, caso demonstrem uma desconfiança ou se lancem um desafio, lutar – ou então negociar. Mesmo em direitos muito próximos de nós, ou em economias não muito distantes da nossa, é sempre com estranhos que se "negocia", mesmo quando se é aliado. Os habitantes de Kiriwina nas Ilhas Trobriand disseram a Malinowski[525]:

> Os homens de Dobu não são bons como nós; eles são cruéis, eles são canibais. Quando chegamos a Dobu, tivemos medo deles. Eles poderiam nos matar. Mas, repare, se eu cuspo a raiz de gengibre encantada, espírito deles muda. Eles depõem suas lanças e nos recebem bem.

Nada traduz melhor essa instabilidade entre festa e guerra.

Thurnwald, um dos melhores etnógrafos, a propósito de outra tribo da Melanésia, valendo-se de uma estatística genealógica[526], descreve-nos um acontecimento preciso que mostra igualmente bem como essas pessoas, em grupo e de uma só vez, passam da festa à batalha. Buleau, um chefe, convidou Bobal, outro chefe, e sua gente para um festim, provavelmente o primeiro de uma longa série. Começou-se por ensaiar as danças noite adentro. Pela manhã, todos estavam agitados pela noite em vigília, pelas danças e pelos cantos. Por um simples comentário de Buleau, um dos homens de Bobal o matou. E o bando massacrou, pilhou e raptou as mulheres da aldeia. "Buleau e Bobal eram sobretudo amigos, e apenas rivais", disseram a Thurnwald. Todos nós observamos fatos semelhantes, mesmo ao nosso redor.

É opondo a razão ao sentimento, é estabelecendo a vontade de paz contra acessos de loucura desse gênero, que os povos conseguem substituir a guerra, o isolamento e a estagnação pela aliança, pela dádiva e pelo comércio.

* * *

Eis aí, portanto, o que se encontraria ao cabo dessas pesquisas. As sociedades progrediram na medida em que elas mesmas, seus subgrupos e seus indivíduos souberam estabilizar suas relações, dar, receber e, enfim, retribuir. Para começar, foi preciso depor as lanças. Só assim se conseguiu trocar os bens e as pessoas, não mais apenas de um clã para outro, mas de uma tribo para outra, de uma

525. Malinowski (1922, p. 346 [p. 458]).

526. Thurnwald (1912, vol. 3, tabela 85, nota 2).

nação para outra e, sobretudo, de um indivíduo para outro. Só então as pessoas souberam criar e satisfazer interesses mútuos, e finalmente defendê-los sem ter de recorrer às armas. Foi assim que o clã, a tribo e os povos aprenderam a se opor sem se massacrar, a se dar sem sacrificar uns aos outros – aí está um dos segredos permanentes de sua sabedoria e de sua solidariedade. E é isso que, em nosso mundo dito civilizado, as classes, as nações e também os indivíduos de amanhã deverão aprender.

Não há outra moral, nem outra economia, nem outras práticas sociais que não essas. Os bretões, as *Crônicas de Artur*, contam[527] como o rei Artur, com a ajuda de um carpinteiro da Cornualha, inventou esta maravilha de sua corte: a "Távola Redonda" milagrosa em torno da qual os cavaleiros não mais se atacavam. Anteriormente, "por sórdida inveja", duelos e assassinatos, em escaramuças estúpidas, ensanguentavam os mais belos festins. O carpinteiro diz a Artur:

> Farei uma mesa muito bela, em torno da qual mil e seiscentos ou mais poderão se sentar e se movimentar, e da qual ninguém será excluído [...] Nenhum cavaleiro poderá lançar-se ao combate, pois nela, o de maior posição estará no mesmo nível do de menor posição.

Não houve mais "cabeceira" nem, portanto, mais querelas. Em todo lugar que Artur levou sua Távola, sua nobre companhia permanecia alegre e invencível. É assim que hoje ainda se fazem as nações, fortes e ricas, felizes e boas. Os povos, classes, famílias, os indivíduos poderão se enriquecer, mas só serão felizes quando souberem sentar-se, tal como os cavaleiros, em torno da riqueza comum. Inútil buscar muito longe o bem e a felicidade. Elas estão ali, na paz imposta, no trabalho bem ritmado, alternadamente em comum e solitário, na riqueza acumulada e depois redistribuída, no respeito mútuo e na generosidade recíproca que a educação ensina.

Vê-se como é possível estudar, em certos casos, o comportamento humano total, a vida social inteira; e vê-se também como esse estudo concreto pode levar não apenas a uma ciência dos costumes, a uma ciência social parcial [*partielle*], mas inclusive a conclusões de moral, ou ainda – para retomar a velha expressão – de "civilidade", de "civismo", como se diz hoje em dia. Estudos desse tipo permitem, com efeito, entrever, mensurar e equilibrar as diversas motivações estéticas, morais, religiosas, econômicas, os diversos fatores materiais e demográficos cujo conjunto funda a sociedade e constitui a vida em comum, e cuja direção consciente é a arte suprema, a *Política*, no sentido socrático da palavra.

527. *Layamon's Brut* [ca. 1190-1215], verso 22736 *et seq.*; verso 9994 *et seq.*

Bibliografia

ADAM, Leonhard. Stammesorganisation und Hauptlingstum der Tlinkit-Indianer. *Zeitschrift für vergleichende. Rechtswissenschaft*, vol. 29, 1912.

ADAM, Leonhard. Stammesorganisation und Hauptlingstum der Haida und Tsimshian. *Zeitschrift für vergleichende. Rechtswissenschaft*, vol. 30, 1913.

ADAM, Leonhard. Potlatch. Eine ethnologich-rechtswissenschaftliche Betrachtung. *In*: L. Adam *et al. Festschrift für Eduard Seier*. Stuttgart: Walter Lehmann, 1922.

AISTON, George; HORNE, George. *Savage life in Central Australia*. London: Macmillan, 1924.

AMIRA, Karl von. *Nordgermanisches obligationenrecht*. Altschwedisches Obligationenrecht, vol. 1 (1882); Westnordisches Obligationenrecht, vol. 2 (1895). Leipzig: Veit & comp., 1882-1895.

ARMSTRONG, Wallace. Rossel Island money: a unique monetary system. *The Economic Journal*, vol. 34, n. 135, 1924.

BARBEAU, Marius. Du "potlatch" en Colombie Britannique. *Bulletin de la Société de Géographie de Québec*, vol. 3, 1909.

BEST, Elsdon. Notes on Maori mythology. *The Journal of the Polynesian Society*, vol. 8, n. 2(30), 1899.

BEST, Elsdon. Spiritual concepts of the Maori. Part 1. *The Journal of the Polynesian Society*, vol. 9, n. 4(36), 1900.

BEST, Elsdon. Spiritual concepts of the Maori. Part 2. *The Journal of the Polynesian Society*, vol. 10, n. 1(37), 1901.

BEST, Elsdon. Maori nomenclature: notes on the consanguineous, affinitative, personal, tribal, topographical, floral and ornithological nomenclature of the Maori race of New Zealand. *The Journal of the Anthropological Institute of Great Britain and Ireland*, vol. 32, 1902.

BEST, Elsdon. Maori forest lore: being some account of native forest lore and woodcraft, as also of many myths, rites, customs, and superstitions connected with the flora and fauna of the Tuhoe or Ure-wera district. Part 3. *Proceedings of the Royal Society of New Zealand*, vol. 42, 1909.

BOAS, Franz. First general report on the Indians of British Columbia. *5th Report of the Committee on the North-Western Tribes of the Dominion of Canada*. British Association for the Advancement of Science, 1889.

BOAS, Franz. Third report on the Indians of British Columbia. *7th Report of the Committee on North-Western Tribes of the Dominion of Canada*. British Association for the Advancement of Science, 1891.

BOAS, Franz. The Indian tribes of the Lower Fraser River. *9th Report of the Committee on North-Western Tribes of the Dominion of Canada*. British Association for the Advancement of Science, 1894.

BOAS, Franz. *Indianische Sagen von de Nord-Pacifischen Küste Amerikas*. Berlin: A. Asher, 1895a.

BOAS, Franz. The social organization and the secret societies of the Kwakiutl Indians. *Report of the United States National Museum*, 1895b.

BOAS, Franz. Physical characteristics of the tribes of British Columbia (com L. Farrand); The social organisation of the Haïda; Linguistics; Summary of the work of the Committee in British Columbia. *12th and Final Report of the Committee on the North-Western Tribes of the Dominion of Canada*. British Association for the Advancement of Science. British Association for the Advancement of Science, 1898.

BOAS, Franz. Mythology of the Bella Coola Indians, *Jesup North Pacific Expedition*, vol. 1, parte 2. New York: American Museum of Natural History, 1900.

BOAS, Franz. Tsimshian texts. *Bureau of American Ethnology*. Bulletin 27, 1902.

BOAS, Franz. Kwakiutl Indians. *Jesup North Pacific Expedition*, vol. 5. New York: American Museum of Natural History, 1909.

BOAS, Franz. *Kwakiutl tales*. New York: Columbia University Press, 1910.

BOAS, Franz. Handbook of American Indian languages, vol. 1. *Bureau of American Ethnology,* Bulletin 40, 1911.

BOAS, Franz. Tsimshian mythology. *31st Annual Report of the Bureau of American Ethnology to the Secretary of the Smithsonian Institution* (1909-1910), 1916.

BOAS, Franz. Ethnology of the Kwakiutl (based on data collected by George Hunt), 2 partes. *35th Annual Report of the Bureau of American Ethnology to the Secretary of the Smithsonian Institution* (1913-1914), 1921.

BOAS, Franz; HUNT, George. Kwakiutl texts (first series). *Jesup North Pacific Expedition*, vol. 3, partes 2-3. New York: American Museum of Natural History, 1905.

BOAS, Franz; HUNT, George. Kwakiutl texts (second series). *Jesup North Pacific Expedition*, vol. 10. New York: American Museum of Natural History, 1906.

BOGORAS, Waldemar. The Chukchee. Material culture (part 1). *The Jesup North Pacific Expedition*, vol. 7; *Memoirs of the American Museum of Natural History*, vol. 11. New York: American Museum of Natural History, 1904.

BOGORAS, Waldemar. The Chukchee. Religion (part 2). *The Jesup North Pacific Expedition*, vol. 7; *Memoirs of the American Museum of Natural History*, vol. 11. New York: American Museum of Natural History, 1907.

BOGORAS, Waldemar. The Chukchee. Social organization (part 3). *The Jesup North Pacific Expedition*, vol. 7; *Memoirs of the American Museum of Natural History*, vol. 11. New York: American Museum of Natural History, 1909.

BOGORAS, Waldemar. Chukchee mythology. *Jesup North Pacific Expedition*, vol. 8. New York: American Museum of Natural History, 1910.

BRÉAL, Michel. Pratum, hærere, a pour au en latin, caterva, audio, venenum, pavor pallorque, polleo, pravus, jejunus. *Mémoires de la Société de Linguistique de Paris*, vol. 3, 1878.

BREWSTER, Adolph. *The Hill Tribes of Fiji*. Philadelphia: Lippincott, 1922.

BRISSAUD, Jean-Baptiste. *Manuel d'histoire du droit français* (sources, droit public, droit privé) à l'usage des étudiants en licence et en doctorat. Paris: A. Fontemoing, 1904.

BRUN, Waclaw von. *Die Wirtschaftsorganisation der Maori auf Neuseeland.* Leipzig: Universitat Leipzig, 1911.

BÜCHER, Karl. *Die Entstehung der Volkswirtschaft.* Vorträge und Aufsätze. Tübingen: H. Laupp, 1893. [Mauss cita no entanto essa obra em sua 3. ed., cujo ano de publicação não foi possível encontrar – N.R.T.].

BÜHLER, Georg. The sacred laws of the Aryas. Part 1. *In*: Max Müller (org.) *The sacred books of East*, vol. 2, 1879.

BÜHLER, Georg. The laws of Manu. *In*: Max Müller (ed.) *The sacred books of East*, vol. 25, 1886.

BURCKHARD, Hugo. *Zum Begriff der Schenkung*. Erlangen: Palm & Enke, 1889.

CASSEL, Gustav. *The theory of social economy*, vol. 2. New York: Augustus M. Kelley Publishers, 1918.

CHAPMAN, John (Rev.). Notes on the Tinneh tribe of Anvik, Alaska. *Congrès International des Américanistes*, 15ème session, vol. 2, Québec, 1907.

CODRINGTON, Robert Henry. *The Melanesian Languages:* a linguistic survey of the groups of dialects and languages spread over the islands of Melanesia comprising their comparative grammar, numerals, vocabularies and phonology, and the grammars of some thirty-five languages, preceded by a general introduction. London: Clarendon Press, 1885.

COLENSO, William. On the Maori races of New Zealand. *Transactions and Proceeedings of the New Zealand Institute*, vol. 1, 1869.

COWLEY, Arthur. *Aramaic papyri of the Fifth Century B.C.* Oxford: Claredon Press, 1923.

CRAWLEY, Ernest. *The mystic rose*: a study of primitive marriage and of primitive thought in its bearing on marriage. London: Macmillan & Co., 1902.

CROISILLES, H. T. Short traditions of the South Island. *Journal of the Polynesian Society*, vol. 10, 1901.

CUQ, Édouard, *Les institutions juridiques des romains:* envisagées dans leurs rapports avec l'état social et avec les progrès de la jurisprudence, vol. 1. L'Ancien Droit. Paris: Plon, 1891.

CUQ, Édouard, *Les institutions juridiques des romains:* envisagées dans leurs rapports avec l'état social et avec les progrès de la jurisprudence, vol. 2. Le droit classique et le droit du Bas-Empire. Paris: Plon, 1902.

CUQ, Édouard. Étude sur les contrats de l'époque de la première dynastie babylonienne. *Nouvelle Revue Historique de Droit Français et Etranger*, 1910.

DAVIS, Charles Oliver. *Maori mementos*: being a series of addresses, presented by the native people, to His Excellency Sir George Grey, with introductory remarks and explanatory notes, to which is added a small collection of laments etc. Auckland N.Z.: Williamson and Wilson, 1855.

DAVY, Georges. Resenha de Schuld und Haftung im älteren deutschen Recht: insbesondere die Form der Schuld und Haftungsgeschäftc. Untersuchungen zur deutschen Staats und Rechtsgeschichte, de O. Gierke. *L'Année Sociologique*, vol. 12, 1909.

DAVY, Georges. *Foi jurée*. Paris: F. Alcan, 1922.

DAVY, Georges. Éléments de sociologie, vol. 1. Sociologie Politique. Paris: Delagrave, 1924.

DAVY, Georges; MORET, Alexandre. *Des clans aux empires*: l'organisation sociale chez les primitifs et dans l'Orient ancien. Paris: Renaissance du Livre, 1923.

DAWSON, George Mercer. On the Haïda Indians of the Queen Charlotte Islands. *Geological Survey of Canada*. Report on the Queen Charlotte Islands. Montreal: Geological Survey of Canada, 1878.

DAWSON, George Mercer. Notes and observations on the Kwakiool people of Vancouver Island. *Transactions of the Royal Society of Canada*, vol. 5, section 2, 1887.

DURKHEIM, Émile. Resenha de Rechte der deutschen Schutzgebiete. II. Das Recht der Papuas. Zeitschrift f. vergleichende Rechtswissenschaft, XIV er B., de J. Kohler. *L'Année Sociologique*, vol. 5, 1900.

DURKHEIM, Émile. *Formes élémentaires de la vie religieuse:* le système totémique en Australie. Paris: Presses Universitaires de France, 1912.

ELLA, Samuel (Rev.). Polynesian native clothing. *The Journal of the Polynesian Society*, vol. 8, n. 3(31), 1899.

EMERSON, Ralph Waldo. Gifts. *In*: *Essays* (second series). Boston: James Monroe & Co, 1844.

EMMONS, George Thornton. The Chilkat blanket. *Memoirs of the Memoirs of the American Museum of Natural History*, vol. 3, part 4, 1907.

ERNOUT, Alfred. Skr. *craddhā*, lat. *credo*, irl. *cretim*. *In*: A. Ernout *et al*. *Mélanges d'indianisme offerts par ses élèves à M. Sylvain Lévi*. Paris: Ernest Leroux, 1911.

FLETCHER, Alice; LA FLESCHE, Francis. The Omaha tribe. *27th Annual Report of the Bureau of American Anthropology to the Secretary of the Smithsonian Institution* (1905-1906), 1909.

FLETCHER, Alice. Etiquette. *In*: F. W. Hodger (org.) Handbook of American Indians. Part 1. *Smithsonian Institution Bureau of American Ethnology*. Bulletin 30, 1906.

FRAZER, James. *The golden bough*: a study in magic and religion, vol. 3: Taboo and the perils of the soul. London: Macmillan and Co., 3. ed., 1911.

FRAZER, James. *The golden bough*: a study in magic and religion, vol. 10: Balder the Beautiful (part 1). London: Macmillan and Co., 3. ed., 1913.

GERNET, Louis. Hypothèses sur le contrat primitif en Grèce. *Revue des Études Grecques*, t. 30, fasc. 140, 1917.

GIRARD, Paul Frédéric. *Textes de droit romain publiés et annotés*. Paris: Rousseau et Cie. 5. ed. rev. e aum., 1923.

GIRARD, Paul Frédéric. *Manuel élémentaire de droit romain*. Paris: Librairie Arthur Rousseau, [1895], 7. ed. rev. e aum., 1924.

GRANDIDIER, Guillaume. *Ethnographie de Madagascar*, vol. 2. Les habitants de Madagascar: leur aspect physique, leurs caractères intellectuels et moraux. La vie sociale à Madagascar: la famille malgache. Paris: Imprimerie Nationale, 1914.

GREY, George. *Ko nga moteatea*. Mythology and traditions in New-Zealand, 1853. [Esse título não foi encontrado em nossas pesquisas. Estimamos que se trata de uma versão anterior de *Polynesian mythology and ancient traditional history of the New Zealand race*, referido abaixo – N.R.T.].

GREY, George. *Polynesian mythology and ancient traditional history of the New Zealand race*, as furnished by their priests and chiefs (English and Maori). London: John Murray, 1855.

GREY, George. *Ko nga whakapepeha me nga whakaahuareka a nga tipuna o aotea-roa*. Proverbial and popular sayings of the ancestors of the New Zealand race. Cape Town: Saul Solomon & Co., 1857.

GRIERSON, Philip. *Silent trade*: a contribution to the early history of human intercourse. Edinburgh: W. Green, 1903.

GRIMM, Jacob. *Deutsche Rechtsalterthümer*, vol. 1. Göttingen: Dieterich, 1828.

GRIMM, Jacob. *Kleine Schriften*, vol. 2. Berlin: F. Dümmlers Verlagsbuchhandlung, 1865.

HALL, Charles. *Life with the Esquimaux*, vol. 2. London: Sampson Low, Son and Marston, 1864.

HARDELAND, August. *Dajacksch-deutsches wörterbuch.* Bearbeitet und herausgegeben im auftrage und auf kosten der Niederländischen bibelgesellschaft. Amsterdam: Frederik Muller, druck von C. A. Spin & Sohn, 1859.

HAWKES, Ernest. The inviting-in feast of the Alaskan Eskimos. *Geological Survey*. Mémoire 45, Anthropological series, 3, 1913.

HAWKES, Ernest. The Labrador Eskimo. *Geological Survey*. Mémoire 91, Anthropological series, 14, 1916.

HERTZ, Robert. Le péché et l'expiation dans les sociétés primitives. *Revue de l'Histoire des Religions*, Annales du Musée Guimet, 1922.

HEUSLER, Andreas. *Institutionen des deutschen privatrechts*, vol. 1. Leipzig, Duncker & Humblot, 1885.

HOANG, Pierre (Pe.). *Notions techniques sur la propriété en Chine*: avec un choix d'actes et de documents officiels. Imprimerie de l'Orphelinat de T'ou-sè-wè Zi-ka-wei Chang-hai, 1897.

HOLMES, John Henry. *In primitive New Guinea*: an account of a quarter of a century spent amongst the primitive Ipi and Namau groups of tribes of the Gulf of Papua, with an interesting description of their manner of living, their customs and habits, feasts and festivals, totems and cults. New York: G. P. Putnam's Sons, 1924.

HUVELIN, Paul. *La notion de l'*iniuria *dans le très ancien droit romain*. Mélanges Ch. Appleton. Lyon: A. Rey, 1903.

HUVELIN, Paul. Resenha de Ueber die Objekte und die Kraft der Schuldverhältnisse; geschichtliche Ueberschau; Nachtrag zur Lehre vom Nexum, Zeitschr. der saxigny Stiftung für Rechtsgeschichte; Nexum, de Bekker; Mommsen; O. Lenel. *L'Année Sociologique*, vol. 7, 1904.

HUVELIN, Paul. Resenha de Die Personalexekution der Zwölftafeln; Kritische Bemerkungen zum Nexum Zeitschrift der Savigny Stiftung; Nexum. Dictionnaire des antiquités grecques et romaines de Daremberg, fasc. 36; Le nexum, contrat de prêt du trés ancien droit romain. Nouvelle Revue Historique de Droit Français et *Étranger*, de F. Kleineidam; B. Kubler; P. Huvelin; F. Senn. *L'Année Sociologique*, vol. 9, 1906.

HUVELIN, Paul. Magie et droit individuel. *L'Année Sociologique*, vol. 10, 1907.

HUVELIN, Paul. Resenha de Nexum und Mancipium; Das Nexum und sein Verhaeltnis zum Mancipium. Zeitschr. der Savigny Stiftung für Rechtsgeschichte, Rom. Abth., de H. H. Pfluger; P. Kretschmar. *L'Année Sociologique*, vol. 11, 1910.

HUVELIN, Paul. *Stipulatio*, *stips* et *sacramentum*. *In*: Carlo Fadda *et al*. *Studi giuridici in onore di Carlo Fadda pel 25 anno del suo insegnamento*. Napoli: Pierro, 1906.

HUVELIN, Paul. Furtum. *In*: P. Huvelin *et al*. *Mélanges Paul Frédéric Girard*. Etudes de droit romain dédiées à M. F. Girard. Paris: Librairie Arthur Rousseau, 1912. [Na consulta ao livro e à contribuição de Huvelin em particular, encontramos outro título: "Sur un texte d'Alfenus Varus (Digesta 9, 2, fr. 52, I)", que também versa sobre o tema do *furtum* – N.R.T.].

HUVELIN, Paul. Resenha de Zum Streit um das Nexum, Studien zur römischen Rechtsgeschichte, I; Zu den Zwölf-Tafeln. Mélanges P. F. Girard, vol. 1; Nexum Impressioni e reminiscenze. Mélanges P. F. Girard, vol. 2, de F. Eisele; O. Gradenwitz; G. Pacchioni. *L'Année Sociologique*, vol. 12, 1913a.

HUVELIN, Paul. Resenha de Concetto e origini dell' obligatio romana (Append. I al volume primo delle Obbligazioni di Federico Carlo di Savigny); Debitum et obligatio. Recherches sur la formation de la notion de l'Obligation romaine. *Mélanges P. F.* Girard; Storia e concetto della obbligazione romana. I Storia dell' obligazione romana, de G. Pacchioni; G. Cornil; A. Marchi. *L'Année Sociologique*, vol. 12, 1913b.

HUVELIN, Paul. *Études sur le* furtum *dans le très ancien droit romain,* vol. 1. *Les sources.* Lyon: A. Rey, 1915.

HUVELIN, Paul. Nexum. *In*: C. V. Daremberg, E. Saglio (orgs.). *Dictionnaire des antiquités grecques et romaines*. Paris: Librairie Hachette et Cie, 1919.

JAMES, William. *The principles of psychology,* vol. 2. New York: Henry Holt & Co., 1913.

JENNESS, Diamond. The life of the copper Eskimos. *Report of the Canadian Arctic Expedition* (1913-1918), vol. 12, 1922.

JOCHELSON, Waldemar. The Koryak. *The Jesup North Pacific Expedition*, vol. 6. New York: American Museum of Natural History, 1908.

KLUGE, Friedrich. *Etymologisches Wörterbuch der deutschen Sprache*. Strassburg: Trübner.

KOHLER, Kaufmann. [?] *In*: I. Singer (org.). *The Jewish encyclopedia*: a descriptive record of the history, religion, literature, and customs of the Jewish people from the earliest times to the present day. New York; London: Funk and Wagnnals Co., 1901. [Mauss não forneceu informações sobre o verbete, e não foi possível encontrar mais detalhes – N.R.T.].

KOPPERS, P. Wilhelm. Die ethnologische Wirtschaftsforschuag. Eine historisch-kritische Studie *Anthropos*, vol. 10-11, n. 3-4, 1915.

KOVALEWSKI, Maxime. *Coutume contemporaine et loi ancienne*: droit coutumier ossétien, éclairé par l'histoire comparée. Paris: L. Larose *Éditeur*, 1893.

KRÄMER, Augustin. *Die Samoa-inseln*. Entwarf einer monographie mit besonderer berücksichtigung Deutsch-Samoas, vol. 1. Stuttgart: E. Schweizerbart, 1902.

KRÄMER, Augustin. *Die Samoa-inseln*. Entwarf einer monographie mit besonderer berücksichtigung Deutsch-Samoas, vol. 2. Stuttgart: E. Schweizerbart, 1903.

KRAUSE, Aurel. *Die Tlinkit-Indianer*: ergebnisse einer reise nach der Nordwestkuste von Amerika und der Beringstrasse, ausgefhrt im Auftrage der Bremer Geographischen Gesellschaft in den Jahren (1880-1881). Jena: Hermann Costenoble, 1885.

KRUYT, Albert Christian. Koopen in Midden Celebes. *Mededelingen der Koninklijke Nederlandse Akademie van Wetenschappen, Afdeling Letterkunde*, Deel 56, serie B, n. 5. (Extrato, 30p.), 1923.

KRUYT, Albert Christian. De Toradjas van de Sa'dan, Masoepoe-en Mamasa-rivieren. *Tijdschrift van het Koninklijk Bataviaasch Genootschap*. Deel 63, 1924.

LAMBERT, Pierre (Pe.). *Mœurs et superstitions des Néo-Calédoniens*. Nouméa N.Z: Nouvelle Imprimerie Nouméenne, 1900.

LAMBERT, Édouard. L'histoire traditionnelle des XII Tables et les critères d'inauthenticité des traditions en usage dans l'école de Mommsen. *Annales de L'Univesité de Lyon*. Nouvelle Série, fasc. 13. Mélanges Ch. Appleton. Études d'histoire du droit, 1903.

LEENHARDT, Maurice. La monnaie néo-calédonienne. *Revue d'Ethnographie et des Traditions Populaires*, vol. 3, 1922a.

LEENHARDT, Maurice. La fête du *pilou* en Nouvelle-Calédonie. *L'Anthropologie,* vol. 32, 1922b.

LENOIR, Raymond. L'institution du potlatch. *Revue philosophique,* vol. 47, n. 2, 1924a.

LENOIR, Raymond. Les expéditions maritimes dans la Mélanésie occidentale. *L'Anthropologie*, vol, 34, n. 5, 1924b.

LESSON, Pierre Adolphe. *Les Polynésiens*: leur origine, leurs migrations, leur langage, vol. 2. Paris: E. Leroux, 1881.

MALINOWSKI, Bronislaw. Baloma; the spirits of the dead in the Trobriand Islands. *The Journal of the Royal Anthropological Institute of Great Britain and Ireland*, vol. 46, 1916.

MALINOWSKI, Bronislaw. Kula: the circulating exchange of valuables in the archipelagoes of Eastern New Guinea. *Man*, vol. 20, 1920.

MALINOWSKI, Bronislaw. Primitive currency. *Economic Journal*, 1923. [Mauss provavelmente se referia ao texto "The primitive economics of the Trobriand islanders". *The Economic Journal*, vol. 31, n. 121, 1921 – N.R.T.].

MALINOWSKI, Bronislaw. *Argonauts of the Western Pacific*. An account of native enterprise and adventure in the archipelagoes of Melanesian New Guinea. London: George Routledge & Sons; New York: E. P. Dutton & Co., 1922.

MALINOWSKI, Bronislaw. *Argonautas do Pacífico Ocidental*. Um relato do empreendimento e da aventura dos nativos nos arquipélagos da Nova Guiné melanésia. São Paulo: Ubu, 2018.

MAUSS, Marcel. Resenha de Maori nomenclature. Journal of the Anthropological Institute, de E. Best. *L'Année Sociologique*, vol. 7, 1904.

MAUSS, Marcel. Essai sur les variations saisonnières des sociétés Eskimo. Étude de morphologie sociale [com a colaboração parcial de H. Beuchat]. *L'Année Sociologique*, vol. 9, 1906.

MAUSS, Marcel. Resenha de Dreissig Jahre in der Südsee. Land and Leute, Sitten und Gebraüche im Bismarck Archipel und aufden Deutschen Salomoinseln, de R. Parkinson. *L'Année Sociologique*, vol. 11, 1910a.

MAUSS, Marcel. Resenha de Contributions to the ethnology of the Haida. Jesup North Pacific Expedition, vol. 5, part 1. Memoirs of the American Museum of Natural History; Social condition, beliefs and linguistic relationship of the Tlingit Indians. 26th Annual Report of the Bureau of American Ethnology; Haida texts and myths (Skidegate dialect). Bulletin 29, Bureau of American Ethnology, de J. R. Swanton. *L'Année Sociologique*, vol. 11, 1910b.

MAUSS, Marcel. Resenha de Die Stellung der Pygmœen Vœlker in der Entwicklungsgeschichte des Menschen, de L. P. W. Schmidt. *L'Année Sociologique*, vol. 12, 1913a.

MAUSS, Marcel. Resenha de *The Melanesians of British New Guinea; Deutsch-Neu-Guinea. 3 vol.; The Mafulu, a mountain people of British New Guinea*, de C. G. Seligmann; R. Neuhauss; W. Williamson. *L'Année Sociologique*, vol. 12, 1913b.

MAUSS, Marcel. Les origines de la notion de monnaie. Institut Français d'Anthropologie, Comptes Rendus des Séances, 2, supplément à *L'Anthropologie*, 1914.

MAUSS, Marcel. Extension du potlatch en Mélanesie. *L'Anthropologie*, vol. 30, 1920.

MAUSS, Marcel. Une forme archaïque de contrat chez les Thraces. *Revue des Études Grecques*, vol. 34, 1921a.

MAUSS, Marcel. L'expression obligatoire des sentiments. (Rituels oraux funéraires australiens). *Journal de Psychologie*, n. 18, 1921b.

MAUSS, Marcel. Gift, gift. *In*: *Melanges offerts à M. Charles Andler par ses amis et ses élèves*. Estrasburgo: Istra, 1924.

*MAUSS, Marcel. Parentés à plaisanteries. *Annuaire de l'*École pratique des hautes études. Section of Religious Sciences Paris, 1928. [Republicado em *Essais de sociologie*. Paris: Éditions de Minuit, 1971. – N.R.T.].

MAUSS, Marcel; HUBERT, Henri. Essai sur la nature et la fonction du sacrifice. *L'Année Sociologique*, vol. 2, 1899.

MAUSS, Marcel; HUBERT, Henri. *Mélanges d'histoire des religions*. Paris: Félix Alcan, 1909.

MAYNE, Richard Charles. *Four years in British Columbia and Vancouver Island*. An account of their forests, rivers, coasts, gold fields, and resources for colonisation. London: John Murray, 1862.

MEILLET, Antoine; COHEN, Marcel (orgs.). *Les langues du monde par un groupe de linguistes*. Société de Linguistique de Paris. Paris: Librairie Ancienne Edouard Champion, 1924.

MEYER, Élard Hugo. *Deutsche Volkskunde*. Strasbourg: Verlag von Karl Trübner, 1898.

MEYER, Richard. Zur Geschichte des Schenkens. *In*: G. Steinhaufen (org.). *Zeitschrift für Kulturgeschichte*, vol. 5. Weimar: E. Felber, 1898.

MOMMSEN, Theodor. *Römisches Strafrecht*. Leipzig: S. Hirzel, 3. ed., 1887-1888.

MOSZKOWSKI, Max. *Vom Wirtschaftsleben der primitiven Völker*: unter besonderer Berücksichtigung der Papua von Neuguinea und der Sakai von Sumatra. Jena: G. Fischer, 1911.

NELSON, Edward. The Eskimo about Bering Strait. *18th Annual Report of the Bureau of American Ethnology to the Secretary of the Smithsonian Institution* (1896-1897), 1900.

NEUBECKER, Friedrich. *Die Mitgift in rechtsvergleichender Darstellung*. Leipzig: A. Deichert nachf. G. Böhme, 1909.

OLDENBERG, Hermann. *The gṛhya-sūtras:* rules of vedic domestic ceremonies. Part 1. *In*: Max Müller (org.) *The sacred books of the East*, vol. 29. Oxford: Claredon Press, 1886.

OLDENBERG, Hermann. *The gṛhya-sūtras:* rules of vedic domestic ceremonies. Part 2. *In*: Max Müller (org.) *The sacred books of the East*, vol. 30. Oxford: Claredon Press, 1892.

OSSENBRUGGEN, F. D. E. van. Het primitieve denken: zooals dit zich uit voornamelijk in pokkengebruiken op Java en elders. Bijdrage tot de prae-animistische theorie. *Bijdragen tot de Taal-, Land- en Volkenkunde van Nederlandsch-Indië*, vol. 71, 1916.

PERCY SMITH, Stephenson. Wars of the Northern against the Southern tribes of New Zealand in the Nineteenth Century. Part 1. *Journal of the Polynesian Society*, vol. 8, n. 3(31), 1899.

PERCY SMITH, Stephenson. Tuhua, Tanguru incidents in the history of Horehore Pa, Te Takapau, Hawkes Bay District. *The Journal of the Polynesian Society*, vol. 15, 1906.

PIŁSUDSKI, Bronisław. *Materials for the study of the Ainu language and folklore*. Cracóvia: Imperial Academy of Science, 1912.

POLLOCK, Frederick; MAITLAND, Frederic. *History of English Law before the time of Edward I*, vol. 2. Cambridge: At the University Press, 1895.

PORTER, Robert. Report on the populations and resources of Alaska. *U.S. 11th Census*. Department of the Interior. Bureau of the Census, 1893.

POWERS, Stephen. The tribes of California. *Contributions to North American Ethnology*, vol. 3, 1877.

RADCLIFFE-BROWN, Alfred Reginald. *Andaman islanders*: a study in social anthropology. Cambridge: Cambridge University Press, 1922.

RADIGUET, Max. *Les derniers sauvages*. La vie et les moeurs aux îles Marquises. Paris: Calmann-Lévy, 1882.

RADIN, Paul. The Winnebago tribe. *37th Annual Report of the Bureau of American Ethnology to the Secretary of the Smithsonian Institution* (1915-1916), 1923.

RIVERS, William. *The history of the Melanesian society*, 2 vols. Cambridge: Cambridge University Press, 1914.

RIVET, Paul. L'orfèvrerie précolombienne des Antilles, des Guyanes et du Venezuela dans ses rapports avec l'orfèvrerie des autres régions américaines. *Journal de la Societé des Americanistes*, 15, 1923.

RIVET, Paul. Langues de l'Amérique du Nord; Langues de l'Amérique centrale; Langues de l'Amérique du Sud et des Antilles. *In*: A. Meillet e M. Cohen (orgs.). *Les langues du monde par un groupe de linguistes*. Société de Linguistique de Paris. Paris: Librairie Ancienne Edouard Champion, 1924.

ROBERTSON SMITH, William. *Lectures on the religion of the Semites* (first series). The Fundamental Institutions. Burnett lectures Aberdeen University. London: A. and C. Black, 1889.

ROTH, Walter Edmund. Games, sports, and amusements. *North Queensland Ethnography Bulletin*, 4, 1902.

SAINT-JOHN, Spenser. *Life in the forests of the far East*, or, travels in northern Borneo, vol. 2. London: Smith, Elder and Company, 2. ed., 1863.

SAPIR, Edward. The Na-Dene languages, a preliminary report. *American Anthropologist*, vol. 17, n. 3, 1915.

SAUVAGEOT, Aurélien. Eskimo et ouralien. *Journal de la Societe des Americanistes*, vol. 16, 1924.

SCHMIDT, Wilhelm (Pe.). *Die Stellung der Pygmäenvölker in der Entwicklungsgeschichte des Menschen*. Stuttgart: Strecker & Schröder, 1910.

SCHRADER, Otto. *Reallexikon der indogermanischen altertumskunde*. Grundzüge einer kultur- und völkergeschichte Alteuropas. Strassburg: Verlag von Karl J. Trübner, 1901.

SELIGMANN, Charles. *The Melanesians of British New-Guinea*. Cambridge: Cambridge University Press, 1910.

SOMLÓ, Bódog. *Der Güterverkehr in der Urgesellschaft*. Bruxelles: Misch & Thron, 1909.

SPENCER, Baldwin; GILLEN, F. J. *Northern tribes of Central Australia*. London: Macmillan and Co.; New York: The Macmillan Company, 1904.

SPENCER, Baldwin *Native tribes of the Northern Territory of Australia*. London: Macmillan, 1914.

STAIR, John. *Old Samoa or Floatsam and Jetsam from the Pacific Ocean*. London: The Religious Tract Society, 1897.

STEINMETZ, Sebald. *Ethnologische Studien zur ersten Entwicklung der Strafe*: nebst einer psychologischen Abhandlung über Grausamkeit und Rachsucht, vol. 2. Leiden: S. C. Van Doesburgh, 1894.

SWAN, James. *The Indians of Cape Flattery at the entrance to the Strait of Fuca, Washington Territory*. Smithsonian Contributions to Knowledge, 220. Washington, The Smithsonian Institution, 1870.

SWANTON, John R. Contributions to the ethnology of the Haida, *Jesup North Pacific Expedition* vol. 5, parte 1. New York: American Museum of Natural History, 1905a.

SWANTON, John R. Haida texts and myths, Skidegate dialect. *Bureau of American Ethnology.* Bulletin n. 29, 1905b.

SWANTON, John R. Haida Texts, Masset Dialect. *Jesup North Pacific Expedition*, vol. 10 parte 2. New York: American Museum of Natural History, 1908a.

SWANTON, John R. Social condition, beliefs, and linguistic relationship of the Tlingit Indians. *26th Annual Report of the Bureau of American Ethnology to the Secretary of the Smithsonian Institution* (1904-1905), 1908b.

SWANTON, John R. Texts and myths of the Tlingit Indians. *Bureau of American Ethnology*. Bulletin n. 39, 1909.

TAYLOR, Richard (Rev.). *Te Ika a Maui*, or, New Zealand and its inhabitants, illustrating the origin, manners, customs, mythology, religion, rites, songs, proverbs, fables, and language of the Maori and Polynesian races in general; together with the geology, natural history, productions, and climate of the country. London: Wertheim and Macintosh, 1855.

THÉVENIN, Marcel. Contributions a l'histoire du droit germanique. *Nouvelle Revue Historique de Droit Français et Étranger*, 4, 1880.

THURNEYSEN, Rudolf. Etymologien. *Indogermanische Forschungen. Zeitschrift für Indogermanische Sprach- und Altertumskunde*, vol. 14, 1903.

THURNWALD, Richard. *Forschungen auf den Salomo-Inseln und dem Bismarck-Archipel*. 3 vols. Berlin: D. Reimer, 1912.

TREGEAR, Edward. *The Maori-Polynesian comparative dictionary*. Wellington: Lyon and Blair, 1891.

TREGEAR, Edward. *Maori race*. Wanganui, N.Z: A. D. Willis, 1904.

TREMEARNE, Arthur John (Major). *Hausa superstitions and customs*: an introduction to the folk-lore and the folk. London: John Bale, Sons, and Daniellson, 1913.

TREMEARNE, Arthur John (Major). *The ban of the Bori*: demons and demon-dancing in West and North Africa. London: Heath, Cranton & Ouseley, 1914.

TURNER, George (Rev.) *Nineteen years in Polynesia*: missionary life, travels, and researches in the islands of the Pacific. London: John Snow, 1861.

TURNER, George (Rev.) *Samoa a hundred years ago and long before*: together with notes on the cults and customs of twenty-three other islands in the Pacific. London: Macmillan & Co, 1884.

TYLOR, Edward B. On American lot-games as evidence of Asiatic intercourse before the time of Columbus. *Internationales Archiv für Ethnographie,* vol. 9 (supl.). Leiden: E. J. Brill, 1896.

VINOGRADOFF, Paul. *Outlines of the history of jurisprudence*, vol. 1. London: Oxford University Press, Humphrey Milford, 1920.

VIOLETTE, Louis. *Dictionnaire Samoan-Français-Anglais et Français-Samoan-Anglais* précédé d'une grammaire de la langue Samoa. Paris: Maisonneuve, 1879.

WALDE, Alois. *Lateinisches etymologisches Wörterbuch.* Heidelberg: Carl Winter's Universitätsbuchhandlung, [1905-1906], 2. ed., 1910.

WESTERMARCK, Edvard. *Origin and development of moral ideas*, vol.1. London: Macmillan & Co., 1906.

WESTERMARCK, Edvard. L'*âr*, or the transference of conditional curses in Morocco. *In*: E. Westermarck *et al*. *Anthropological essays presented to Edward Burnett Tylor*. London: Henry Frowde; University of Oxford Press, 1907.

WESTERMARCK, Edvard. *Marriage ceremonies in Morocco*. London: Macmillam & Co, 1914.

WESTERMARCK, Edvard. *History of human marriage*, vol. 1. London: Macmillan & Co., [1891] 2. ed., 1894.

WILLIAMS, Herbert (Rev.). *A dictionary of the Maori language*. Paihia N.Z.: C. M. Society, 1844.

WILLIAMS, Thomas (Rev.). *Fiji and the fijians*. New York: D. Appleton & Co., 1858.

WISSOWA, Georg. *Religion und kultus der Römer*. München: C. H. Beck, 1902.

WRANGELL, Ferdinand Petrovich. Statistische und ethnographische Nachrichten über die Russischen Besitzungen an der Nordwestküste von Amerika: Gesammelt von dem Ehemaligen Oberverwalter Dieser Besitzungen, Contre-Admiral F. Wrangell. *In*: Karl Ernst von Baer (org.). *Beitrage zur Kenntnis des Russischen Reiches und der angrenzenden Länder Asiens*, vol. 1. St. Petersburg: Buchdruckerei der Kaiserlichen Akademie der Wissenschaften, 1839.

WYATT GILL, William (Rev.). *Myths and songs from the South Pacific*. London: Henry S King & Co., 1876.

YATE, William (Rev.). *An account of New Zealand,* and of the formation and progress of the Church Missionary Society's mission in the Northern Island. London: Seeley & Burnside, 1835.

ZIMMER, Heinrich. *Altindisches Leben*: die Cultur der vedischen Arier nach den Samhitā **dargestellt, Berlin: Weidmannsche Buchhandlung**, 1879.

EDITORA VOZES LTDA.
Rua Frei Luís, 100 – Centro – Cep 25689-900 – Petrópolis, RJ
Tel.: (24) 2233-9000 – E-mail: vendas@vozes.com.br